120

新知
文库

XINZHI

Hell and Good Company:
The Spanish Civil War
and the World It Made

HELL AND GOOD COMPANY :

The Spanish Civil War and the World It Made

Original English Language edition Copyright © 2015 by Richard Rhodes

All Rights Reserved.

Published by arrangement with the original publisher, Simon & Schuster, Inc.

地狱与良伴

西班牙内战及其造就的世界

［美］理查德·罗兹 著　李阳 译

生活·讀書·新知 三联书店

Simplified Chinese Copyright © 2020 by SDX Joint Publishing Company.
All Rights Reserved.
本作品简体中文版权由生活·读书·新知三联书店所有。
未经许可，不得翻印。

图书在版编目（CIP）数据

地狱与良伴：西班牙内战及其造就的世界／（美）理查德·罗兹著；李阳译．—北京：生活·读书·新知三联书店，2020.6
（新知文库）
ISBN 978-7-108-06636-7

Ⅰ.①地⋯　Ⅱ.①理⋯ ②李⋯　Ⅲ.①西班牙内战－研究　Ⅳ.① K551.52

中国版本图书馆 CIP 数据核字（2020）第 061380 号

责任编辑	徐国强
装帧设计	陆智昌　康　健
责任印制	徐　方
出版发行	生活·讀書·新知 三联书店 （北京市东城区美术馆东街 22 号 100010）
网　　址	www.sdxjpc.com
图　　字	01-2018-6210
经　　销	新华书店
印　　刷	北京隆昌伟业印刷有限公司
版　　次	2020 年 6 月北京第 1 版 2020 年 6 月北京第 1 次印刷
开　　本	635 毫米 × 965 毫米　1/16　印张 21
字　　数	253 千字　图 27 幅
印　　数	00,001-10,000 册
定　　价	48.00 元

（印装查询：01064002715；邮购查询：01084010542）

新知文库

出版说明

在今天三联书店的前身——生活书店、读书出版社和新知书店的出版史上，介绍新知识和新观念的图书曾占有很大比重。熟悉三联的读者也都会记得，20世纪80年代后期，我们曾以"新知文库"的名义，出版过一批译介西方现代人文社会科学知识的图书。今年是生活·读书·新知三联书店恢复独立建制20周年，我们再次推出"新知文库"，正是为了接续这一传统。

近半个世纪以来，无论在自然科学方面，还是在人文社会科学方面，知识都在以前所未有的速度更新。涉及自然环境、社会文化等领域的新发现、新探索和新成果层出不穷，并以同样前所未有的深度和广度影响人类的社会和生活。了解这种知识成果的内容，思考其与我们生活的关系，固然是明了社会变迁趋势的必需，但更为重要的，乃是通过知识演进的背景和过程，领悟和体会隐藏其中的理性精神和科学规律。

"新知文库"拟选编一些介绍人文社会科学和自然科学新知识及其如何被发现和传播的图书，陆续出版。希望读者能在愉悦的阅读中获取新知，开阔视野，启迪思维，激发好奇心和想象力。

生活·讀書·新知三联书店
2006年3月

献给斯坦利·罗兹（Stanley Rhodes, 1936—2013）

承蒙赞助本项研究和本书写作的艾尔弗雷德·斯隆基金会（Alfred P. Sloan Foundation）授权出版

目　录

序曲　　1

上篇　被颠覆的过去
第一章　别人的死讯传来　　7
第二章　今天，燃烧的城市点燃了自身　　27
第三章　斗牛士的红布横在了他的眼前　　45
第四章　炸弹像黑梨一样落下　　65

中篇　佛朗哥的梦与谎言
第五章　战栗的猫头鹰的方丹戈舞　　85
第六章　西班牙有个山谷叫雅拉玛　　107
第七章　老家园　　129
第八章　并非所有人的日常生活　　157
第九章　苦难与死亡的海洋　　179
第十章　理想主义的傻瓜　　201

第十一章　挫折与希望　　　　　　　　　　223

下篇　试图毁灭世界的东西

第十二章　鬼才知道　　　　　　　　　　251
第十三章　失败者的历史　　　　　　　　269

终曲　大幕落下　　　　　　　　　　　　289

致谢　　　　　　　　　　　　　　　　　297
参考文献　　　　　　　　　　　　　　　299

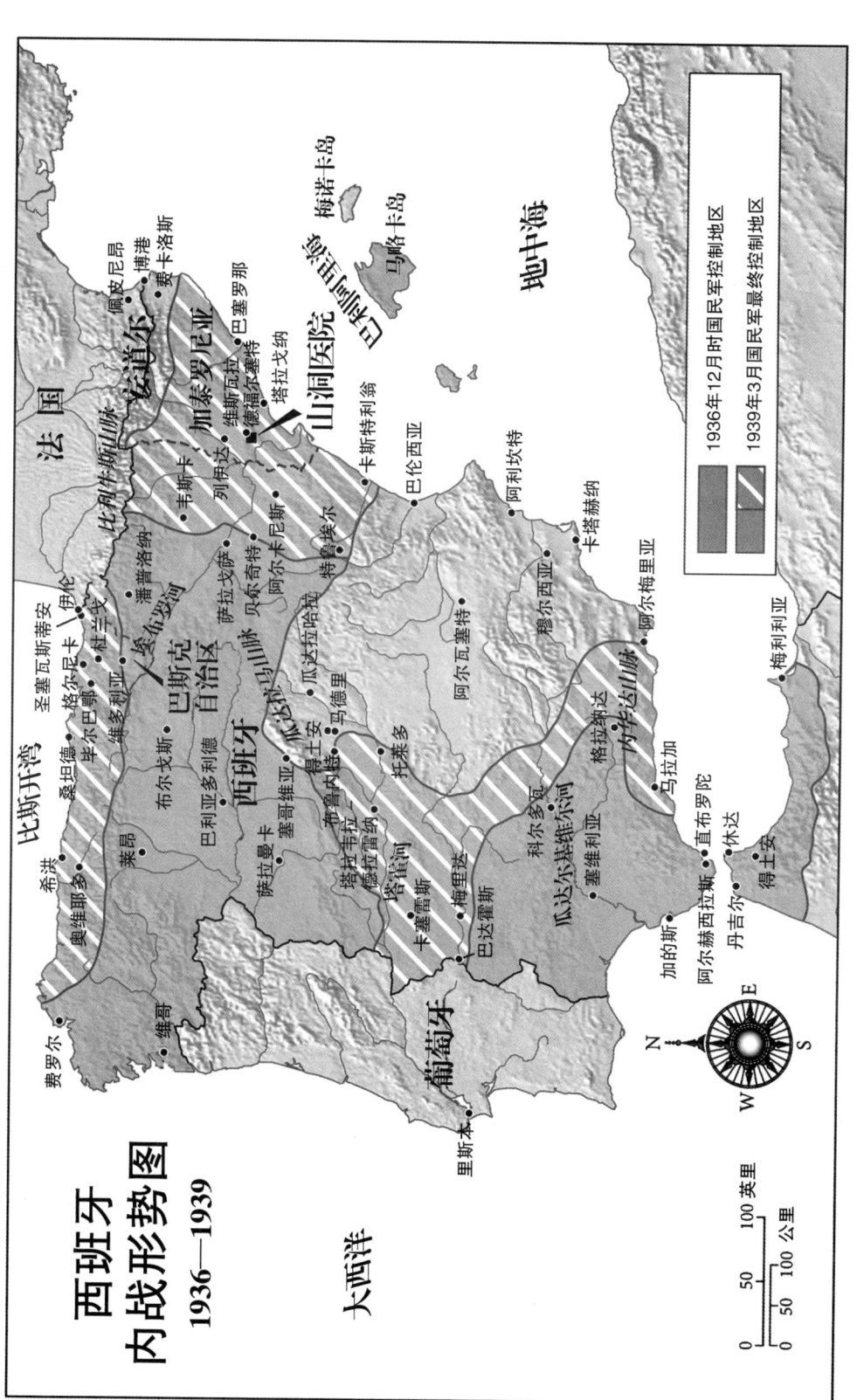

序　曲

埃内斯托·比尼亚斯（Ernesto Vinas）是个身材高大、有一股子粗犷的帅气的男人，将近40岁，是一位丈夫和父亲，住在西班牙小镇布鲁内特（Brunete）的旧战场边缘，位置在马德里以西15英里处。1937年，在西班牙夏天最炎热的时候，成千上万的年轻人死在了布鲁内特，一方是为了保卫西班牙共和国，另一方则是为在弗朗西斯科·佛朗哥（Francisco Franco）领导下发动叛乱的将军们而战。埃内斯托是一名牙科技师，但他对布鲁内特战役，比世界上任何其他人都了解得更多。

埃内斯托对布鲁内特了如指掌。他对那场在他出生之前几十年发生，但是距他家门口只有几个街区的战役充满了好奇，于是开始用金属探测器搜索战场。70年的时光深留在布鲁内特的碎片里，金属探测器发现了其中的一部分：子弹壳、徽章、皮带扣、炮弹残片、空手榴弹。铁器上锈迹斑斑，铜器则已硫酸化，变成了灰绿色。埃内斯托的泥铲已被石灰腐蚀成灰白色，并且沾满了尘土，但是挖出了更多的东西：眼镜框、牙刷、腕骨、股骨碎片、头盖骨。还有一本散开的地图，柔软的部分都已风化了，只有坚硬的部分留了下来。

在10月里一个阳光明媚、清新凉爽的日子，我和埃内斯托一起游览了战场。然后，他领我到他的地下室，在那里，他多年的收藏在白色架子上从地板排列到天花板——数以千件的金属和骨头残片。我拍摄了手榴弹、一些徽章，特别是一些烧毁的燃烧弹的外壳。这些燃烧弹上有德国的印记：1937年4月，纳粹德国空军的秃鹰军团（Condor Legion）曾将同样的炸弹像雨点般倾泻在巴斯克村庄格尔尼卡（Gernika），激起了全世界的愤慨，也激发了毕加索的灵感。

埃内斯托的收藏对他来说只是一个开端。与此同时他还阅读，参观档案馆，与老兵们交流。我也是这样。现在老兵们都离世了，但许多人留下了回忆录。在纽约大学的塔米门特图书馆（Tamiment Library），我发现了一些装满这种回忆录的文件夹。这些回忆录从来没有出版过，已随着岁月流逝而变成了褐色。1939年，西班牙内战刚刚结束五个月，第二次世界大战就在欧洲打响了。而作为这场规模更大的战争的实验室，作为其最好的和最糟的技术的试验场的西班牙战争，却几乎完全被遗忘了。

1936年到1939年，西班牙陷入了内战的震荡中，政府决心让将军们从他们充满特权的位置上退下来，将军们造反了。西班牙外交家和历史学家萨尔瓦多·德·马达里亚加（Salvador de Madariaga）写道："每个西班牙将军的野心，都是通过成为统治者来拯救国家。"① 自19世纪末20世纪初，西班牙在美西战争中丧失了其菲律宾和古巴殖民地，将军们被迫蜂拥还乡后，该国就饱受将军过多之苦。

20世纪30年代初，长期受苦受难的西班牙人民终于发出了呼声，要求分享国家的自然财富。几个世纪以来，这些财富都是土地

---

① Madariaga（1958），p. 342.

贵族勾结军队和天主教会共同把持的。民众领袖反对与阿方索十三世（Alfonso XIII）国王结盟的军事独裁政权，宣布成立共和国，废黜独裁者，迫使国王流亡国外。西班牙共和国的新宪法赋予公民普选、公共教育等权利，宣布实施土地再分配和政教分离。从1931年到1936年，在大萧条最严重的时期，甚至在先是平定了右派的一次武装叛乱，然后又平定了左派的一次暴动的同时，共和国都一直在努力改善人民的生活。1936年7月开始的内战，是右派发起的又一场也是最后一场叛乱，是由另一名将军弗朗西斯科·佛朗哥领导的，此后他作为绝对独裁者，统治西班牙超过30年，直到他1975年死去。

关于西班牙内战的书很多，但其中很少探究到我所感兴趣的战争的方面。这本书只是偶尔涉及西班牙政治。今天的西班牙是一个民主国家。谁曾经是共产主义者，谁曾经是法西斯分子，在西班牙的政治迷宫中谁曾与谁串通，那是学者们思考的问题。我要讲述的，是那些还没有人讲过或者仅仅是不完全地讲过的关于人的故事。我也关注战争中技术的发展。如果说破坏性技术增强了暴力，那么建设性技术则会放大爱心，而技术的作用是普适的。

西班牙战争中的一些创新技术今天仍在直接应用。西班牙和外国志愿者中的医生们，在血液收集、保存和储存，战地手术，更加高效地将伤亡者分类等方面，都取得了重大的医学进步。幸运的是，这些创新出现得非常及时，不仅在西班牙，而且在随后更大规模的战争中，在全世界，都挽救了更多的生命，无论是对战斗人员还是对平民。加泰罗尼亚外科医生何塞普·特鲁塔（Josep Trueta）清洁、包扎，然后用石膏保护大型伤口的方法，最近又单独被再次研究。作为其新化身，真空辅助伤口疗法保护了因存在抗生素耐受的生物体而原本会被破坏的肢体。①

对故事的讲述，通常会被固定在参与者的生命里程中，但我写到的战斗者、创新者和目击者，都不是战争的整个三年始终待在西班牙战场上的。许多人都受伤或死亡了。我也许会简化这个故事，将其框架缩小到他们参与的限度。在我看来，这样做会扭曲故事，造成对读者的某种隐瞒。战争是混乱的，人们来来去去。我决定不把我的叙述固定在人物身上，而是依据战争本身的进程，从其开端讲述到结尾。

一个老兵写在未发表的回忆录中的一段话，使我为自己的这个决定寻求到支持。美国志愿外科医生爱德华·巴斯基（Edward Barsky）写道："在人的心理上，战争就像地狱；但是战争也是神奇而不可思议的，并且像人们告诉过我们的那样，充满了良伴，也就是好的副产品。"在接下来的篇章中，这两种现象——地狱与良伴——你都会看到很多很多，还会发现一种进一步反映了巴斯基观点的叙述策略，这有些讽刺意味："显然随之你会类推出的是，只有鬼才知道接下来会发生什么事。"

然而，与那些亲身经历过战争的男人和女人不同的是，我们知道接下来发生了什么事：在第二次世界大战中，燃烧弹反过来困扰起德国人，医学发明则继续在拯救生命，而艺术、文学和亲历记也在长久地令我们感动、令我们同情，也令我们恐惧。

---

① L. C. Argenta, M. J. Morykwas, Vacuum-Assisted Closure: A New Method for Wound Control and Treatment: Clinical Experience. *Annals of Plastic Surgery* 38:563–577（1997）.

上 篇

被颠覆的过去

第一章
别人的死讯传来[1]

巴塞罗那，1936年7月15日：在西班牙夏天耀眼的日光下，正在燃起的内战烽烟的第一批见证者们正要离去，将他们的所见所闻告诉世界。他们中很多人都是报名参加反法西斯的"人民奥运会"的欧美运动员。这个原打算取代即将于纳粹柏林开幕的官方奥运会的运动会，如今取消了。人们簇拥在受雇疏散他们的西班牙轮船超载的甲板上，涌向码头一侧的栏杆，想最后看一眼这个城市。港口上耸立着建在高高基座上的哥伦布雕像，为他们指引着西边的新世界，闪闪发光的镀金金箔象征着西班牙的威力。然而在雕像背后，沿着一条旧河床伸向市中心的兰布拉大道（Las Ramblas）上，散布着破碎的树木、死亡的马匹、焚毁的小汽车……教堂的墙面弹痕累累，铺路石堆成的路障上血迹斑斑。巴塞罗那的战事已经平息，人群中歌声四起，然而法西斯的狙击手仍会从房顶上和没了玻璃的窗户里制造死亡。

船栏边，一位年轻的美国姑娘，一位正要离去把这一切讲述给

---

[1] Rukeyser（2005），"Correspondences," p. 168.

世界的诗人——缪丽尔·鲁凯泽（Muriel Rukeyser），在万头攒动的码头上发现了她的巴伐利亚恋人：

七月月末，我们被赶走。眼看着跳板远去……①

顾长丰满的姑娘和高挑瘦削的小伙儿相识在从巴黎开来的旅游列车上。他是一名赛跑运动员，一个流亡国外的反纳粹人士。他们没浪费任何时间。尽管语言不通，但是在因为大罢工而滞留在战火纷飞的城市外的闷热火车上，一连三天三夜，他们都纵情在如胶似漆的性爱中。然后，他放开了她，加入了国际纵队——

……千万张面孔中最重要的那张，正返回战火中的家园
勇敢的小伙儿奥托·博赫，被德国放逐的人……
他正直的人生只有一个疑问——
那出神的勃鲁盖尔似的面孔，留在了我们离去的码头，
方正的额头、坦荡的眼睛、强壮宽阔的胸膛，正越来越模糊，
赛跑手瘦削的腰身，也溶入了昏暗的浓雾。②

一家英国杂志委托她来报道这场人民奥运会，她是在最后时刻替代了一名以参加婚礼为由推脱的编辑。她于7月末离开伦敦前往西班牙时，还不知道枪战已经开始。从6月中旬到7月中旬，西班牙已有60多人被杀，十座教堂被焚，一连串炸弹袭击已经震撼了这个国家。③ 在那个她将铭记为"炎热、美丽的1936年夏天"，她年方

---

① Rukeyser（2005），"Mediterranean," p. 144.
② Rukeyser（2005），"Mediterranean," p. 145.
③ Hills（1967），p. 227.

22岁,长着浓密的黑发和灰色的眼睛,绝顶聪明,已是一位获奖诗人。① 但那却是她第一次离开美国。

缪丽尔·鲁凯泽是西班牙内战的一名早期见证者。那些青春岁月将改变她;那场战争将成为她余生诗作的点金石。那场西班牙民主力量反抗法西斯将军、地主及其北非雇佣兵的战争,将改变它所触及的每个人的人生。扩大成一场"小型世界大战"(《时代》周刊所言)的西班牙内战,将成为无论生与死的新技术的试验场。②

在伦敦,维多利亚车站的搬运工曾向鲁凯泽说起过欧洲战争。在巴黎,她发现到处是醒目的"防毒面具招贴画和告示"。③ 她从巴黎登上一列绿皮夜间快车,前往地中海海湾小城塞贝尔(Cerbère),这是法国境内的最后一站,小城后面扇形的铁路线至此收束起来,穿过隧道,跨越边境,到西班牙博港(Port Bou)后,又将扇面展开。

两国铁路轨距的不同要求旅客换乘火车。那个星期日,就在鲁凯泽和她同车的乘客乘摆渡列车换乘时,曾经是西班牙军队中最年轻的将军,43岁的叛徒弗朗西斯科·佛朗哥正从大西洋一侧靠近他的祖国。自3月起,佛朗哥就一直在距马德里1000英里之外的加那利群岛(Canary Islands),过着悠闲的乡间流亡生活。他是被共和国放逐到那里的,为的是限制其影响力。这时,一家西班牙保皇派报纸的驻伦敦记者,正用一架包租的双引擎"迅龙"(Dragon Rapide)飞机,秘密地把他送往直布罗陀海峡对面北非的得土安(Tetuan)。对西班牙忠诚度不高的非洲集团军正在那里等待着他。西班牙大陆上将军们的叛乱需要这支偏师突袭来支援。拿起武器的西班牙人民,已经在西班牙各地的城市镇压了叛军的暴动。

---

① Rukeyser(2013),p. 277.
② *Time*, 18 January 1937(在线).
③ Rukeyser(2013),p. 8.

鲁凯泽在博港通过海关后,还有时间去游了个泳。西班牙一侧的火车速度很慢,逢站必停,车厢里非常闷热,奥运会代表队和西班牙及外国的乘客坐在木制的三等车厢的长椅上,简直要憋死。透过车窗向外望去,地形正变得山峦起伏,土壤也变成了红金色。

鲁凯泽注意到:"火车在每个小车站都停,停停走走,每次启动都好像已经筋疲力尽了。"两名西班牙士兵头戴黑色的漆皮帽子,"穿着滑稽剧一般的军服,却扎着笔挺的黄色皮带"。他们一边抽着英国香烟,一边指点着窗外的橄榄园、城堡和教堂。"再多的风景,这会儿都有的是时间指点。"鲁凯泽讥讽道。到了车站,士兵们就会把枪伸出窗外,向站台上巡逻的工人纠察队敬礼。[1]

到了接近巴塞罗那的地方,战斗的迹象越来越多,扛着步枪的民兵们沿途守卫着十字路口。在一个车站,一个"女民兵"——一个穿着简朴的棉质连衣裙的姑娘——带领着一群持枪的小伙子搜查起火车。这个表情坚毅的女孩翻检着包裹和行李,搜寻照片,没收照片,从相机里拽出胶卷。一名神色慌张的美国女人对鲁凯泽说,姑娘和小伙儿们肯定是共产党人,想偷东西,但一名更为冷静的西班牙乘客却说,"法西斯分子",也就是佛朗哥的国民军,已在杀害他们从照片上辨认出的任何武装平民。年轻人们小心翼翼地摆弄着相机,然后将相机完好无损地归还给主人。

星期日大约正午时分,在巴塞罗那以北七英里的小镇蒙特卡达(Montcada),火车停了下来。在马德里陷入困境的政府号召实施总罢工。乘客们会在那里困上多久,没人知道。他们这时已不想继续前行进入加泰罗尼亚首府了,那里的叛乱仍在激烈进行中。《纽约时报》(*New York Times*)驻巴塞罗那记者劳伦斯·弗恩斯沃思

---

[1] Rukeyser(1936),p. 26.

（Lawrence Fernsworth）写道，那个血腥的星期日，他听到了该城中"连续不断的步枪开火声"，"马蹄的嘚嘚声和凄厉的军号声……人们的吼叫声、尖叫声和哀号声……成群的燕子惊恐地尖叫着，在呼啸的子弹中飞来飞去"。① 弗恩斯沃思看到"没有骑手的马踩踏着死者和垂死者的躯体奔驰而过。窗户里和屋顶上，到处都有步枪和机枪喷出火舌。载满武装人员的汽车从街上疾驰而过……已落入平民手中的野战炮，在市内交叉路口隆隆作响。炮弹从街上飞过，截断树木，掀翻房屋，把停在街头的轿车和卡车炸成碎片"。②

到星期一晚间，共和国民兵已经控制了局面。弗恩斯沃思发现，在绿树成荫的长长的兰布拉大道起点处，市中心的加泰罗尼亚广场上，"受伤的人已经被抬走，人行道上只剩下已干的斑斑血迹"。"到处都是空的子弹壳和子弹带。"③ 到处在流血，到处是残垣断壁，还有那个被称为"热情之花"（La Pasionaria）的女人多洛雷斯·伊巴露丽（Dolores Ibárruri）在广播里高喊着"此路不通"。马德里的局势也已经平定了。

西班牙人民在独自作战。即使是他们选举出来的政府，一个成立了才六个月的联盟，内部也充满了矛盾和歧见。过去十年，他们先是忍受了一个日薄西山的君主统治，然后是一个右翼的独裁政权。1934年，北方矿区阿斯图里亚斯（Asturias）的煤矿工人爆发了起义。被仓促任命为陆军参谋长的佛朗哥，奉召镇压起义。他利用被西班牙人称为摩洛人（Moros）的西属摩洛哥雇佣军，残酷地完成了这一任务。那些摩洛哥人是充满热情和创造力的杀手：阉割伤员是他们喜爱的一项运动，掠夺死者则是他们的消遣。

---

① Fernsworth（1936）.
② Fernsworth（1957），p. 194.
③ Hanighen（1939），p. 30.

1936年2月，西班牙选举产生了民主政府，新的领导人将佛朗哥赶到了加那利群岛的职位上。这次放逐使他和同伙的将军们密谋起政变来。摩尔人最早于公元711年入侵了伊比利亚半岛，而西班牙花了700年时间才把他们赶走。斐迪南和伊莎贝拉最终完成了"收复失地运动"（Reconquista），哥伦布在标志性的1492年扬帆出航。现在，叛乱的将军们以基督教西班牙的名义，召集摩尔人的后代，要推翻合法的西班牙政府，夺取政权。1936年7月下旬，佛朗哥在政变之初安定了北非后，振振有词地向大陆上的陆军和海军基地发表了广播讲话："光荣属于英勇的非洲集团军！西班牙高于一切！请接受在这历史性的时刻与你和半岛上的所有其他同志站在一起的那些部队的热情问候。坚信胜利！光荣的西班牙万岁！"[1]

佛朗哥迫切需要将支持反叛将领的摩洛哥雇佣军和西班牙外籍军团调到半岛，也就是西班牙大陆上，否则国民军的政变就要失败。但是西班牙海军的普通士兵拒绝叛乱。当支持国民军的军官们强行下令时，士兵们杀死了他们。当政变于7月19日发生后，曾短暂担任过几个星期西班牙共和国总理的化学家何塞·希拉尔（José Giral），下令解散军队，号召民众武装起来。在战斗开始最初的那些日子，他派海军封锁摩洛哥并遏制北非殖民地的叛乱。

叛军的少量炮艇根本不是西班牙海军的对手——其实，连西班牙老古董般的空军都不如。西班牙空军都还能对国民军的运输线进行轰炸和低空扫射。佛朗哥意识到，为了把部队运上半岛，他需要飞机。他派往罗马去求助意大利首相、法西斯领袖本尼托·墨索里尼的代表团，与同为叛军将领的埃米利奥·莫拉（Emilio Mola）从纳瓦拉（Navarre）派出的代表团撞了车，这令墨索里尼困惑起来，

---

[1] 引自 Martin I. McGregor, The history and the persecutions of Spanish Freemasonry（在线）。

到底是谁在主事？国民军最初的首领是64岁的老将军荷西·桑胡霍（José Sanjurjo）。他因曾在摩洛哥北方海岸里夫地区取得的军事胜利，获得了"里夫雄狮"（Lion of the Rif）的称号，但因他坚持将一满箱军服带上派往里斯本接他的"舟蛾"（Puss Moth）双翼小飞机，导致飞机超载，刚起飞就坠毁了。莫拉这时指挥北方的国民军，独立行动，而佛朗哥在南方指挥。墨索里尼犹豫起来。

佛朗哥在德国碰到的运气要好一些。他的第一份信息是7月22日通过外交渠道发出的，请求支援十架运输机，延迟付款。德国外交部认为支持叛乱并无好处，在24小时内即予以拒绝。然而对佛朗哥来说幸运的是，阿道夫·希特勒的德国采取的是双轨治理。佛朗哥的第二份请求通过纳粹党渠道直接送交了希特勒的副手鲁道夫·赫斯（Rudolf Hess）。赫斯提醒了元首。携带着佛朗哥的求援信，乘一架强征的汉莎公司容克-52（Junkers-52）飞机，从摩洛哥飞到柏林的两名流亡海外的德国商人，与赫斯一起前往拜罗伊特（Bayreuth）。希特勒正在那里欢度一年一度的瓦格纳节。

元首刚刚欣赏完歌剧《女武神》（*Die Walküre*），头脑中还回荡着《女武神的骑行》（*The Ride of the Valkyries*）悠扬的旋律，他于1936年7月25日晚10点半会见了佛朗哥的代表。他们还没有吃晚饭。希特勒问了一些他所怀疑的问题。叛军没钱吗？"你们不能这个样子就开战啊。"如果没有援助，佛朗哥会失败吗？"他会失败。"① 但是希特勒对这个挑战饶有兴趣，在佛朗哥的代表们还饿着肚子的情况下，足足地给他们训了三小时的话。他召来了他的陆军部长维尔纳·冯·布隆贝格（Werner von Blomberg）和空军部长赫尔曼·戈林（Hermann Goering）。戈林误解了元首的意思，表示反对支持叛军。

---

① 引自 Proctor（1983），p. 18。

他抱怨说，德国空军才刚刚揭去汉莎航空公司的伪装，本身也缺少飞机——直到他意识到希特勒已经下定了决心。于是戈林也对西班牙计划产生了兴趣。后来在纽伦堡审判时，这位空军元帅承认他曾敦促希特勒"在任何情况下都予以支持。首先，要阻止共产主义在那个战场上继续蔓延；其次，要利用这个机会检验我年轻的德国空军各方面的技术问题"。①

希特勒有不同的意图。他嘴上说的是冠冕堂皇的漂亮话，不能让直布罗陀海峡为共产党人所控制——在纳粹看来，西班牙人民阵线联盟就是共产党——但实际上，他是想通过在法国的后院和英国通向苏伊士运河的道路上挑事，以分散英法对德国重新武装的注意力。他想要西班牙的铁矿、汞矿，尤其是硫化铁矿，来推动德国的重新武装。那些被称为"愚人金"的立方晶体——硫化铁和硫化铜——能够产生铁、铜、铅、锌和硫酸，用于工业加工。西班牙是个金属丰富的国家，有着如山的硫化铁可供贸易。佛朗哥想要10架运输机，希特勒慷慨地决定给他20架能改装成轰炸机的三引擎容克-52，还配给机组人员和维修人员，以及六架护航战斗机。为了向瓦格纳致敬，希特勒以他的音乐将这次行动命名为"魔火"（Feuerzauber），然后满意地上床去了。对于元首来说，玩弄整个人类的命运，只是一个晚上的工作。

西班牙共和派的军队也需要飞机。希拉尔于7月20日致电法国社会党人总理莱昂·布卢姆（Léon Blum），请求支援炸弹和轰炸机，法国右翼却发出了反对的声音。布卢姆后来说，7月23日他在伦敦听到"顾问们纷纷发出……谨慎的劝告，表达出强烈的担忧"。② 英

---

① *Nuremberg Trial Proceedings*, Vol. 9, p. 280.
② 引自Alpert（2004），p. 21。

国首相斯坦利·鲍德温（Stanley Baldwin）则直言不讳。据说他曾这样说："我们憎恶法西斯主义，但我们也同样憎恶布尔什维主义。因此，如果有一个国家，法西斯分子和布尔什维克相互厮杀，那是人类的福分。"[1] 在偏袒佛朗哥的英国的压力下，布卢姆决定，不干涉是慎重之举。

但是，法国并不反对私下出售。空军部派出时年34岁的小说家和文化海盗安德烈·马尔罗（André Malraux），于7月23日到达马德里，评估共和派的请求。马尔罗简略地了解了西班牙空军的变迁情况，得知大部分军官仍然是忠于共和国的。他巡视了马德里地区，会见了西班牙总统曼努埃尔·阿萨尼亚（Manuel Azaña）。在一篇发给巴黎《人道报》（L'Humanité）的电讯中，他乐观地报道说，"南至安达卢西亚，东抵大海，西到葡萄牙，马德里已被彻底扫清。只有在北方，叛军派出了一些小股的尖兵，但已被击退，赶回了瓜达拉马山脉北侧"——这道山脉成为马德里西北方的屏障。[2] 马尔罗回到巴黎后，开始购买飞机，招募飞行员。两者都很昂贵。飞机是老古董，大部分雇佣飞行员准备以每月25000法郎（相当于今天的35000美元）的风险工资，与法西斯分子进行空中混战。[3]

墨索里尼这时已弄明白了叛军中谁在主事，要求用现金来买他的飞机。一名西班牙法西斯金融家胡安·马奇（Juan March），出了将近500万美元，买下了第一批12架意大利飞机，既有战斗机也有运输机。马奇随后还将买下工厂，以赚回数倍于他的投资的钱。意大利飞机于7月底开始到达摩洛哥，德国"魔火"行动的飞机也在同时到达。

---

[1] 引自 Cate（1995），p. 233。
[2] 引自 Cate（1995），p. 232。
[3] Cate（1995），p. 235.

7月25日,在巴塞罗那港口,就在希特勒在拜罗伊特听腻了瓦格纳的音乐的同时,缪丽尔·鲁凯泽最后一次向她的恋人倾诉:

> 当我离开你的时候,你站在码头上,
> 仰起你的脸,却没有一丝笑容,
> 你说我们发现的,是革命给我们的礼物
> ——船儿已驶向远方……①

在那天下午的一次群众集会上,运动会主办方的领导人却在庆祝将叛军逐出巴塞罗那这一"美妙而伟大的人民的胜利"。他说,虽然运动会未能举行,但运动员和游客将把他们在西班牙的所见所闻带回自己的祖国——这是他们的义务。② 鲁凯泽在途经法国时,履行了她的义务,起草了她的诗歌杰作《地中海》。美国共产党的杂志《新大众》(*New Masses*)于9月中旬刊出了这首诗。诗中写道:

> 如果我们没有看那里,
> 飞机飞得很低,
>   农民的房子
>   在炸弹中烟灭灰飞。
> 如果我们囿于自己的领地,
> 留在餐桌和书桌之间,
> 留在城市和郊区……

---

① Rukeyser(2011),"For O. B.," p. 25.
② Rukeyser(2011),p. 22.

> 如果我们生活在自己的城市,
> 六十年也证明不了,
> 这个星期的威力,
> 那被颠覆的过去……①

佛朗哥没等德国"魔火"行动的运输机到达,就开始了他的空运行动。他投入了自己手头的少量飞机和已收到的意大利"萨沃亚"(Savoia)轰炸机。到8月1日时,已将800名士兵运抵西班牙。但他对这样的缓慢速度非常不满,又开始用船运送西班牙和摩洛哥士兵渡海,以用得上的所有战斗机进行空中掩护。8月过了一个星期后,"魔火"行动也开始了。于是完全依靠自己的努力,到9月底时,佛朗哥已将13000名士兵和大约400吨装备运上了伊比利亚半岛。②另外1000名士兵和100吨装备也将在10月运完。③这是世界上第一次大规模军事空运,使叛乱起死回生。

"巴塞罗那黑色的7月19日进入了历史。"《纽约时报》记者弗恩斯沃思报道说,然而叛乱像地下的火一样,正在西班牙各地蔓延,"又从新的地方爆发出来"。共和派控制了大部分大城市——马德里、巴伦西亚(València)、马拉加(Malaga)、阿利坎特(Alicante)、阿尔梅里亚(Almeria)、毕尔巴鄂(Bilbao)。在西班牙中部马德里以北从瓜达拉马山脉(Guadarrama Mountains)一直延伸到比斯开湾(Bay of Biscay)的旧卡斯蒂利亚(Old Castile)地区;在西部与葡萄牙接壤的埃斯特雷马杜拉(Extremadura)地区;在佛朗哥的出生地,西班牙极西北部省份加利西亚(Galicia);在加利西亚以东比

---

① Rukeyser(2005),p. 148.
② Hills(1967),p. 247.
③ Larios(1966),p. 39.

斯开湾沿岸的阿斯图里亚斯（Asturias）地区；在从埃布罗河（Ebro River）上溯到比利牛斯山脉，该国东北部的天主教纳瓦拉（Navarre）地区，一些城市仍有战斗在持续。弗恩斯沃思写道："在这些地区，叛军占领了布尔戈斯（Burgos）和巴利亚多利德（Valladolid）；格拉纳达（Granada）、塞维利亚（Seville）和加的斯（Cadiz）；巴达霍斯（Badajoz）、拉科鲁尼亚（La Coruna）、奥维耶多（Oviedo）、桑坦德（Santander）和潘普洛纳（Pamplona）。在直布罗陀海峡对岸，聚集在叛军旗帜下的摩洛哥人，也正在涌进西班牙。"①

佛朗哥自仍在英国占领下的直布罗陀向内地推进，打算攻向东北方向的西班牙首都马德里。趁共和国政府正仓促地训练和组织一支失去了其军官群体的军队之机，一举攻占马德里，将会缩短战争进程。但是部分由于佛朗哥的经验只限于在非洲担任过战地指挥官，部分由于他打的是一场内战，他决心只在能够平定后方所占领地区的前提下尽快推进。他担心否则任何反对势力都可能重新出现，在背后袭击他。

尽管嘴上充满民族主义的花言巧语，佛朗哥在政治上却是幼稚的。他担任国民军司令后最早的行动之一，就是宣布共济会非法。他认为各行各业的共济会员，都是社会主义者和自由主义者组成的联合阵线背后的黑暗势力。他不仅想象力贫乏，身材也很矮小，只有5英尺4英寸（约1.63米），长着一双少女般的纤细小手，声音也是又高又尖，还腆着个他自成年早期就拥有的大肚子。他于1907年14岁时进入托莱多（Toledo）阿尔卡萨（Alcazar）要塞的步兵士官学校学习，1910年17岁时以少尉军衔从那里毕业。在军校期间，他

---

① Fernsworth（1957），p. 200.

的同学们给他起了"小佛朗基""佛朗基小子"等外号。① 军校的纪律允许体罚。爱挑剔且性克制的佛朗哥也受到过欺凌。他学会了记仇。

他的军校经历使他在一个暴虐的父亲管教下所养成的童年性格越发恶化。那位父亲经常打孩子，而他没有反抗能力的妻子——被佛朗哥理想化了的敬神的母亲——只能袖手旁观。无论家庭生活还是军校经历，都为这孩子预先准备了军人所必需的暴力社交的适应能力。② 佛朗哥的父亲唐·尼古拉斯（Don Nicholás）的一切，后来都为他那敏感的儿子所鄙视。佛朗哥的一位传记作者曾写道，唐·尼古拉斯沉溺女色，唠叨饶舌，性情暴躁，"政治上是个自由思想者，明显同情共济会，对宗教深恶痛绝"。③ 童年一向是人展现个性的最初舞台，但是很少有人的童年像佛朗哥这样直接反映在成年的个性中。在推动现代的、方向相反的"收复失地运动"的过程中，他更像是一个被夸大的严厉的军纪官，而非法西斯主义者。

叛军构想的平定，意味着酷刑、强奸和屠杀。佛朗哥北方的同伙莫拉将军，7月19日在潘普洛纳颁布戒严令时，清楚地说出了他的意图："扩散恐怖是必要的……任何人胆敢帮助或隐藏共产党人或人民阵线的支持者，都将被枪决。"④

莫拉和佛朗哥指挥的殖民地部队习惯于暴力镇压。他们将西班牙军官鼓励他们在管治摩洛哥乡村时使用的那种极端暴力又回馈给西班牙。《芝加哥论坛报》（*Chicago Tribune*）记者埃德蒙·泰勒（Edmond Taylor）曾与他们共同生活过一段，仔细观察过他们的行

---

① Hills（1967），p. 61.
② Rhodes（1999）.
③ Hodges（2000），p. 11.
④ 引自 Preston（2012），p. 179。

动。他写道:"摩尔人很多都是临时从山里招来的刁民,不过是为异教徒打异教徒的残忍的雇佣兵。他们所披的印有天主教圣心的肩布,钉在伊斯兰教的斗篷上,标志着他们那悲惨的柏柏尔人的血,总是在为异族的信仰流淌。"

军团士兵则有过之而无不及,泰勒继续写道:他们几乎全是西班牙人,是一个名叫米兰·阿斯特赖(Milan Astray)尖刻的独臂将军一手打造的部队,不仅仅是雇佣军,也是"高贵的悲观主义者",是狂热地崇拜职责、杀戮和死亡的无畏的斗士,"是那种假如自己的军官试图掉头逃跑的话,他们会朝军官开枪的士兵"。[1]

国民军的暴行记录令人作呕。他们打着重振基督教西班牙荣耀的旗号,轮奸、阉割、肢解……在国民军占领的城镇,他们例行地要开设市场,出售他们从死人的房屋里和尸体上抢来的赃物。

1936年8月,佛朗哥的军队随着渡过海峡的人数越来越多,开始有计划地征服西班牙西南部的安达卢西亚(Andalusia)地区。征服行动的战利品包括极具价值的里奥廷托(Rio Tinto)地区,那里的金、银、铜等矿藏,自青铜时代就开始开采了。在佛朗哥军推进线后方的城镇和村庄,报复不仅仅针对男人,有时也延伸到女人和儿童身上。

8月中旬的巴达霍斯战役后,发生了一场尤其残忍的暴行。巴达霍斯是直布罗陀西北250英里与葡萄牙相邻的一座城市。《芝加哥论坛报》记者杰伊·艾伦(Jay Allen)在该城陷落九天后,从目击者口中听说了这件事情,便赶往那里要亲眼看一看。他写道:"这就是结果,巴达霍斯陷落后,数以千计的共和派、社会主义者和共产主义者的男女民兵遭到了屠杀,罪名是保卫他们的共和国,反抗

---

[1] Hanighen(1939), pp. 68–69.

将军们和地主们的进攻。"①

艾伦开车出了城,沿着城墙来到了斗牛场,他还记得曾有一次在这里看到斗牛士胡安·贝尔蒙特(Juan Belmonte),"在斗牛前夜,也是一个这样的夜晚,从城里来观看公牛们被赶进场"。屠杀在艾伦眼前继续着,"男人们排着队,举着手",被赶进斗牛场,就像为了贝尔蒙特被赶进场的公牛们一样。"他们都很年轻,大多是穿着蓝衬衫的农民和穿着工作服的技工。'赤色分子。'他们被聚拢着。凌晨4点时,他们从斗牛开始时游行队伍进入的门,被赶进了斗牛场。那里有机关枪在等着他们。"艾伦继续说道,第一夜之后,"据说小路远端的血已有巴掌深。我一点也不怀疑。大约12小时内,共有1800人在那里被扫倒——里面也有女人。1800个躯体里的血,肯定比你所想象的要多。"②

如果说共和派的民兵不那么凶残的话,那是因为他们的暴力往往是防卫性的,他们只是没那么嗜杀成性。然而国民军的镇压却是故意的,是根据他们统治殖民地的经验预先计划好的。他们以暴力统治殖民地,认为当地人是野蛮和劣等的——而在叛军中的非洲兵看来,西班牙的无产阶级也是野蛮和劣等的,甚至更为下贱。

远远地看,战争和革命在制造流血和死亡方面,似乎是一致的。就近观察,两者有时也都会展现出一些奇怪的特性来。西班牙内战的怪象之一是,法西斯分子给女囚大量服用蓖麻油,足以造成她们无法控制的和羞辱性的腹泻。这种歹毒手段是从意大利传来的。墨索里尼的黑衫党党徒也同样使用蓖麻油这种广为人知的民间泻药,进行威胁恐吓。

---

① Acier(1937), pp. 4-5.
② Acier(1937), pp. 6-7.

西班牙电影制作人路易斯·布努埃尔（Luis Buñuel）在叛乱的最初时期，参加过保卫马德里的战斗。他回忆起又一个更大的怪象，打开了一扇能窥见冲突深处的窗户。布努埃尔这样描写那个时代："某些'壮举'在我看来既荒唐又光荣——比如有一天工人们爬进了一辆卡车，开到城南大约20公里处的耶稣圣心纪念碑。他们组成了一个行刑队，处决了基督雕像。"① 1936年8月7日的伦敦《每日邮报》（Daily Mail）上刊出了一张狂热的"处决"场面的照片，声称这反映了"西班牙赤色分子对宗教的战争"。② 仅仅用了不到一个月，手拿凿子和炸药的工人们就摧毁了该国地理中心赫塔菲（Getafe）的这座高92英尺的雕像，而他们还在西班牙共和派控制的地区到处破坏类似的宗教建筑。

这种破坏更多的是为了反抗压迫，而不是向宗教开战。赫塔菲的这座雕像是1919年5月由阿方索十三世揭幕的。当时"一战"刚刚结束，他要把西班牙重新奉献给耶稣圣心，这是自法国大革命前就存在的一种与王室有关的历史悠久的罗马天主教礼仪。在国王的支持下，圣心雕像和牌匾在西班牙各地大量涌现，而西班牙城市和农村的众多穷人却年复一年地过着一贫如洗的凄惨生活，处于饥饿的边缘。20世纪30年代，西班牙的教育系统学校短缺达17500所。30%以上的西班牙男人和更高比例的妇女都是文盲。③ 在西班牙被剥削者们看来，宗教纪念物的泛滥是腐败的教会在炫耀财富和势力，意味着他们将无法逃脱教会的压迫。

1931年，西班牙人民投票决定实行共和政体，新选出的政府着手改造公共空间，清除学校、街道和墓地的宗教符号，改用世俗的

---

① Fussell（1991），p. 219.
② 引自 libraries.ucsd.edu/speccoll/swphotojournalist/m629-f02-19.html（在线）。
③ Villanova（1992），p. 99.

标识。新宪法规定政教分离，废除了一些宗教法令，并禁止宗教法令干涉商业、工业和教育。① 教会面对自己的特权日益被剥夺，以成立新组织、开展政治活动和打官司等手段进行对抗。宗教游行、节日和隐修变成了示威活动，而左派团体又反过来想方设法地阻止其示威。历史学家休·托马斯（Hugh Thomas）写道，那些年，赫塔菲的纪念碑"变成了教会在精神上和肉体上进行动员的中心"。② 年轻的民兵们无论还做了什么事，"处决"赫塔菲的基督雕像都表达了他们实行社会变革的决心。

将军们的叛乱对世俗西班牙国家的生存发出了挑战，佛朗哥又将这一挑战提升到宗教十字军的地位，于是教堂遭到焚烧，圣像被破坏，宗教法衣被撕开，重新缝制成民兵们的军服。还有比侮辱圣像更为激进的反教会行动。人们掘开了教会的墓穴，挖出了教士和修女们的干尸公开示众，以展示他们也必然死亡，尸体也会发出恶臭。在一段似乎无法无天的时期，子弹到处在飞，大炮轰倒房屋，无政府主义的民兵也开始屠杀神职人员，将他们视为与压迫他们的阶级敌人沆瀣一气的教会的活偶像。战争期间，在共和派控制地区，共有4184名教士、283名修女和2365名其他宗教人士被杀——耐人寻味的是，其中半数是在最初的六个星期遇难的。③ 加泰罗尼亚自治区主席路易斯·孔帕尼斯（Lluis Companys）对法国记者说，这样的杀戮反映的是"压抑已久的巨大愤怒的爆发，是从很早的时候就开始蓄积力量的复仇行动的强烈需求"。④

很久之后，一位人类学家问一个西班牙人，他们为什么要焚烧

---

① 见 O'Connell（1971），p. 276, n. 3。
② Thomas（2008），p. 60.
③ Sanchez（1987），p. 9.
④ 引自 Cueva（1998），p. 365。

第一章　别人的死讯传来

圣母马利亚的画像,这是内战中最轻微的反教会行为。那个西班牙人回答道:

> 你不明白为什么要焚烧圣母像吗?……我来告诉你。因为圣母是个无耻的婊子,而上帝毫无正义感。……一个母亲眼看着孩子挨饿而不管不顾,她就是个婊子……她哪里还配做母亲……你告诉我,[当你们祈祷时,]她回答过吗?她同你们说过话吗?她帮助过你们吗?没有吧?好吧,你现在明白[为什么要焚烧圣母像]了吧。那一切都是谎言。那些圣像全都是谎言,谎言必须摧毁,真理才能生存。①

墨索里尼于7月底卖给佛朗哥的12架意大利"萨沃亚"飞机,只有9架到了得土安。飞机的领航员们未能考虑逆风因素,另外3架还没飞到就耗尽了汽油。其中两架坠毁了,机组人员全部遇难。第三架降落在法属摩洛哥境内,被法国人扣下了。意大利给佛朗哥提供飞机的新闻一经爆出,法国总理被迫立刻表态。莱昂·布卢姆希望此事能证明他支持毕竟合法的西班牙政府反抗叛乱是正当的,但他的内阁却不支持他。作为替代方案,法国政府提议对内战双方都实行武器禁运。在等待欧洲其他国家政府达成一致的同时,法国宣布,如果得到请求,它将支持西班牙政府。

利用这一短暂的间隙,8月13日,安德烈·马尔罗和他招募的20名飞行员,将14架破旧的双翼"德瓦蒂纳"(Dewoitine)D.372型战斗机和6架笨重的"波泰"(Potez)540型轰炸机,送到了马德里

---

① 引自 Maddox(1995),p. 135。

郊外的巴拉哈斯（Barajas）机场。①法国政府坚持要求将飞机上的武器拆除，西班牙人现在不得不费力地重新安装。马尔罗本人并非飞行员，但他的这支外籍飞行军团，将在1936年剩余的时间里，抗击因佛朗哥获得了德国和意大利的飞机而不断增强的叛军的空中攻势。②

原本是一场纯粹的西班牙内战，现在双方都张开怀抱，广纳盟友。美国的德士古（Texaco）石油公司押宝国民军会赢，于7月开始赊账向佛朗哥提供石油；壳牌（Shell）、新泽西美孚石油公司（Standard Oil of New Jersey）和大西洋炼油公司（Atlantic Refining）也纷纷援助国民军的叛乱分子。第一批国际纵队志愿者全都是像奥托·博赫（Otto Boch）这样的欧洲人，他们先于马尔罗和他的飞机来到西班牙。一星期后，1936年8月23日，第一支英国医疗队离开伦敦前往西班牙，志愿医生和护士以创纪录的人数，援助西班牙政府军。③8月27日，第一批俄国人来了——新任苏联驻西班牙大使马塞尔·罗森博格（Marcel Rosenberg）带着他的大队人马入住了马德里普拉多博物馆（Prado Museum）后面的盖洛德酒店（Gaylord's Hotel）。苏联飞机和坦克以及操作它们的飞行员和坦克手，也将随之而来。

战争一向是欧内斯特·海明威的最佳话题。暴力死亡的危险却会使他生气勃勃。那年夏天和秋天他正忙于写《有钱人与没钱人》(*To Have and Have Not*)，但他急切地想去报道他平生的第二场战争。"等我写完了这本书，希望能去西班牙，如果那里的一切还没有结束的话，"9月底他从美国怀俄明州打电报给他的编辑马克

---

① Whealey（1989），p. 21.
② de Madariaga（1958），p. 503.
③ Fyrth（1986），p. 44.

斯·珀金斯（Max Perkins），"……我绝对不想错过西班牙这件事，世界上再没有比那样更糟糕的情况了，但我必须先写完这本书。"①

佛朗哥曾向希特勒和墨索里尼承诺这将是一场短暂的战争。马尔罗仓促地送来飞机，因为他也认为战争时间不会长，任何耽搁都将是致命的。随着莫拉的死亡纵队一路零敲碎打地从安达卢西亚地区向马德里推进，谁也不清楚战争究竟会持续多久。但是，9月22日，国民军在距马德里46英里的地方改变了进攻路线，转去解救被共和派围困的托莱多的阿尔卡萨要塞，小佛朗基当年上学的士官学校仍在那庞大的16世纪建筑里，这时所有人都明白了，佛朗哥决心打一场地面战争：战斗才刚刚开始。

---

① Hemingway（1981），pp. 454–455.

第二章
今天，燃烧的城市点燃了自身

尽管希特勒和墨索里尼为各自的私利进行合作，以推动他们的共同目标，但两人却是对手。两人在西班牙都有各自的战略利益和商业利益。希特勒想要西班牙的矿石，墨索里尼则觊觎西班牙的黄金。两人都希望在法国的背后，在地中海——墨索里尼臭名昭著地称之为"罗马海"①——上有一个法西斯盟友。两人都想对直布罗陀（1713年被永久性地割让给英国）施加压力，并由一位盟友掌控海峡。1936年9月和10月，随着佛朗哥的军队一路屠杀着攻向马德里，两个法西斯独裁者争相为叛乱分子提供军备和人员援助。约瑟夫·斯大林也开始为共和派提供援助，也是为了西班牙的黄金，不过没那么热情。

佛朗哥显然想都没想过要坦克。9月初，当他的德国联络官瓦尔特·瓦尔利蒙特（Walther Warlimont）上校提出为他提供坦克时，佛朗哥似乎非常意外。柏林用船送来了41辆坦克和装甲车，还有几

---

① Mussolini, Benito（1934）. Verso il riarmo［"Toward rearmament"］. Popolo d'Italia del 18 Maggio 1934, xii; Whealey（1989）, p. 13.

种类型的大炮。① 坦克是轻装的马克一型（Mark Ⅰ），只配有一挺机枪。当佛朗哥听说苏联正给共和派送来装备有37毫米和50毫米口径大炮的坦克时，他召来了瓦尔利蒙特。后者发现他"非常不安……我只能对佛朗哥说，就连德国也根本没有重型坦克"。② 瓦尔利蒙特提出给他反坦克炮以为替代。佛朗哥最终得到了反坦克炮——88门弗拉克–18（Flak-18），这种炮原本是作为防空武器设计的，有一个半自动的后膛，每分钟能装载15—20发高速炮弹。这种炮的有效射程达九英里，实践证明对共和派的坦克和集结部队极为有效和致命。

除了坦克和大炮，德国人9月还送给佛朗哥一系列数量惊人的其他军用物资。继"魔火"行动之后的援助计划"奥托行动"（Operation Otto），包括36架双翼战斗机、8000万发步枪和机枪子弹、2万颗枪榴弹、100吨从20磅到1000磅不同型号的炮弹，还有供战场通信使用的无线电台、电话和300英里长的电线，以及45辆卡车。另有400名德国军官和士兵随这些装备而来，教导佛朗哥的军队如何使用它们。③

西班牙共和国的军队起初根本得不到像佛朗哥那样的援助。苏联情报机构于8月下旬估计，甚至只有三分之一的共和军士兵有步枪，每150人到200人的连队只有一挺机枪。④ 他们采用极其迫不得已的办法来武装自己——当他们上前顶替牺牲和受伤的同志的位置时，拾起他们的步枪。

---

① Proctor（1983），p. 42.
② 引自Proctor（1983），p. 43.
③ Proctor（1983），p. 46.
④ Kowalsky（2004），Chapter 9（在线）.

托莱多在马德里西南45英里，坐落在高耸于塔霍河（Tagus River）上方的一座峭壁的后坡上，是一座依山势而建的有城墙的城市。除了位于城墙之外的兵工厂外，1936年时这里再无军事价值。阿尔卡萨要塞那些庞大的文艺复兴时期的堡垒群建在悬崖的顶部，是西班牙的西点军校，佛朗哥就是该校的毕业生。共和国军队于7月21日开始围困阿尔卡萨要塞，当时将军们的叛乱刚刚开始，这里反叛的国民警卫队队员、军官们、法西斯平民们和他们的家属，以及一部分军校生，在袭击并焚毁了当地兵工厂后，躲藏在要塞里。9月中旬，共和派的工兵在要塞下挖了一条隧道，放置了炸药包，在很大程度上摧毁了一片巨大的区域，但是1670名躲藏在要塞深处的男人、女人和孩子仍在坚守。他们以马肉和骡子肉为食，直到9月27日，佛朗哥和他手下的摩洛哥兵将共和派军队驱离托莱多，才解了要塞之围。在围困期间，无政府主义的民兵共处决了222名当地法西斯分子；这时佛朗哥的士兵进行了一连两天的血洗，造成了超过800人死亡，其中包括整整一个病房的孕妇被赶到室外枪杀。围困期间被扣押在阿尔卡萨要塞内的100多名人质也不见了。[①] 美国记者约翰·T. 惠特克（John T. Whitaker）报道称，摩洛哥兵将手榴弹掷入病房中，"炸死了托莱多医院里共和军的伤员"。"他们还用手榴弹炸死了200多名惊恐而惨叫的人，并对此大肆炫耀。"[②]

　　惠特克的一位朋友是名德军上尉，是希特勒派到西班牙的重要特工，亲眼看到了佛朗哥手下的摩洛哥兵在战争最初几个月的所作所为。他写道："双方都知道什么时候能赢得一场战役，这真是不可思议。"

[①] Preston（2012），p. 337.
[②] Whitaker（1942），p. 106.

有几分钟，一场可怕的寂静将降临前线的那一部分。然后，突然之间，会爆发出一阵地狱般的嘈杂声，摩尔人破门而入，开始抢劫。他们拿着赃物的样子就像是小孩子一般。有人一条胳膊下夹着一大块肉，另一条胳膊下夹着一台"歌手"缝纫机，同时一只手里攥着一瓶白兰地，另一只手抓着不知从哪家墙上扯下的画。有个摩尔人发现了一支萨克斯管，拿着摆弄了两天，玩腻后又扔掉了。①

托莱多战役后，叛乱集团的将领们拥立佛朗哥为他们的最高领袖。桑胡霍因"舟蛾"飞机坠毁而死，缩小了候选人的范围，然而是希特勒决定只与佛朗哥和佛朗哥指挥的摩洛哥雇佣军打交道，确保了他的当选。9月30日，这个小个子将军飞往马德里以北140英里的卡斯蒂利亚王国旧都布尔戈斯（Burgos）。他的叛乱同谋们在那里选举他为民族主义者武装力量总司令和政府首脑——元首（El Caudillo）。佛朗哥振振有词地对将军们说道："你们有充分的理由感到骄傲。你们接手的是一个破碎的西班牙，而你们交给我的是一个团结在一个伟大理想之下的西班牙。胜利将属于我们……我不会失败。我将带领祖国走向她的巅峰，或者在尝试中死去。"② 新近"受膏"的元首从布尔戈斯移居马德里西北135英里的萨拉曼卡（Salamanca）的大主教宫，那里成为战争第一年他的指挥部。

右翼记者埃内斯托·希门尼斯·卡瓦列罗（Ernesto Giménez Caballero），以沾着血污的陈词滥调，煞有介事地描写了他想象的元首在其萨拉曼卡的作战室里"切切割割"的情景：

---

① Whitaker（1942），p. 105.
② 引自 Hills（1967），p. 262.

我们曾在清晨很早的时候看见过佛朗哥，无论在酷热中还是在大雪时，当他俯身于作战方案或西班牙地图前时，他的灵魂和神经都绷到了强度极限，他以一个在为自己的女儿、自己的母亲、自己钟爱的妻子动手术的外科医生的紧迫感和悲悯，在为西班牙的生命体动着手术。我们看到佛朗哥的眼泪洒在了这位母亲、这位妻子和这位女儿的躯体上，而他的双手也感受到那痉挛的圣体的鲜血和疼痛。①

苏联对托莱多的陷落和共和国武器短缺的情况做出了紧急反应，提供了其最好的武器来对抗意大利人和德国人的援助。第一批苏联援助物资于1936年10月4日运抵西班牙：2万支步枪和700万发子弹，10万颗带发射器的枪榴弹和6门榴弹炮——一种像迫击炮一样，但炮管较短的大炮——每门炮都配有1000颗炮弹。50辆10吨重的T-26型坦克，每辆配有一门45毫米口径的大炮和两挺机枪，于10月中旬到达，另外50辆随后运抵，还有45架配有机组人员的先进战斗机和轰炸机。②

英国和美国的商人允许佛朗哥赊账订货，德国和意大利援助佛朗哥以换取大量的西班牙矿物。然而，苏联却要求西班牙共和国用黄金来支付其严格限于商业的交易。1936年末，西班牙运送了价值5.18亿美元的黄金到苏联，主要是为使其远离佛朗哥的势力范围。③但是这一转移却给法西斯宣传提供了口实，他们声称俄国人盗走了西班牙的黄金储备。苏联人并没有偷窃西班牙，但他们希望他们卖出的军备能够得到支付。无论如何，西班牙送到苏联的黄金中，有

---

① 引自 Preston（2004），p. 288。
② Kowalsky（2004），Chapter 9（在线）。
③ Whealey（1989），p. 22.

价值超过3.4亿美元的部分又转移到巴黎的欧洲商业银行（Banque Commerciale pour l'Europe du Nord），在接下去两年多的时间里逐渐用于被围困中的共和国的战争需求。①

从托莱多起，非洲集团军——摩洛哥人和外籍军团士兵共两万余众——开上了一马平川的塔霍河河谷平原，向马德里长驱直入了。来自西班牙首都缺乏训练的民兵在他们的攻势下节节败退。民兵们在开阔地带受到攻击时，经常会陷入恐慌。国民军以每天12英里的速度推进，直到大雨突降，加之要等待德国人和意大利人交付坦克和大炮，他们的步伐才停滞下来。莫拉预言，10月12日前，他将在马德里太阳门（Puerta del Sol）的鹅卵石广场上饮他的清晨咖啡。自那天早晨起，马德里人在一张空桌子上摆上了一杯咖啡，上面写着："为莫拉将军预留。"② 然而还没等这位古巴出生的将军拿到这杯咖啡，他就一命呜呼了。

历史学家和战争参与者罗伯特·科洛德尼（Robert Colodny）写道，到10月下旬时，"马德里已经能够清楚地听见枪炮声了，城市的面貌也开始发生变化。一个为保卫城市而成立的委员会接管了市政管理。从夜里11点开始实行宵禁。牛奶、水和食品实行了配给制。由于城市西边和西南边方圆30公里内各有一座人口众多的城镇失守，难民和饥民如潮水般涌来，加之寒冷的秋雨，形势更是雪上加霜"。③ 10月23日，由德国飞行员驾驶的容克-52轰炸机对马德里进行了第一次空袭，炸弹像雨点般落在了铁路枢纽火车北站——今天的普林斯堡（Principe Pio）商业中心。次日的第二轮空袭轰炸了铁路调车场、马德里煤气厂和位于南郊赫塔菲的共和派的主要空军

---

① Whealey（1989），p. 22.
② Cox（1937），p. 38.
③ Colodny（1958），p. 25.

基地。① 国民军地面部队于11月4日攻占了该基地。②

马德里似乎在劫难逃了。这座城市在瓜达拉马山脉东南30英里处，将近100万人居住在一个海拔2100英尺的高原上，缺乏天然的屏障。叛军从西边打来，如果越过面积六平方英里、曾是国王猎场的大公园"田园之家"（Casa de Campo），渡过曼萨纳雷斯河（Manzanares River），再穿过曾是古老的康普顿斯大学（Complutense University）校园的这时尚未完工的新大学城，就将直插市中心。曼萨纳雷斯河是唯一有些难度的障碍，不到100码宽，但是在公园东部边缘的石墙之间开了一条运河，只有四座桥需要防守。③

轰炸意在弱化马德里的防御，却强化了民心。英国科学家J. B. S. 霍尔丹（J. B. S. Haldane）报道说："尽管似乎有大约1000人被炸死了，有更多的人受伤了，但这些空袭却被一种新现象挫败了——集体英雄主义。"霍尔丹发现，在战时的马德里显示出恐惧，是为社会所不能接受的。一个西班牙人曾对他说："我们这些老家伙打不了仗了，但是如果我们逃跑的话，会给战壕里的小伙子们树立坏榜样的。"④

当马德里民众从他们敞开的窗口观望第一次轰炸时，陷入恐慌的共和国领导人们却准备放弃城市，将政府转移到别处。11月6日星期五，一个灰暗、寒冷、阴雨绵绵的下午，拉尔戈·卡瓦列罗（Largo Caballero）在得知政府的炮弹甚至子弹供应都已低到危险的程度时，做出了这一决定。⑤ 此前一天，苏联战斗机已经升空与速度较慢的德国容克-52轰炸机对战，进一步的援助还会接踵而来，

---

① Colodny（1958），p. 83.
② Cate（1998），p. 249.
③ Smith and Hall（2011），p. 71.
④ Haldane（1938），p. 49.
⑤ Cox（1937），p. 61.

第二章　今天，燃烧的城市点燃了自身

但是拉尔戈·卡瓦列罗和他的内阁将城市防御交给了一个防务小集团，当晚即东逃220英里，到了共和国后方、地中海岸边的巴伦西亚。① 无政府主义的民兵封锁了通向巴伦西亚的道路，只是极其勉强地将他们放了过去。② 一些来报道西班牙内战的外国记者，当天晚上在随政府逃离该城之前，还挤出时间，不厌其烦地预先写出了叛军第二天胜利进城的报道。赫斯特（Hearst）通讯社的首席记者尼克博克（H. R. Knickerbocker）甚至还虚构了一幅小狗在欢迎的群众旁吠叫的场景。③

但是拉尔戈·卡瓦列罗将马德里防务交托的是一位勇猛强悍的将军——何塞·米亚哈（José Miaja）。当米亚哈明白了自己要么拯救城市，要么就得主持投降事宜时，他召集了一批忠诚的军官，开始组织防务。他一方面派参谋长维森特·罗霍（Vicente Rojo）中校四处去寻找弹药，一方面将他的16名部门指挥官集合起来训话。那个星期五晚上，他直率地下达了命令："政府撤了，马德里要听凭敌人摆布了。你们必须像男人一样行动的时刻到了！你们明白我的意思吗？像男人一样！男子汉大丈夫！"④ 他们执行了。

到半夜时，罗霍查清了他的库存：炮弹只够轰击两小时，子弹只够给尚存的两万民兵每人6发。罗霍知道还有更多的弹药，但是政府撤退得太仓促了，卡瓦列罗的官员竟然忘记了报告它们储藏的地方。罗霍给阿尔瓦塞特（Albacete）和巴伦西亚发电报，要求立即空运步枪和机枪子弹。⑤

守住城市的成算并不大，但马德里人民已经无路可退了。工会

---

① Colodny（1958），p. 35.
② Cox（1937），p. 65.
③ Preston introduction, Cox（1937），p. 10.
④ Colodny（1958），p. 49.
⑤ Colodny（1958），p. 48.

会员、合作社社员和整整一个团的西班牙共产党员按照米亚哈的命令进行了部署。米亚哈对他们说，前面的人倒下了，后面的人就拿起他的武器，坚决不能后退。他承诺说，如果能坚守城市48小时，就会有救兵来临。

在从赫塔菲撤退的过程中，妇女们像男人们一样战斗，新西兰记者杰弗里·考克斯（Geoffrey Cox）报道称：

> 一些女人看上去比男人还更具军人气概，她们面容坚定，持枪的姿态仿佛是在表示她们是当真的，一点儿不开玩笑。但另外一些穿着整洁的蓝色工装裤，一头黑发油光乌亮，描过眉，涂了口红，给眼前的场景增添了一丝非现实感。然而整个上午，她们也全都冒着枪林弹雨。后来我得知，她们全都属于最后撤退的一批人。这些人更像是一群等待参演强盗电影的群众演员，而不像是一支在打着一场以毫无怜悯而臭名昭著的战争的军队。①

11月7日清晨，佛朗哥的军队在何塞·恩里克·巴雷拉（José Enrique Varela）将军指挥下，冒着炮火从东边攻入了马德里。但是共和派民兵在乡下开阔地上作战不利，却知道如何在城市里战斗，他们从窗户里和街上的路障后射击。尽管他们蒙受了重大损失，但阻挡住了进攻的叛军部队，有时还会打得他们掉头逃跑。他们从自制的装甲车里投掷炸药棒，驱散了巴雷拉将军的装甲部队。他们以近乎自杀性的反突击，夺回了失守的阵地。一位老兵写道："他们了解城市中的每个角落，而对巴雷拉部队的大部分人来说，马德

---

① Cox（1937），pp. 32–33.

里就像一座外国城市，一个到处都是既陌生又充满敌意的街道的迷宫。"①咖啡馆里的扬声器、敞开的窗户里传出的收音机声，都在号召民众抵抗。妻子们端着饭，乘有轨电车和地铁，给她们在掩体里战斗的丈夫送去。

11月8日星期日，米亚哈承诺的救兵来了。正在格兰大道（Gran Via）上的一座酒吧里喝咖啡的考克斯，忽然听见一阵叫喊声和拍手声，连忙走到店外观看。"街上从陆军部的方向，走来长长的一列行军的士兵，"他写道，"他们身穿一种卡其布灯芯绒的军服，头戴宽松的苏格兰船形帽，就像英国坦克部队戴的那种。他们排着整齐的队列行进……他们肩上拗的显然是现代款式的步枪。许多人的皮带上还挂着弹痕累累的锡盔。一些人很年轻，另一些则像是训练有素、经验丰富的士兵。"他们的出现成了一个谜：他们是什么人？群众猜想他们一定是俄国人。"俄国人来了，"酒吧店主对考克斯说，语气中充满了宽慰，"俄国人来了。"但考克斯听见一名中士在用普鲁士口音的德语喊着命令，又听见其他人有用意大利语喊的，有用法语喊的，便知道了他们不是俄国人。他很快弄明白了，他们是反法西斯国际纵队的第一旅，"自十字军东征以来，这个世界上所见到过的最货真价实的国际部队"。②

这些国际战士的到来，使城市防御的力量增加了大约3000人。在这场战争中，共有超过4万人离开了他们在欧洲大陆、英伦三岛和北美洲的家园，与西班牙共和派并肩战斗，反抗他们认为佛朗哥及其军队所代表的法西斯主义。他们中许多人都是共产党员，但并非全部都是。这是在大萧条中形成的一种友好关系，反映的是一种

---

① Colodny（1958），p. 55.
② Cox（1937），pp. 74–75.

强烈的社会良知,超越任何僵化的意识形态承诺。有些人加入国际纵队是为了冒险,有些人是因为失业的时间太长了,然而更多的人是相信在西班牙打败法西斯,将能阻止一场破坏力更大的第二次世界大战。为了这个伟大事业,他们准备牺牲自己的生命。

在西班牙内战的这一阶段,他们几乎全是欧洲人,是共产国际招募的志愿者,以顶替斯大林不愿派出的苏联地面部队。不过,一位历史学家写道,在接下来的几个月里,苏联将派出军事专家,"包括顾问、教官、飞行员、坦克手、炮手、无线电报员和密码破译专家,以及大量的后勤人员,如翻译人员、医护人员、工程师、维修工和水手"。[①] 目前,则是由志愿者组成了救援队伍。

他们都是生手。一些人总共只训练了10天,一些人才训练了24小时。一个营通常由500—1000人组成。志愿者"加里波第营"(Garibaldi Battalion)是唯一全部由新兵组成的营,有25支步枪、1挺机枪,没有一个人有个人急救包。不管怎样,他们在安德烈·马蒂(André Marty)的指挥下,举行了入城式。马蒂是个身材高大、性情暴躁的人,穿着乡下人的衣服,戴一顶黑色贝雷帽。他是法国的海军工程师,也是法国国民大会长期的共产党成员。[②] 保罗·卢卡奇(Paul Lukács)将军——即匈牙利小说家马泰·扎尔卡[Máté Zalka,真名贝拉·弗兰克尔(Béla Frankl)]——则指挥全旅。

国际纵队的若干支小分队前往小丘起伏、草木茂盛的"田园之家",支援马德里民兵迎击那里的国民军部队。国民军一路杀向了公园东部边缘的曼萨纳雷斯河,但是国际纵队和民兵们在付出了巨大代价后,将他们击退了。11月9日星期一,战斗集中在未竣工的

---

① Kowalsky(2004), Chapter 9.
② 引自 Colodny(1958), pp. 185-186, n. 141。

大学城校园内。考克斯报道称："拂晓时分，叛军轰炸了大学建筑，并向高尔夫球场发起了进攻。这一带的曼萨纳雷斯河，不再是修建好的河堤之间的小运河，而是只有低矮沙岸的溪流，很容易渡过。这是叛军直插马德里心脏地带的最开阔的道路。"①

双方疯狂地逐个建筑物进行争夺，整整打了48小时。国民军靠机枪开道，猛烈扫射上方的房屋和楼梯，将地板和墙面都打得千疮百孔。科洛德尼写道："共和国战士将手榴弹放进临床医院的服务电梯里，拉开保险针后，将电梯送往摩洛哥人占领的楼层。西班牙士兵都变成了专家，他们将手榴弹用绳子串起，然后抛出窗外，这样手榴弹就能够在他们下方敌人的机枪前爆炸了。"②英国作家约翰·索莫菲尔德（John Sommerfield）回忆说，在哲学大楼，"我们把成卷的印度玄学著作和19世纪早期德国哲学著作搬来构筑掩体。那些书的防弹效果还真不错"。③

国际纵队在这首战当中就损失了三分之一的人，但他们和共和国民兵一起，将巴雷拉的部队赶回到"田园之家"公园的中部。双方在此僵持起来。整个11月，大学城都在进一步的交战中，都是残酷而血腥的恶战。科洛德尼概括道，在公园中，"精疲力竭，缺少弹药，战术僵持，两军都开始匆忙地挖起战壕来，战场的这一部分准备进入围困战了"。④公园中央的加拉比察山（Garabitas Hill）高2220英尺，是城市的制高点。巴雷拉坚决地固守这里，并将其炮兵阵地设在山上。

佛朗哥没能攻下马德里。国际纵队领导人和军事历史学家汤

---

① Cox（1937），pp. 82–83.
② Colodny（1958），pp. 78–79.
③ 引自 Colodny（1958），p. 75。
④ Colodny（1958），p. 73.

姆·温特林哈姆（Tom Wintringham）认为，他最大的错误就是，以为2500人的军队就能攻克一座100万民众都坚决不肯放弃的城市。①

马德里仍然会被包围。"我宁可毁灭了马德里，也不把它留给马克思主义者。"佛朗哥信誓旦旦。② 德国和意大利既然将其声望押在了西班牙内战的结果上，它们便更加坚决地支持起佛朗哥和他的战争。两国均于1936年11月18日宣布正式承认佛朗哥政府。这位西班牙"元首"对萨拉曼卡的一群庆祝者宣称："这一刻，标志着世界生命的顶峰！"③

希特勒与墨索里尼的关系也很密切，但他对"领袖"在伊比利亚半岛的企图却深感忧虑。迄今为止，意大利送给西班牙的武器比德国还要多。④ 一名参与了策划的德国将军后来回忆说，希特勒"尽管坚定地强调与墨索里尼的友谊和他对法西斯意大利的同情，他却并不当真打算允许意大利在地中海地区变得太强"。⑤ 德国军方——国防军（Wehrmacht）——组织实施"魔火"行动和"奥托"行动，是建立在西班牙战争将会很短暂的设想基础上的。当最新型的苏联大炮、坦克和飞机于10月中旬开始到达后，共和国的防御力量得到了加强，战争在进入胶着状态。希特勒于10月底做出了回应，授权建立一支空中武装——秃鹰军团——支持国民军作战，但表面上这是一支志愿者部队。按照瓦尔利蒙特的说法："佛朗哥将军并没有提出这方面的要求，实际上也并不想要这支部队。"⑥ 但不管怎样，在德国人的命令下，他得到了这支部队。

---

① 引自 Colodny（1958），p. 189, n. 163。
② 引自 Colodny（1958），p. 82。
③ 引自 Colodny（1958），p. 89。
④ Whealey（1989），p. 13。
⑤ 引自 Proctor（1983），p. 51。
⑥ 引自 Proctor（1983），p. 57。

秃鹰军团于11月6日到18日由船运至西班牙。① 该部最初由37名军官、3786名士兵和92架刚出厂的飞机组成,包括3个容克-52轰炸机中队、3个亨克尔-51双翼战斗机中队、2个亨克尔-45和亨克尔-70侦察轰炸机中队和1个海上飞机中队。② 随着战事推进,其兵力增至大约6000人,然而训练和作战轮换意味着1936—1939年曾在西班牙服役的德国空军人员总数要数倍于这个数字。希特勒还派出坦克连、反坦克排、信号小组和潜艇支援佛朗哥的军队。墨索里尼不仅贡献了飞机、坦克和潜艇,还贡献了成千上万的步兵。

在第一批苏联飞机于11月到达西班牙之前,《纽约时报》记者赫伯特·马修斯(Herbert Matthews)报道说:"政府实际上什么飞机也没有,除了一些'死亡陷阱'——布雷盖(Breguet)、波泰、德瓦蒂纳、洛克希德维加(Lockheed Vega)——全都是老掉牙的机型,是从一些一点儿也不靠谱的代理人那儿秘密买进的。"和西班牙陆军军官们不同的是,西班牙空军军官大部分还是忠诚的,但是他们的飞机实在太差劲了。马修斯写道:"第一批75名飞行员中,我想恐怕顶多只有五六人活了下来。一些外国人帮了点儿忙,特别是马尔罗的法国飞行中队,但是他们的飞机也不尽如人意。"③

11月13日,马修斯在马德里看到了新的共和国空军的第一批战斗机——波利卡尔波夫I-16(Polikarpov I-16),"黑色的单翼小飞机划过天空。西班牙人冲它们欢呼雀跃,还因为它们又小又快,给它们起了个'小苍蝇'(Mosca)的外号。它们的数量越来越多"。④ I-16的驾驶舱是密封的,起落架是可伸缩的,因而在速度

---

① Whealey(1989), p. 50.
② Proctor(1983), p. 60.
③ Matthews(1938), p. 234.
④ Matthews(1938), p. 235.

方面有优势。毫不奇怪的是，叛军将它们称为"耗子"（Rata）。11月下旬的一天下午，一群"小苍蝇"伏击了佛朗哥掩护轰炸机空袭的战斗机群。在地上的马德里人热切注视的一场大规模空战中，"小苍蝇"至少击落了13架法西斯飞机。① 然而这种苏联小飞机虽然高效，但从10月起，秃鹰军团和装备了德国、意大利飞机的佛朗哥空军，还是占据了空中优势。②

自佛朗哥的军队从托莱多开始沿塔霍河北上起，空袭就在马德里肆虐了。国民军蓄意制造恐怖和屠杀平民，将空袭集中在军事目标并不多的工人阶级居住区。继而，为了给11月7日经"田园之家"发动的攻城行动做准备，佛朗哥的轰炸机转而轰炸起高射炮阵地和路障，并对共和军的补给线进行低空扫射。到了11月中旬，当地面战斗陷入僵局，而秃鹰军团也能执行任务后，国民军的轰炸战略又改变了。佛朗哥转而履行起自己毁灭这座城市的诺言。

法西斯的轰炸已经使巴勃罗·毕加索卷入了战争。1936年9月19日，正在寻求国际支持的西班牙共和国总统曼努埃尔·阿萨尼亚写信给正在巴黎的这位西班牙著名画家，邀请他担任普拉多博物馆的名誉馆长。③ 普拉多博物馆是马德里艺术杰作的宝库，收藏的画作有希罗尼穆斯·博斯（Hieronymus Bosch）的《人间乐园》（*Garden of Earthly Delights*）、拉斐尔（Raphael）的《神圣家庭》（*Holy Family*）、鲁本斯（Rubens）的《帕里斯的裁判》（*Judgment of Paris*）、格列柯（El Greco）的《圣三位一体》（*Holy Trinity*）、委拉斯开兹（Velázquez）的《宫娥》（*Las Meninas*）和戈雅（Goya）

---

① Matthews（1938），p. 234.
② "英国军情处断言，自1936年10月起，国民军就一直占据了空中优势。"Whealey（1989），p. 102.
③ Chipp（1988），p. 211, n. 12.

的《农神吞噬其子》(*Saturn Devouring His Son*)。名誉馆长的职位并不承担任何职责,毕加索甚至就此开起玩笑来,告诉朋友们他们需要称呼他为"馆长"了。① 然而尽管他显然不关心政治,他还是"立刻接受"了这一邀请。他后来说,那是因为他"作为艺术家的整个人生,都不过是与艺术的反动和死亡进行的一场持续不断的斗争"。②

普拉多博物馆在11月受到了大炮轰击,继而又遭到猛烈的飞机轰炸,部分屋顶和上面的楼层坍塌了,毕加索支持将博物馆中的一些稀世珍宝从马德里转移到安全的地方去。克劳德·鲍尔斯写道:"陆军一个团的战士在忙着打包装箱,将艺术作品转移走。为此毫不吝惜地花了很多钱。一些价值不太高的宝物埋在了地下室中一层又一层的沙包之下;另一些转移到了巴伦西亚;还有一些先是放在了西班牙银行的地窖里,后来发现那里太过潮湿,就又转移到别处去了。"③ 这个"别处"就是塞拉诺斯塔楼(Las Torres de Serranos)——建在巴伦西亚城墙上的有雉堞的中世纪塔楼,因为足够巨大,禁得起轰炸。

佛朗哥的轰炸机部队于8月27日首次空袭了马德里,但是自11月10日开始并持续了此后整个11月和12月的轰炸才是杀伤力巨大的,目标针对的是广场、繁华街道、火车站和医院等。单是在11月,国民军就对马德里进行了23次轰炸。④ 从11月15日到20日,秃鹰军团开始实施密集开火实验。⑤ 三波轰炸造成了大火:第一波2000颗炸弹炸倒了房屋;第二波220磅炸弹使各处都成为废墟瓦砾;接下

---

① Chipp(1988),p. 7.
② Chipp(1988),p. 6;引自 Freedberg(1986),pp. 603–604。
③ Bowers(1954),p. 314.
④ Madariaga(1958),p. 527.
⑤ Colodny(1958),p. 85.

去燃烧弹开始造成大火,同时22磅榴霰弹又使消防员无法出动。①

巴黎一家保守报纸的记者路易·德拉普雷(Louis Delaprée)是个留着八字胡的法国帅哥,却以愤慨的语句报道空袭:

> [炸弹]爆炸了,震天动地,房倒屋塌,血肉横飞。救护车一刻不停地向四面八方扫荡街道,将旧的伤员和病人卸在医院后,马上就会载满新的。但是夜幕降临了。继而屠杀开始了,像《启示录》中一样恐怖:杀手们不停地在天空中轮转着,释放出炸弹、燃烧弹和榴霰弹。
>
> 一颗炸弹落进了阿尔卡拉(Alcalá)附近的太阳门地铁站的大门,撕裂了路面,现出一个深达15米的大坑。在圣赫罗尼莫(San Jerónimo),有一条街完全裂开了,成为一条深沟。从20个不同的地方起,大火开始吞噬这座城市。
>
> 利用一个短暂的间歇,我们冲向了电话大楼。

格兰大道上的电话大楼(Telefónica)是外国新闻办公室所在地,电讯要在那里接受审查并用电报发出。14层是西班牙最高建筑的最高层——"矗立在马德里市中心最高点的一座修建得很牢固的摩天大楼,"赫伯特·马修斯这样描述道,"在方圆几英里内它都很显眼,就像埃菲尔铁塔在巴黎一样。它是如此优美的一座地标,实际上,我很难想象会有任何有良知的炮兵军官想要炮击它。"② 德拉普雷在那里观看了整个城市的全貌:

---

① Whealey(1989), p. 102.
② Mathews(1938), pp. 199–200.

从这个非同寻常的有利位置，看到的却是一幅令人不可思议的恐怖景象。一圈火焰壮观而缓慢地汇聚在格兰大道。我们亲眼看到一个个屋顶起了火，然后火势向下蔓延，最终楼房在巨大的火焰和火花中重重地倒下。一些被烧空的楼房，架子仍然挺立着，并且被火光的倒影舔舐着，而大火又继续向前蔓延而去。①

"未来战争的景象已变得很清楚了，"《真理报》(*Pravda*)记者米哈伊尔·科尔索夫（Mikhail Koltsov）这样描写马德里空袭最初几天的可怕景象，"在人类即将迈进1937年时，法西斯杀人犯们却当着全世界人民的面，在毁灭一座宏伟的欧洲首都城市。200公斤重的炸弹能够摧毁五层楼房。有很多这样的楼房被炸毁了。300公斤和500公斤的炸弹也用上了。工人阶级居住区脆弱的房屋结构根本没必要用这么重的炸弹。燃烧弹就足矣。昨天，"科尔索夫最终发出了不吉预言，"法西斯分子需要火球。今天，燃烧的城市点燃了自身。"②

---

① Delaprée(1936), p. 3.
② 引自 Colodny(1958), p. 195, n. 211。

第三章
斗牛士的红布横在了他的眼前[①]

面对佛朗哥及其德意同伙强加给西班牙的流血和破坏,"国际红色援助组织"(Socorro Rojo Internacional,SRI)提供了人道主义救援。共产国际于1922年成立了SRI,作为国际政治方面的"红十字会",以帮助政治犯。1936年7月下旬,西班牙的SRI向其英国对应机构——总部设在伦敦的"法西斯受害者救济委员会"(Relief Committee for the Victims of Fascism)——发出了一份电报,对西班牙内战的爆发发出了警报。[②] 救济委员会转而又向工党的附属组织"社会主义医疗协会"(Socialist Medical Association)发出了警报,学会在几天之内便组织了一个"西班牙医疗援助委员会"(Spanish Medical Aid Committee),由著名政治家、科学家和社会贤达组成。[③]

"安排会议和筹集资金等初步工作都不难,"委员会成员、工党前议员利娅·曼宁(Leah Manning)回忆道,"除了装满戒指、手

---
① "Elegy on Spain," in Cunningham(1986), p. 198.
② Fyrth(1986), p. 45.
③ Fyrth(1986), p. 45ff.

镯、胸针、手表和各种各样珠宝的盘子之外，一次会议筹上1000英镑，是常有的事情。"① 在8月8日和14日的集会上，英国公众对西班牙共和国的事业做出了响应，捐献了超过2000英镑（相当于今天的161000美元），以支持第一支英国医疗队，并为其配备了外科设备和耗材、药品、宿营器材、卡车、救护车和制服等。

这支医疗队由4名外科医生、6名护士、4名医学院学生，以及另外9人，包括司机、厨师、秘书、翻译组成，全都是志愿者。他们于1936年8月23日星期日，从维多利亚车站出发。从一家同情这次行动的伦敦殡仪馆借来的戴姆勒豪华轿车，载着他们从欢呼的人群前经过。来送行的伦敦人至少有1万，包括6位全副盛装的伦敦自治市市长。② 一个月后，第二支医疗队——由富有的煤炭出口商和前格拉斯哥大学校长丹尼尔·史蒂文森（Daniel Stevenson）出资并组织的苏格兰流动医院——出发前往西班牙，他们拥有6辆救护车和1辆厢式货车。③

现代战争依赖子弹，也依赖血液。控制休克、流血并替代失血，是防护子弹、炸弹和榴霰弹造成的伤口的第一道防线。然而，人的血型不同，输错了血会致命的。血液来自活体捐献者，但献血者是无法用卡车大量地运到前线对伤员进行臂对臂的输血的。所有这些问题都必须在战场上能够有效地用上血液之前解决。第一次世界大战中，医生解决了其中一些问题。剩余的问题对西班牙内战中的医生提出了挑战。

---

① 引自 www.spartacus.schoolnet.co.uk/PRmanningL.htm。
② Lancet 22 Aug. 36, p. 447; Fyrth（1986），pp. 43–45.
③ Alpert（1984），p. 424; "A Scottish ambulance unit in Spain"（translated article），14 July 1937: Archives of the Trades Union Congress, Spanish Rebellion: Medical Aid 1937–1940, document 292/946/42/136（在线）.

20世纪前，输血是临时手段，往往异常危险。那时候人们还不知道有血型差别，并以为血液在人与人之间，甚至人与动物之间，都是可以互换的。毫不奇怪的是，许多病人都因为血液不兼容而死。到19世纪70年代时，这样死的人实在太多了，以致输血成了名声很坏的疗法。在接下去的30年，输盐水取代了输血液，但也不适当。这种所谓的生理盐水，是一种盐和水的无菌溶液，与血液具有同等程度的咸性，可以替代失去的液体量，但因为没有红细胞，只能暂时维持恢复。甚至输牛奶都曾风靡一时。①

20世纪初血型差别的发现以及快速分辨血型的方法的改进，使得安全输血成为可能。但是由于血液暴露在空气中时会凝结，输血仍然只限于能够使供血者和接受者之间实现即时传输的各种方法。随着抗凝血剂于1914年发明，血液保存成为可能。最著名的抗凝血剂是柠檬酸钠，这是由美国、比利时和巴西的研究人员或多或少是同时进行的一项创新性发明。②

然而，英国的技术落后了。直到1917年4月，美国对德国宣战，美国军医支援起法国境内的英军医疗部队，输血才开始在战场上广泛应用。是一个有英国血统的美国人发明了柠檬酸血的用法。19世纪末20世纪初时，奥斯瓦尔德·罗伯逊（Oswald Robertson）在美国加利福尼亚的圣华金谷（San Joaquin Valley）长大，当时这一地区还是一片半荒野。他以优异的成绩毕业于哈佛医学院（Harvard Medical School），并打算进入纽约的洛克菲勒医学研究所（Rockefeller Institute for Medical Research），师从病理学家佩顿·劳斯（Peyton Rous）做研究工作。据报道，佩顿·劳斯1915年成功地

---

① Keynes（1922），pp. 1–15.
② Keynes（1922），p. 16; Greenwalt（1997），pp. 556–557.

将经柠檬酸处理后又冷冻储存了两个星期的血液进行了输血实验。罗伯逊几乎还没有开始在洛克菲勒研究所的研究工作，美国就参加了"一战"，这吸引他加入了由著名外科医生哈维·库欣（Harvey Cushing）组织的哈佛医疗队，来到了法国。

罗伯逊在美国陆军基地第五医院工作。这是一座有1.2万张床位的医院，位于法国北部英吉利海峡海岸上的达恩－卡米耶（Dannes-Camiers），在加来（Calais）以南大约30英里处。罗伯逊被认为建立了第一个血库。实际上，他几乎既没有时间也没有必要来储存他为输血而收集的血液，正如1917年11月30日他的战时日记所记的那些可怕但又典型的内容所反映的：

> 中午时分，伤员开始到来，然后越来越多，直到救护车排成了一条实线，沿着公路一直延伸到你视野的尽头。我们简直要被淹没了。我们只能对很小一部分伤员动手术，我们也无法将他们转移，因为救护列车耽搁在几英里外——它们过不来，是因为军火列车有优先通行权。伤员越积越多。急救病房是个名副其实的恐怖小屋——比我以前见过的任何事情都可怕。人们被截肢的情景惨不忍睹——很多人被送来时正处于垂死状态，时而有人到达病房时就已经死了。病床上已躺满了人，我们开始将担架铺在地上。大出血，大出血，大出血——到处是血——衣服被血浸透，担架里的血积成了血洼儿，又透过担架滴到地板上。我的两肘都沾满了血，橡皮围裙也变成了硬邦邦的红色涂板。我们所能做的就是止血，并让伤员们尽可能地舒服一些。①

---

① 引自 Stansbury and Hess（2009），p. 235。

在这场灾难中，罗伯逊不停地做手术，直到凌晨三四点钟，他才能跌跌撞撞地去睡上两小时。后来他得知，医院在24小时内就接收了1800名伤员，他们都是为阻止帕斯尚尔（Passchendaele）的屠杀而受伤的。原因令人绝望：共有超过50万人在那三个月的一系列战役中丧生，而战线才推进了不到九英里。

随着对输血的基本科学挑战被解决，20世纪20年代时，医院和医疗组织开始召集志愿献血者小组，检测梅毒和他们的血型，并记录在案。美国明尼苏达州的梅约诊所（Mayo Clinic）保存了一份上千名献血者的名单。伦敦一家私人组织的服务机构则记录了400名献血者，包括私人平民、警察官员和乐行童军（Rover Scout）成员，正常情况下，他们一年应召献血700次。① 英国红十字会于1926年开始从事这项服务。由于全血容易腐坏，而且和平时期对血液的需求是不规则的，献血者是在医院需要时才得到通知，然后无论白天还是夜晚，都赶往医院进行臂对臂的输血。

如果说在英国找到愿意去当地医院献血的人还比较容易的话，那么在苏联，一个横跨11个时区的广大国家，就要困难得多了。苏联外科医生谢尔盖·尤金（Sergei S. Yudin）在1927年对美国进行长期访问时，亲眼看到了输血在外科手术中的巨大作用，那年他35岁。他钦佩美国的医疗创新，尤其是他在明尼苏达州的梅约诊所待过两个月，观察到梅约兄弟的革新。但是当克里夫兰诊所（Cleveland Clinic）的顶级外科专家乔治·克赖尔（George W. Crile）鼓励他将美国式的输血体系介绍回祖国时，他不得不解释道："是这样，俄国太穷了……输血的机会非常有限。我们做手术是免费的，但没有

---

① Schneider（2003），p. 197. London private panel: "Percy Oliver," www.pbs.org/wnet/redgold/innovators/bio_oliver.html（在线）。

人会免费献血！"①

尤金回国后，被任命为莫斯科斯科利福索夫斯基学院（Sklifosovsky Institute，Sklif）的首席外科医师。这是集体农庄广场（Kolkhoz Square）附近的一家大规模的急救医院，每年能救治上万病人。20世纪30年代时，该院需要的血量远比主动捐献者所能提供的大得多，于是尤金开始从新鲜尸体上采血并输血。这是他从哈尔科夫（Kharkov）的一位苏联研究者那里学来的办法。那位研究者曾做过给狗输尸体的血的实验，证明死后10小时内的血是可以安全使用的。这种办法甚至还有一个好处，对于突然死亡的人，血液中可以释放出一些酶，使之在最初凝结后还能重新液化。尤金于1933年出版了一本关于用尸体的血进行输血的书，并于1937年在英国医学杂志《柳叶刀》(The Lancet)上发表文章，报告了他最初1000例这样输血的结果，但西欧、英国和美国的医生普遍拒绝采用这种办法，因为文化上无法接受。②

尤金也在斯科利福索夫斯基收集胎盘血以及越来越多的活体献血者的血。为了使广袤的苏联国土都用得上输血技术，他和他的同事们开始用柠檬酸钠来处理血液，并一次将其冷藏数星期。他们在苏联全国各地建立了60个主要血液中心和超过500个地区性血液中心，以使得血液流通。③

1934年，一个富有创新精神的加泰罗尼亚年轻医生弗雷德里克·杜兰-霍尔达（Frederic Duran-Jorda）在巴塞罗那听了尤金所

---

① Alexi-Meskishvili and Konstantinov（2006），p. 117.
② Yudin, Serge（1933）. La Transfusion du Sang de Cadavre a l'Homme. Paris: Libraires de l'Academie de Medecine.
③ Starr（1998），p. 71.

做的关于储存血输血的报告。① 杜兰-霍尔达是个帅哥，长着硕大的下巴和卷曲的黑发，却是工人阶级出身。他的父亲是个自学成才的木匠，在四个儿子中最小的弗雷德里克10岁那年，把家迁到了巴塞罗那，开了一家葡萄酒馆。弗雷德里克的老师们鼓励阿马德乌·杜兰-科尔（Amadeu Duran-Coll）送他最小却最聪明的儿子上大学。弗雷德里克原本想学化学，但他父亲说服了他学医——他父亲说，医生收入更高，在社会上也更有名望。1928年，杜兰-霍尔达23岁那年，从医学院毕业。

杜兰-霍尔达像他父亲一样，是个勇于进取的人。他在巴塞罗那的工人阶级居住区拉瓦尔区（El Raval）他父母的葡萄酒馆附近开了一家内科诊所，那里离港口不远，充斥着妓院和酒吧。② 在巴塞罗那的临床教学医院，他调查研究了肠道寄生虫、花粉过敏和肝功能，在《巴塞罗那医学杂志》（*Barcelona Medical Journal*）上发表了他的研究成果。他学习了世界语，这是19世纪晚期为促进国际交流以实现世界和平而创造的一种人造语言。在1933年发表的一系列文章中，他提议在西班牙实行强制性医疗保险，给医生支付工资，而不是让其看病收费。1935年，在西班牙讨论性问题仍然是禁忌的时代，他举办了一系列关于人类性行为的公开讲座，作为工人阶级教育计划的一部分。1936年12月，在内战逼人的形势下，他和另外四位医生又举办了一系列关于紧急救助和紧急护理的公开讲座。

在叛乱初起时，杜兰-霍尔达在临床教学医院的两名同事志愿前往阿拉贡（Aragon）前线服务，国民军在那里占领了巴塞罗那以西200英里、埃布罗河上的阿拉贡首府萨拉戈萨（Zaragoza）。两

---

① "Frederic Duran-Jorda," Journal of the Academy of Medicine of Catalonia 21（2）：May 1952（在线）.除特别注明外，以下关于杜兰-霍尔达生平的详情，均来自此文。
② Brugman（2009），p. 240.

名志愿者写信给他们在巴塞罗那医学院上学时的同班同学塞拉菲娜·科尔多瓦－帕尔马（Serafina Cordoba–Palma），请求提供血液服务以帮助救治伤员。科尔多瓦－帕尔马转而向杜兰－霍尔达提出了请求。

杜兰－霍尔达在家里也面临着同样的问题。巴塞罗那敌对政治派别间的战斗，也已使该城各医院的急救室人满为患了。在抢救伤员的忙乱中，根本没有时间和空间履行臂对臂直接输血那些烦琐的程序。杜兰－霍尔达总结道："唯一的解决办法，就是有大量预先准备且保存完好的血液。"①

这位富于创新精神的年轻医生和他的同事们着手开创的服务，将是当时世界上最为先进的。② 他们得到了共和军卫生部门和加泰罗尼亚地方政府的支持。杜兰－霍尔达说：有效的血液服务需要"一座大城市，能够唤起那里的居民的利他主义精神，从而组织他们志愿成为献血者"。③ 夜间的电台广播，贴遍全城的告示，都在征召献血者。工作场所、工会、合作社、俱乐部、城市各区和市郊村镇的行政机关，也都在号召人们献血。随着食品短缺情况日益严重，出台了一项对志愿献血具有巨大吸引力的措施，在定量供应之外，对献血者额外奖励肉、蛋、奶和蔬菜。后来，当血液中心转移到巴塞罗那市中心后，又改为献血者可以在中心食堂吃一顿由军方提供的饭食。整个战争期间，杜兰－霍尔达的巴塞罗那输血服务中心共积聚了大约28900名巴塞罗那献血者，其中大部分是妇女，她们每个月贡献1品脱鲜血。④

---

① Duran Jorda（1939），p. 773.
② 以下详情均来自 Duran Jorda（1939）。
③ Duran Jorda（1939），p. 773.
④ Coni（2008），p. 76.

有可能成为献血者的人须提供血样、尿样和病史，然后须对他们的反应能力进行测试，并给他们做胸部 X 光检查。杜兰－霍尔达的团队要检测他们的血样，以判断他们是否患有梅毒和疟疾，确定他们的血型，还要计算红细胞的数量以排除贫血者。这些加泰罗尼亚献血者几乎90%都是 A 型血或 O 型血，O 型作为可以输给任何病人的万能血型，尤其有价值。只有 O 型血被送往前线，以排除在战场条件下检测伤员血型的必要性（当时还没有实行在胸牌上标注血型的做法），其他血型的血则用于巴塞罗那和后方各地。

杜兰－霍尔达设计出一套独特的血液处理办法，用一个长颈瓶形状的血瓶，配上装有气门的盖子，用来抽血。将供血者的血吸出后加速收集，尽管抽吸的过程必须仔细调节以避免血管破裂。巴塞罗那团队通常每小时能处理30—40名献血者，有时候多达75名。在测定了血型后，他们用一种细网眼的丝袋将血过滤，以滤出任何血块。他们在血中添加柠檬酸盐和葡萄糖作为防腐剂，然后是他们的又一项创新——将血型相同的6位不同献血者的血混合在一起。混合后的血再注入单独的试管冷藏或传送。从采集到传送，血都要避免暴露于开敞空间，以降低凝结的风险。

将来自不同供血者的同型的血混合有很大好处，杜兰－霍尔达写道："一份非常同质的血（从生物学的角度上讲），在细胞数量正常的情况下，获得的是血红蛋白、葡萄糖、尿素及其他成分，而若干份血液混合的产物，往往更接近于理想的血液。"将血液混合还会降低免疫反应的风险，而在人们了解血型之前，这个风险也曾困扰过输血。[①] 杜兰－霍尔达曾举过一例，一位外科医生在给一个失血过多已濒临死亡的伤员做手术时感到犹豫，有了混合的万能血型

---

① Duran Jorda（1939），p. 774.

O 型血，有可能一次输血 3500 cc——也就是说大约 7 品脱，那是一个成年人体内总血量的三分之二以上。

英国生物学家 J. B. S. 霍尔丹在几个月后首次来西班牙参加援助行动时，描述了他亲眼看到的一次这样的大输血的结果：

> 成功的输血是一次令人惊叹的奇观。一个左臂被炸得粉碎的西班牙同志被送来了。他的脸苍白得像尸体一样。他既不能动弹，也不能说话。我们在他的胳膊上寻找血管，可他的血管是空的。[医生]割开了他右肘的皮肤，找到了一根血管，将一根空心针扎了进去。他丝毫没有动弹。过了大约 20 分钟后，我拿来了一大瓶血，通过一根橡皮管与针连接了起来，当血瓶放到合适的高度时，血开始平稳地流动起来。随着新血流入他的血管，他的脸色逐渐恢复了，他也慢慢地有了知觉。当我们将他胳膊上的洞缝合起来时，他脸上的肌肉抽搐了一下。但他仍然太虚弱，还说不出话来，不过当我们离开时，他弯曲右臂，向我们敬了一个红色阵线的军礼。①

杜兰-霍尔达用来计量储血单位的，是一种获得专利的 300 毫升（半品脱）玻璃管，一端封闭，其原型是一位马德里技师为储存和向人体注射生理盐水、葡萄糖或其他溶液而发明的办法。这种办法叫作"快速自动注射"（Autoinyectable Rapide），在被杜兰-霍尔达改造后，用于在低压下储存献血者捐献的血，将其注入病人体内的方法与从献血者身上抽出是一样的。一旦"快速自动注射"玻璃管被注满并加压，就会将其开口的一端熔化并用电弧密封。在一个

---

① Haldane（1940），p. 189.

玻璃管中装入橡皮管、无菌过滤器、各种各样的夹子和一支无菌针头后，这套"快速自动注射"装备就可以装箱，并在刚刚零摄氏度以上的温度下冷藏了。杜兰－霍尔达发现，满足了这些条件后，血液可以保存18天或更多的时间，依然可用——至少在这样的情况下，血液更像牛奶，而牛奶则类似于血清。①

这个先驱性的血液服务机构获得了一辆芝加哥生产的4吨重的非常结实的戴蒙德 T 型（Diamond T）卡车，配备了一个曾用于运输鱼类的冷藏货车车厢。1936年9月下旬，杜兰－霍尔达向阿拉贡前线输送了世界上第一次战地运输的储存血液，共7升。在接下来的几个月，第二辆卡车和一节火车车厢又扩大了运送能力。血液改用绝缘箱送到远离公路且缺乏冷藏条件的医务站点。一旦"快速自动注射"管在温水中浸泡20分钟后，一名急救技师在几秒钟内就能够开始为一名受伤的战士输血——这时间用于卷袖子、擦拭注射部位并扎进针头，再顺便将"快速自动注射"管挂在伤员的外衣扣眼上。

尽管在打仗，西班牙共和国的商业航空服务却仍在运营。1936年10月下旬，安德烈·马尔罗飞回巴黎，为他那困难重重的"西班牙飞行队"收集备用零件和弹药。现代化的苏联战斗机和轰炸机来了，其中很多都是根据美国授权的设计制造的，马尔罗那由第一次世界大战时的老飞机组成的"老爷飞行队"被贬至二级战场使用，先是飞离了阿尔瓦塞特，然后飞到了马德里东南220英里处，地中海岸边巴伦西亚附近的一个基地。赫伯特·马修斯报道说："叛军唯一显示出比苏联－美国的机型具有些许优势的飞机，是德国的容

---

① Ellis（1938），p. 685.

克轰炸机。意大利的萨沃亚－马尔凯蒂（Savoia-Marchetti）和卡普罗尼（Caproni）轰炸机，德国的亨克尔，以及意大利的菲亚特（Fiat）和罗密欧（Romeo）战斗机，全都证明不如俄国人的飞机。"① 当新来的经验丰富的红军顾问与苏联援助物资一起到达后，开始将共和国乌合之众般的战斗人员整编成有效的作战部队，"西班牙飞行队"也丧失了其独立性，被吸收进共和国空军。马尔罗坚持了下来。

11月3日与马尔罗乘同一个商业航班从巴黎前往马德里的，就是J. B. S. 霍尔丹后来描述过在新年年初为一位伤兵输血的那位医生。诺尔曼·白求恩（Norman Bethune）46岁，是一位精力充沛的加拿大胸外科专家，也是位热忱的共产主义者。他飞往西班牙，来为共和国的事业贡献自己的服务。他知道马尔罗将乘同一班飞机返回，但没有记录两人是否交谈过。②

白求恩身材瘦削，但体格健壮，有些过早地谢了顶。他长着高高的颧骨，脸部轮廓分明。他性情傲慢，受到冒犯时很容易发火，但他对病人和小孩都体贴入微，关怀备至。他在祖国曾为国民医疗保健制度奋斗了两年，但不成功，于是他来到了西班牙。白求恩正式名义上代表的是"加拿大援助西班牙民主委员会"（Canadian Committee to Aid Spanish Democracy, CASD），这是由"加拿大反战反法西斯联盟"（Canadian League Against War and Fascism）赞助的一个实体。该联盟是加拿大数百个工会组织和教育机构的政治联合体，成员有大约30万人。③ 尽管通常的说法是他在到达西班牙后才发现了前线输血服务的必要性——实际上也常有人将世界上最早的这样的服务归功于他，而忽略了杜兰－霍尔达的团队明显的优

---

① Matthews（1938），p. 234.
② Stewart and Stewart（2011），p. 157.
③ Zuehlke（2008），p. 36.

势——但他至少在离开加拿大前一个月,就已经断定流动输血服务将是对 CASD 资源的最好运用。① 西班牙总统曼努埃尔·阿萨尼亚曾亲口对战争爆发第二个月时来访的加拿大共产党领导人说,医疗服务和医疗设备是共和国最为需要的。白求恩希望他的贡献能被人们看到,而不是淹没在日常的军事医疗活动中。宣传一个独立的加拿大服务团队,将会鼓励更多的人为西班牙人的事业做出捐献。

白求恩不会说西班牙语。他在电话大楼对面的格兰大道宾馆(Gran Vía Hotel)找到一间房子后,结识了受 CASD 委派来帮助他的人。会说西班牙语的加拿大人戴恩(Dane)和一位名叫亨宁·索伦森(Henning Sorensen)的共产党员,分别担任了他的翻译和与共和国政府的联络员。白求恩到来时,正好赶上国民军经田园之家进攻马德里和大学城之战。当时全城共有57家现有医院和随战事加剧而在各处旅馆临时建起的医院,他和索伦森巡视了其中几座。他们步行来到大学城前线,察看了那里的救护站。"他们走过的街道,有些房屋还在熊熊燃烧,有些已经倒下,成了一堆还在焖烧的瓦砾,"白求恩的传记作者罗德里克·斯图尔特和莎伦·斯图尔特(Roderick and Sharon Stewart)写道,"在卡斯特利亚纳大街(Avenida Castellana),他们不得不紧急卧倒,才没有被附近的炸弹爆炸伤害到。"② 白求恩看到到处都缺少药品和医务人员。他的另一位传记作者戴维·莱斯布里奇(David Lethbridge)记述道:"私下里,他注意到输血设备全面缺乏,他知道马德里人民在因为缺血而死去。"③

白求恩和卡洛斯·孔特雷拉斯(Carlos Contreras)一起骑马前往阿尔瓦塞特。孔特雷拉斯是保卫马德里战役的主力、强悍的共产

---

① Buck(1975), p. 123; Lethbridge(2013), p. 236, n. 18; p. 237, n. 30.
② Stewart and Stewart(2011), p. 161.
③ Lethbridge(2013), p. 92.

第五团的政委，白求恩从他身上看到了对最后胜利"引人注目的乐观主义"和对自己计划的鼓励。孔特雷拉斯评估了白求恩的两种选择：他可以作为一名外科医生在一个医院或国际纵队工作，也可以在城市里或在前线建立一个独立的加拿大医疗机构。无论白求恩做出了什么决定，对西班牙共和国都会是有益的，无论他做出什么选择，孔特雷拉斯都将支持他。①

在泥泞的阿尔瓦塞特，白求恩见到了国际纵队外国医疗机构的负责人，"一个小个子的法国人，提议我和他一起工作。这我得考虑考虑。第二天（11月8日）我们和他一起离开了阿尔瓦塞特，去'视察前线'。然而一路上我们四次迷了路，根本没能到达前线附近。我受够了。我们和他在一起，浪费了两天时间，什么也没干。我尽可能礼貌地对他说我另有计划。幸好搭上了一辆卡车，我们返回了马德里"。② 第一次世界大战时，白求恩曾在加拿大军队中当过担架手，并在第二次伊珀尔（Ypre）战役中负过伤，那次战役的伤亡人数超过10万，所以白求恩很了解战争。他对索伦森说："我不能和那个混账一起工作。他根本不知道自己在干什么。"③

"除非我们能向政府提出一些明确的建议和具体的方案，否则我们的努力都将白费，"白求恩向CASD报告说，他想要打出加拿大的旗帜，而不仅仅是参加阵线，"似乎模仿英格兰和苏格兰，建立我们自己明确的实体，要更好一些。英格兰有'英格兰医院'，苏格兰有'苏格兰战地流动医院'。"④ 在西班牙政府刚刚从马德里撤到的城市巴伦西亚，白求恩向国际红色援助组织提出的"明确的建

---

① Allan and Gordon（2009），pp. 158–160.
② Allan and Gordon（2009），p. 160.
③ Lethbridge（2013），p. 92.
④ Hannant（1998），p. 131.

议"，是建立一个加拿大输血服务站的计划。输血站总部设在马德里，将向平民征集血液，经柠檬酸钠处理和冷藏后，送往战场。①

国际红色援助组织的医生们起初对此表示怀疑。在战争之初山头林立、各自为政的混乱情况下，就连他们也不知道杜兰－霍尔达在巴塞罗那已经建立了可以全面运作的输血服务站。白求恩陈述的事实和热情洋溢的语句赢得了他们的支持，尤其是还有个附带条件：这个服务站的经费将来自加拿大。白求恩向他们保证这点没问题，索伦森却吓坏了，他知道白求恩没有权力在财务上为 CASD 做出承诺。但这位外科医生随即否定了索伦森的预感：委员会怎么可能拒绝呢？②

白求恩和索伦森于1936年11月的第三个星期返回了马德里。该城正在遭受秃鹰军团的狂轰滥炸。米哈伊尔·科尔索夫在11月19日发给《真理报》的一篇报道中描述道：

> 过去的两天是该城经历的最残酷的日子。马德里在燃烧。在11月的夜晚，街道上既热又亮。无数的火光照亮了我行走的道路。德国飞机轰炸了这座城市。公共建筑、医院、旅馆、民房都在燃烧。居民区也在熊熊的火焰中。消防员却对这人间地狱一筹莫展。他们没有设备来控制火势……消防员在努力防止爆炸和伤亡。他们切断了煤气总管，转移了汽油，并将受威胁地区的人们进行了疏散。
>
> 很多人的神经都崩溃了。这还只是开始。法西斯分子在疯狂肆虐，妄图逼迫该城投降。他们在这里集中了他们的全部飞

---

① Stewart and Stewart（2011），pp. 164–165.
② Stewart and Stewart（2011），p. 165.

机。日间有20架容克飞机和30架战斗机飞临马德里上空。共和国的空军实力要弱得多。勇气无法抵消敌人数量上的优势。2架纳粹战斗机和2架纳粹轰炸机被击落了。轰炸每三小时重复一次。人们在街头祈祷。马德里大部分房间的窗户都已震碎。①

白求恩给CASD打了电报，描述了他的计划和所需要的账务方面的保障。② 他需要一辆汽车将血液送到前线，但征集到的任何血液都不能在西班牙出售。他要求CASD通过巴黎将钱转给他。③ 11月21日星期六，白求恩和索伦森飞到了巴黎，发现已有一张美国运通公司（American Express）的邮政汇票在那里等着他们，共3000美元（相当于今天的51000美元）。④ 正如白求恩所预见到的，CASD支持了他的计划。"我们能建立一个十足呱呱叫的服务站，"他给CASD的主席本杰明·斯彭斯（Benjamin Spence）写了一封激情四溢的信，"每位献血者都有专门的徽章，每次献血都能得到一颗星……这真是个美妙的主意……并且这是加拿大的！"⑤

巴黎也没有汽车卖，至少是没有白求恩想要的那种——一种能够用作救护车的小型旅行车，可以承载一吨半重的设备和药品，并能舒适地坐下四个人。⑥ 白求恩一向是个缺乏耐心的人，他把索伦森留在巴黎寻找医药用品，自己径直前往伦敦。他在那里发现了自己想要的旅行车——一种有着浅色木质外饰的福特牌汽车。西班牙

---

① 引自 Colodny（1958），p. 195, n. 211。
② Stewart and Stewart（2011），p. 165。
③ Hannant（1998），p. 132。
④ 白求恩在1936年12月17日致CASD的报告中证实了这个数目，见 Hannant（1998），p. 132。
⑤ 引自 Stewart and Stewart（2011），p. 165。
⑥ Hannant（1998），p. 132。

人将把白求恩的输血车称为"金发女郎"（la rubia）。他为这辆车花了175英镑，还加装了车顶行李架和车内贮藏箱。

白求恩通过居住在伦敦的蒙特利尔人的非正式网络——这回是通过一位前情人的兄弟——物色到又一位助手，是一个富裕的加拿大年轻建筑师，名叫黑曾·赛斯（Hazen Sise）。赛斯后来回忆道，两人刚一见面，白求恩就"立刻滔滔不绝地讲述起围困下的马德里是什么样，抵抗中的人民军队的情绪是怎样地令人难以置信，马德里全民皆兵，守卫着街垒，而第一批国际纵队战士进入大学城防线的情景又是多么感人"。① 已经深为感动的赛斯回答道："我的天哪，我愿意跟你走。"后来，又经过一次晚宴和艾伯特会堂（Albert Hall）的一次公开集会后，赛斯迫不及待地对白求恩说："我对此是非常认真的。我愿意和你一起回去。我强烈关注那里正在发生的事情，已经好几个月了。"② 于是，白求恩就得到了一名司机和常务助理。在经过CASD电报认可后，他把赛斯加入到团队名单中。

白求恩给索伦森打电报，要他到伦敦会合，然后就开始给他的"金发女郎"装备起他的输血服务站所需要的设备和药品。③ 所有设备都必须是可移动的。他的冰箱烧的是煤油，用于瓶子、器械和衣物等消毒处理的高压锅烧的是汽油。单是这高压消毒锅就重450磅，加上其他设备，包括一个烧煤油的水蒸馏器，总重量达到将近一吨。"它们占据了车内的主要空间。"白求恩报告说。

他还是腾出了空间装载更多的物品：175件玻璃器皿，包括真空保温瓶、血瓶、点滴瓶和容器；3套完整的直接输血设备；1套完整的白求恩的专业——胸外科——所需要的器械；防风灯、防毒面

---

① Lethbridge（2013），p. 98.
② 引自 Stewart and Stewart（2011），p. 167。
③ Hannant（1998），p. 132.

罩、静脉注射须用的药品；三个月用量的葡萄糖和柠檬酸钠，所有的药品都按定量装进防水的锡罐里，等待混合。

尽管任务紧急，这位加拿大医生还是抽出时间，用 CASD 的钱为自己定制了一批丝绸衬衫，为所有三个人定制了统一的制服，一种像共和国民兵们穿的工装裤那样的连裤装，不过是浅蓝色的，背带也是布制的，胸袋上绣着红十字和"加拿大"的字样。他们将福特车精心装备好后，用渡轮运过了英吉利海峡，开车到了巴黎。他们在车上悬挂了一块帆布标识，表明他们是"加拿大输血服务站"（Servicio Canadiense de Transfusión de Sangre）。他们沿着罗讷河谷（Rhône Valley）一路向南来到博港，从那里过了海关。沿着西班牙海岸又开了五个小时，他们到了巴塞罗那，在那里过了一夜并维修车辆，然而加油站的经理却拒绝为他们的车加油。他们又行驶了12小时，才于1936年12月9日星期三将近深夜时分，抵达了巴伦西亚。①法国人无视他们的人道主义目的，还要求他们为车辆和全部医疗设备支付了关税，这是那种"不干涉"的废话强加给他们的又一个负担。

白求恩在巴伦西亚得知，国际红色援助组织已经为他们准备好地方：德国大使馆的西班牙法务顾问——白求恩称其为"现在在柏林的法西斯分子"——在马德里的豪华官邸的15间房子，在繁华的萨拉曼卡区一座七层建筑的二楼上。那一带聚集着很多国家的大使馆，被佛朗哥军队的炮击和空袭排除在外。国际红色援助组织自身也占据了其上一层作为办公场所。②然而，这一地区也并非安乐窝。法国记者路易·德拉普雷在11月下旬的一篇报道中，勾勒了这里的悲惨景象：

---

① Stewart and Stewart（2011），pp. 167-168.
② Hannant（1998），p. 132.

有传言称,几天前佛朗哥的飞机曾掷下传单,命令平民到这些资产阶级聚居的街道避难。没有人看见过那些"蝴蝶",但所有人都相信萨拉曼卡区能免于轰炸。于是他们举家,甚至整个街区,都蜂拥到那里。一家之主走在前面,头顶着床垫。随后是孩子们蹚着水走过肮脏的街道,没人大笑,也没人微笑,他们像患了梦游症一样目光迷离,他们形容枯槁,神情痛苦,如同小大人一般。女人殿后,胳膊上堆满各种家什。满载的毛驴都快到了被压垮的极限,在移动的人群中间碎步行进着。

当这些移民部落到达萨拉曼卡区,停下脚步之后,绝望的神色就像灰尘面具一样罩上了每个人的脸。地方已经被别人占据了。成千上万的人在露天扎营,栉风沐雨。

他们用椅子把桌子、炊具、床垫和床围起来,重建了家居。四周无墙,上无房顶,只有这些抽象的住宅。

共有两万人就像这样,居住在风雨严寒当中。①

白求恩的团队从巴伦西亚赶到那里后,选择了官邸的前书房作为手术中心。白求恩兴奋地记述道:"整整一面墙排满了8000册书。有金色的织锦窗帘,还有产自奥布松(Aubusson)的地毯!"②官邸的大厅将作为候诊室;大厅外的中央房屋里将摆放两张献血者的操作台,此外还要摆放工作台、冰箱和高压消毒锅。白求恩要了书房外最好的卧室,不过沿着通向餐厅的长廊旁,也为索伦森、赛斯、服务人员和来访的客人设置了卧室。

12月中旬,白求恩公司(Bethune & Company)开始在西班牙

---

① Colodny(1958),pp. 198–199, n. 219.
② Hannant(1998),p. 133. 白求恩的报告中写的是15间房子;Stewart and Stewart(2011),p. 168写的是11间。

民众中征集献血者。而远在美国佛罗里达州的基韦斯特岛（Key West），欧内斯特·海明威还在"磨叽"。他在12月15日致马克斯·珀金斯的信中写道："我必须去西班牙，但也用不着太着急。他们将战斗很长时间，而且现在的马德里一带冷得就像地狱！"①

---

① Hemingway（1981），p. 455.

第四章
炸弹像黑梨一样落下

欧内斯特·海明威1936年12月中旬对西班牙内战形势的评估——"他们将战斗很长时间"——表明佛朗哥攻占马德里的行动失败了。国民军的摩洛哥和德国部队,与兵力居弱势的共和军的西班牙战士和国际志愿者之间最后的残酷交锋,于11月29日在田园之家西边的波苏埃洛(Pozuelo)展开。德国和意大利的坦克连、德国的信号小组与美国的汽油和石油,支持着佛朗哥的军队。[①] 共和国方面的供给严重不足,但他们依靠苏联坦克和飞机的优势,仍然在战斗中占据着上风。

国民军将领何塞·恩里克·巴雷拉于11月那个星期日的早晨,以步兵和骑兵为先,继之以坦克部队,对波苏埃洛发动了突然袭击。秃鹰军团的容克轰炸机为佛朗哥的摩洛哥兵们削弱了共和军的防线。首次在欧洲现身战场的"斯图卡"(Stuka)俯冲轰炸机也参加了进攻。但是装备着机关枪的德国坦克却不是装备着大炮的苏联坦克的对手,成群的"小苍蝇"也在骚扰着德国飞机。国民军的阵线

---

① Colodny(1958),p. 94.

仅仅推进到波苏埃洛公墓。[1]

在争夺马德里的几个星期的战斗中，双方都蒙受了重大损失，每一方计算的伤亡人数都在15000人左右。[2] 挺进马德里加入共和军防线的3000名国际纵队战士中，也有1000人战死。西班牙的首都是在付出了如此惨重的代价后，才得以挽救的。但是胜利使马德里人满怀希望。"此路不通"（No pasaran）的旗子降下了，新的宣告"我们能挺过去"（Nosotros pasaramos）的旗子升了起来。马德里防御指挥部也下令停止了对大多数教士的杀戮和对监禁的法西斯军官的草率处决。

共和派最野蛮的一件暴行，是11月对马德里模范监狱（Cárcel Modelo）的囚徒进行的"帕拉库埃略斯屠杀"（Paracuellos massacre）。两三千名男人和女人被用公共汽车押送到马德里东北部、距巴拉哈斯（Barajas）机场不远的帕拉库埃略斯德哈拉马（Paracuellos del Jarama）和附近的托雷洪德亚尔多斯（Torrejón de Ardoz），屠杀于1936年11月7日，佛朗哥的军队对马德里发动总体地面攻势的那天开始。[3] 从11月7日到10日，在为期三天的血腥屠杀中，囚徒们被枪决后，抛入万人坑。共和政府中的西班牙共产党人下令并施行了屠杀。"热情之花"伊巴露丽给这些囚徒和他们的同类贴上了莫拉将军那臭名昭著的"第五纵队"的标签。共产国际驻西班牙代表鲍里斯·斯捷潘诺夫（Boris Stepanov）向斯大林汇报说，共产党人"在几天之内即完成了在马德里清除第五纵队的行动"。[4] 这无疑是一起暴行，但佛朗哥进行的集体屠杀，则杀人更多也更为凶残，甚至连

---

[1] Colodny（1958），pp. 95-96.
[2] Colodny（1958），p. 105.
[3] Preston（2012），pp. 281-286.
[4] Preston（2012），pp. 294, 379.

没有抵抗即投降的村镇也不放过。

这时有了苏联红军的将军们为一个专业的总参谋部担任顾问，共和国在军事方面正在从仓促形成的防御转向专业行动。科洛德尼补充道："该城从11月最初几个星期的狂热，转向了冷酷无情而枯燥乏味的围困，寒冷、饥饿和空袭造成的死亡、废墟等令人麻木的景象，又使局势雪上加霜。"① 至少是空袭减弱了。赫伯特·马修斯报道说，11月下旬的一个下午，"俄国飞机在马德里上空给叛军的飞机设下了一个圈套，至少击落了13架追击的意大利和德国飞机……佛朗哥的地面攻势已被阻止了，现在他的空中攻势也被阻止了"。② 然而，这只限于马德里上空。国民军飞机在西班牙其余地区的轰炸，仍几乎遭遇不到任何抵抗。③

佛朗哥在被这些失败削弱后，又转向意大利和德国求援。墨索里尼愿意派出地面部队，希特勒却不愿意。④ 1936年12月22日，大约6000人的意大利部队在加的斯登陆。1937年1月，又有4000人登陆，此外还有更多的意大利部队也将兵发西班牙。⑤

20世纪30年代，报纸编辑们看重名人新闻甚于战争报道，就像今天一样。到1936年12月时，西班牙战事已逐渐成为近乎僵局的拉锯战，编辑们已不再认为其具备新闻价值，恰在此时，英国国王爱德华八世（Edward Ⅷ）却因为美国巴尔的摩（Baltimore）的一名离婚女子而放弃了王位。他于12月11日告诉英国人民："我发现，如果没有我爱的女人的帮助和支持，我将不可能承担起责任的重担，

---

① Colodny（1958），p. 93.
② Matthews（1938），p. 234.
③ Matthews（1938），p. 200.
④ Höhone（1976），p. 238.
⑤ Matthews（1938），pp. 237–238.

也不可能像我希望的那样卸下我作为国王的责任。"对7月下旬西班牙战事初起便一直在做战地报道的法国记者路易·德拉普雷来说,沃莉丝·辛普森和爱德华八世侵占了报纸头版,成为压垮骆驼的最后一根稻草。①他所供职的《巴黎晚报》(*Paris Soir*)已在越来越多地删减、审查和埋没他发回的报道,因为这些稿件表达出他对佛朗哥轰炸马德里的野蛮行径日益增长的愤慨。12月4日晚上,杰弗里·考克斯在马德里的迈阿密酒吧,看到德拉普雷正在向一位满腹狐疑的平民——一个坚信任何为《巴黎晚报》撰稿的人都必定是法西斯分子的西班牙人——为他的报纸辩护。考克斯引用了德拉普雷的辩解之词:"可是我又能怎样呢?我是被佛朗哥的人从布尔戈斯赶出来的,因为他们不喜欢我写的东西。你说我是法西斯分子?"②

考克斯认为德拉普雷是"我认识的最好的人之———聪明、善良、快活、勇敢,还很帅"。他是"男人和女人都喜欢的那种稀有品类",也是"一位一流的记者"。③就在那同一个晚上,在电话大楼,德拉普雷痛苦地口授了他致《巴黎晚报》编辑的最后一份电报:

> 我发出的半数稿件,你们都没有发表。那是你们的权利。但我本以为友谊会让你们免却我做无用功的。一连三个星期,我都是凌晨5点就起床,以便发出新闻让你们率先编辑,而你们却让我在为废纸篓工作。谢谢。我将乘星期日的飞机回去,除非我也遭遇居伊·德·特拉韦赛(Guy de Traversay,另一家报纸的记者,在马略卡岛遇害)的命运,不过那对你们将是件好事,是吧?那样你们也就有一位烈士了。与此同时,我不再

---

① Minchom(2010),p. 9.
② Cox(1938),p. 178.
③ Cox(1938),p. 180.

发任何新闻回去了。根本不值得那样费事。上百名西班牙儿童遭到屠杀，都不及辛普森夫人那个王室婊子的一声叹息更令你们感兴趣。①

德拉普雷一语成谶了，不过并非以他预料的方式。他并没有于星期日飞离，而是在随后的星期二，即12月8日，登上了由法国政府包租的一架法国航空公司的班机。这是一架由波泰-54型轰炸机改造的飞机，来往于马德里和巴黎之间，运送使馆邮件和人员，有时也搭载非使馆人员。因机械故障，飞机在星期日到星期二之间，不得不维修了两次。②

非使馆乘客中还有一位瑞士人——国际红十字会驻马德里代表乔治·埃尼（Georges Henny）博士。埃尼知晓帕拉库埃略斯和托雷洪德亚尔多斯的屠杀事件，甚至亲临过杀人地点，亲眼看到了掩埋不深的尸体胳膊和腿伸出地面的景象。他随身携带着一份报告，打算提交给将在日内瓦召开的国联（League of Nations）安理会会议。③除了埃尼、德拉普雷和哈瓦斯通讯社（Havas）的法国记者安德烈·沙托（André Château）外，飞机上还有两个孩子，按照英国记者塞夫顿·德尔默（Sefton Delmer）的说法，是"巴西大使的两个幼小的女儿"。

德尔默认为是苏联内务人民委员部（NKVD）派驻西班牙的特工·奥尔洛夫（Alexander Orlov）于12月那个星期二采取了行动，意在阻止埃尼和他的报告到达国联。德尔默写道，奥尔洛夫本可以阻止法航班机离开的，但他心中另有高招："于是外交礼仪得到了

---

① Cox（1938），pp. 179-180.
② Minchom（2012），p. 6.
③ Pretus（n.d.），p. 71ff; Delmer（1961），p. 323.

遵守，埃尼博士、德拉普雷（和其他乘客）得以安全登机并获准起飞。"德尔默此处的叙述是武断和错乱的，但飞行员后来做证说，法国包机起飞不久，便有一架身份不明的飞机高速迫近。历史学家马丁·米恩乔姆（Martin Minchom）写道："过了一段时间后，当波泰-54到达瓜达拉哈拉（Guadalajara）地区时，在大约10000英尺的高度，遭到了另一架飞机，即一架双翼飞机的攻击。"① 波泰-54在一处田野上紧急迫降，落地后翻了个跟头。德尔默继续讲述这个故事："两名旅客当场死亡，埃尼博士受了轻伤，德拉普雷被从他座椅上方飞过的一颗子弹击中，子弹钻进了他的腹部。"②

在抗生素还未应用的时代，腹部的伤通常是致命的。当德尔默来到德拉普雷被送医的修道院诊所探望他时，他还不了解自己的危险状况，但是一位教士请求德尔默鼓励这位法国记者接受临终涂油礼。德尔默提出了建议，但并没有力劝德拉普雷——敦促他接受这一圣礼就等于暗示他很快将死去。③

相反，两人讨论起袭击法国包机的飞机的身份——一架苏联空军的飞机，德尔默说："机身上共和国的标志清楚地证明了这一点。"④ 德拉普雷显然也相信是一名苏联飞行员攻击了法航飞机，但他认为攻击是一次误会，法航飞机是由军用转为民用的，却没有清楚的标识。这个垂死的人对德尔默说："我不明白他们为什么要这样做，但一定是出于某种愚蠢的误解。"⑤ 也许是这样。根据苏联方面的资料，1936年10月化名"恩里克·洛雷斯"来到西班牙驾驶"小苍蝇"的红军飞行员格奥尔基·扎哈罗夫（Georgi Zakharov），被认

---

① Minchom（2012），p. 6.
② Delmer（1961），pp. 323-324.
③ Matthews（1938），p. 200.
④ Delmer（1961），p. 325.
⑤ Delmer（1961），p. 325.

定为实施这次进攻的飞行员。然而,西班牙共和政府从未惩罚过扎哈罗夫,而苏联方面则因为他在西班牙空战中多次杀敌,而授予他红旗勋章,并提升他为空军上尉。①

德拉普雷死于1936年12月11日星期五。德尔默写道,正如他曾怨愤地预言过的,他受到了"他的报社的隆重礼遇……一种维京式的葬礼"。②但是德拉普雷事件并没有结束。有人——据明乔姆推测,可能是法国记者乔治·索里亚（Georges Soria）——得到了西班牙电话大楼里新闻审查办公室存档的德拉普雷发给《巴黎晚报》的稿件的副本,是未经删改的抄本,完整地保留了稿件中所反映的愤慨之情。这个抄本被透露给一家身为竞争对手的报纸——共产主义者的《人道报》（*L'Humanité*）。《人道报》准备在整个圣诞节期间,披露这些稿件被压制的丑闻。与《巴黎晚报》不同的是,《人道报》是毕加索阅读的报纸。

杰弗里·考克斯报道说,1936年12月初,"有一阵子看上去佛朗哥似乎要使用毒气。国际纵队有10个人在闻了爆炸的叛军炸弹的废气后,被送进了医院。医生宣称他们的症状与绿十字型毒气所造成的症状恰好类似"。"绿十字"这个名称来自"一战"时期德国一种毒气弹基座上的标准标识。毒气特指针对肺的制剂,通常是三氯硝基甲烷和光气的混合气体。按照国联1925年签订的《日内瓦公约》使用毒气是非法的,但是西班牙国王阿方索十三世曾授权在摩洛哥镇压阿卜杜勒-克里姆（Abd El-Krim）武装时使用毒气,墨索里尼在1935—1936年同埃塞俄比亚的海尔·塞拉西（Haile Selassie）

---

① 格奥尔基·扎哈罗夫的情况,见维基百科"Georgi Zakharov"一条,有俄罗斯方面资料的链接。
② Delmer(1961), p.326.

第四章　炸弹像黑梨一样落下

皇帝交战时，也使用过毒气。

西班牙政府用卡车向前线运送了大量法国防毒面罩，还寻求毒气专家来为平民制定防护措施。① 英国生物学家霍尔丹一直在等待这样的机会。

约翰·伯登·桑德森·霍尔丹（John Burdon Sanderson Haldane），昵称杰克，是个大人物，高大壮硕，性情直率，甚至有些唐突生硬，1936年时44岁。后来成为他妻子的记者夏洛特·弗兰肯（Charlotte Franken），是1924年在剑桥初识他的。当时夏洛特为自己正在写的一本书，去寻求霍尔丹的建议。她本想进行一次会谈，结果却听了一场讲座。她回忆说："他一打开话匣子，你就像是听一部活百科全书在发言。"②

霍尔丹往往会厉声说话以掩饰自己的羞涩。他可能会直率到粗鲁的地步，但他是个热情而富有同情心的人，致力于维护社会正义，同时他也是一位才华横溢的生物学家。第一次世界大战的愚蠢和屠杀使他成了一名社会主义者。他于1912年在牛津大学获得数学和古典文学的一级学位后，入伍当了一名炮兵军官，在法国和美索不达米亚作战，曾两次负重伤。

霍尔丹的父亲约翰·斯科特·霍尔丹（John Scott Haldane）是牛津大学的生理学家，研究呼吸系统。他发现了血红蛋白的功能，红细胞中的金属蛋白能够传输氧气，而一氧化碳的活动能够阻止这种传输。他是矿山有毒气体研究的专家。1915年4月，当德国人首次对伊珀尔的法军部队使用了毒气——氯气——后，英国政府曾向他求助。老霍尔丹把他时年22岁的儿子从前线拽了回来，帮助他研

---

① Cox（1937），p. 174.
② "John Haldane, Primary Sources（2），" http://bit.ly/oMs88T. 这段话未出现在引用文献 Haldane（1949）中。

制能够保护协约国战士的防毒面罩。杰克·霍尔丹在他父亲的监督下,和其他志愿者一起工作,在距加来10英里的内陆城市圣奥梅尔(St. Omer)的一家医院测试防毒面罩。小霍尔丹回忆道:"有一间下面是玻璃的小房子,就像一个微型温室。我们往里面定量释放氯气,然后比较不同量的氯气在我们戴或不戴呼吸器的情况下分别对我们自身的影响。当你吸进氯气时,会感到眼睛刺痛,有喘气和咳嗽的倾向。"志愿者们还在压缩面罩里装了个重轮,然后去室外短跑50码。霍尔丹淡然地写道:"我们谁都没有受毒气太多的苦,也没有人处于真正的危险中,因为我们知道什么时候停止,不过有些人不得不卧床几天,我本人感到喘不过气来,有那么一个月左右根本跑不动。"①

霍尔丹对危险的淡然是他的典型风格。这种淡然植根于对风险的谨慎评估。他在前线的战斗中沉着而快乐,在士兵中成为传奇——他说打仗是"真正令人羡慕的生活",尽管很少有他的同胞会表示赞同。② 他很明白当敌机掠过时,要跃进最近的一处沟壑卧倒,而一旦形成了这种条件反射,即使回到后方安全地带,他仍然会一连几个星期保持这种习惯。③

霍尔丹在1925年出版了一本关于毒气的小书——《卡利尼库斯:化学战的防御》(*Callinicus: A Defence of Chemical Warfare*)(卡利尼库斯:生于叙利亚赫利奥波利斯,活跃于673年前后。希腊火药的发明者。希腊火药是一种极易燃烧的液体,吸入"虹吸管"后可喷射到敌舰或敌军中,几乎无法扑灭。——译者注)。他在书中声称毒气比重磅炸弹要"仁慈",因为在毒气战中"那些没死的人

---

① Haldane(1925), pp. 68-69.
② 引自 Clark(1968), p. 40。
③ Haldane(1938), p. 143.

几乎全都能彻底康复"。他引用了自己濒死的经历做比较:

> 我认为[重磅]炸弹通常造成的创伤类型,总体而言比氯气或光气引发的肺部感染更令人痛苦。我不仅被炸弹炸伤过,也被爆炸活埋过,在和平时期若干场合也曾被有毒气体窒息到不省人事的地步。与炸弹造成的严重的脓毒性创伤相比,其他任何经历所引发的疼痛和不适,都是微不足道的。①

不过,也没有太多人同意他关于毒气战的观点。

20世纪30年代,霍尔丹除了在伦敦大学学院(University College London)任教,进行遗传学研究,并为公众撰写科学方面的畅销书和文章之外,还开始致力于帮助欧洲法西斯主义的受害者。西班牙内战爆发后,他积极地在公众集会上讲演,为正在组建的国际纵队筹集资金。

霍尔丹是主动走向了战争还是战争来召唤他的,没有清楚的文献记录。夏洛特·霍尔丹——霍尔丹夫妇于1926年结婚——说他渴望着前往马德里。② 她在讲述这件事情时,说是她为霍尔丹开辟了道路。她前一次婚姻所生的儿子罗尼(Ronnie)那年16岁,想去西班牙参战。她努力劝说孩子不要去,但由于她本人就在公众集会上讲演,为派出志愿者筹集资金,她感到自己无法否决儿子的选择。于是她向丈夫提出了这个问题。"J. B. S. 说这事不该由他来决定,"她写道,"的确是这样。但如果罗尼一定要去的话,他只坚持一件事情:他必须携带一副防毒面罩。"③

---

① Haldane(1925), pp. 21-22.
② Haldane(1949), p. 96.
③ Haldane(1949), p. 94.

为了给儿子弄到一副防毒面罩，霍尔丹夫人去拜会了英国共产党总书记哈里·波利特（Harry Pollitt），从位于考文特花园（Covent Garden）的党的宣传书店后面沿楼梯上去，就是他的办公室。"波利特是个身材矮小、宽阔结实、充满阳刚之气的人，"霍尔丹夫人回忆道，"他可能还没我高，带着一脸坏笑。'来了，'他开口说道，是沉闷的北方口音，却是令人愉快的男中音，"我猜，你来是告诉我他不能去？"①

"不，"霍尔丹夫人说，"不是这样，但是 J. B. S. 坚决要求罗尼带一副防毒面罩去。"波利特当时正在寻找防毒面罩的供应源，以便装备给国际志愿者。夏洛特给两人牵上了线，而霍尔丹与波利特有了联系，也就使他开始直接介入战争。他会见了波利特，一起讨论了防毒面罩问题。他也会见了西班牙大使，更深入地讨论了防空工事的问题。他的妻子写道，他想亲自到马德里去。"于是他为自己准备了一套奇特无比的装备，一件配有护目镜的摩托车手的头盔，还有黑色皮夹克和马裤，然后他去了。"②据考克斯说，与此同时，"满载着法国设计的防毒面罩的卡车，也在急切地赶往部队。"③

国际纵队的一名爱尔兰志愿者乔·蒙克斯（Joe Monks）12月17日在阿尔瓦塞特看见了霍尔丹——当时他们正在萨拉曼卡庄园（Casa Salamanca）打尖。似乎霍尔丹曾给他们讲过话。蒙克斯说他"将把整个圣诞节假期都用来给马德里保卫者们当顾问，就敌人有可能使用毒气弹的问题为他们提建议"。蒙克斯所在的连，是第一批划给新组建的第15国际旅的部队之一。该旅中有美国人、加拿大人和欧洲人，他们都会说英语。在萨拉曼卡庄园听完霍尔丹的讲话后，该连又行军到城中的斗牛场，聆听了阿尔瓦塞特训练营指挥官、

---

① Haldane（1949），pp. 94–95.
② Haldane（1949），p. 96.
③ Cox（1937），p. 174.

容易激动的法国共产党人安德烈·马蒂的讲演。

自称"都柏林旅"（Dublin Brigade）的红色志愿者们，不得不在没有武器的情况下进行训练。缺少步枪，蒙克斯写道——没有一支步枪可用——"我们的训练集中于在炮火之下，步兵与友善的大地的关系。如果你想活命的话，你就必须大部分时间都贴紧大地。起身，俯身前冲，再卧倒，都要比一个人平时站起来的速度要快。任何细节……都不能疏忽。在微风中摇摆的低矮树丛或干枯的草束，都可能成为救命的东西，它们都可能导致敌人射向你的子弹偏离你的脑门至关重要的八分之一寸。"① 步枪在圣诞节前两天送到了。霍尔丹也于同一天抵达了马德里。他坐着一辆开敞的卡车从阿尔瓦塞特连夜赶过去，一路上差点儿冻僵了。

这位英国科学家在诺尔曼·白求恩征用的豪华宅第里找到了住房。白求恩派黑曾·赛斯协助他。在一张从战火中幸存下来的照片中，霍尔丹和赛斯在一片被炸倒的建筑物废墟前合了影。赛斯戴着防毒面罩，两腿开立，霍尔丹站在他旁边，左臂搭在年轻人的肩上，右臂下似乎是一个防毒面罩的护套。霍尔丹正在讲解如何调节面罩。他抛弃了自己的皮夹克，穿上了黑色的军队作训服和作训裤，上身套了一件毛衣，为了给他那正在谢顶的头部保暖，还戴了顶相应的作训帽。②

在经过几个星期的仔细调查后，霍尔丹断定，国民军和共和军在田园之家一带的壕堑相距太近，且犬牙交错，是不可能展开有效的毒气战。毒气会四处飘散，逆吹回流的危险也很严重。此外战线上的人员也不够密集。"除非你使用极大量的毒气，才有实效，"

---

① Monks（1985）.
② Vera Elkan photo, Imperial War Museum, London, catalog number HU 71508.

他写道,"但需要的量实在是太巨大了。"出于同样的原因,毒气也并未对西班牙城市施用。毒气只能慢慢地渗入房屋,尤其是没有烧火取暖的房屋没有火吸引室外的空气,"而忠诚于政府的西班牙人民家里很少有燃料"。他估计,如欲毒害室内的居民,需要使用的毒气量至少是毒害户外民众的10倍。霍尔丹的结论是,总而言之,你用重磅炸弹能够杀死的人,比用毒气能杀死的要多得多:"佛朗哥在英国的朋友说他没有用毒气是出于人道主义的原因,但任何哪怕只看见过被重磅炸弹炸死的一小部分儿童的人,都会驳斥说这是一派胡言。"①

霍尔丹本以为会看到马德里人在德国和意大利的轰炸下惊恐万状,不料他发现的情况却正相反:"一些人宿营在马德里的一个地铁站里,但我从没听说有人在防空洞里过夜。只是因为'害怕也没用',尽管无疑也会有个别例外,但总体而言,每个人还都是该干啥就干啥。"②然而在霍尔丹到达马德里后经历的第一次空袭中,他发现马德里人还不只是该干啥就干啥,他说:他们把身子探出窗外看热闹。

这样的张扬之举会引发额外的伤亡,这点霍尔丹也同意,但是马德里人民决心给前线的人做个榜样。这很奏效。"民兵集合了。他们感到自己不能辜负这样的民众。如果平民慌张地撤离了,我想军队也会逃跑的。"③

在战时常规的轰炸和炮击下,各种各样的活动都仍在继续,无论是金融业,还是霍尔丹的专业领域遗传学。这位英国科学家在马德里尽管很忙,但还是抽出了时间,去拜访他的同行生物学家们,

---

① Haldane(1938), pp. 23–24.
② Haldane(1938), p. 48.
③ Haldane(1938), p. 49.

询问他们的研究情况。他在那年冬天致英国《自然》(Nature)杂志的一封信中写道,有一位德·苏卢埃塔(I. de Zulueta)教授,在不忙于将科学博物馆的展品藏于博物馆防空洞时,一直在继续他对甲壳虫的研究。对于这种最为多变的昆虫,霍尔丹曾有一句著名妙语:"上帝对甲壳虫太过宠爱了。"[1] 霍尔丹还发现,另一位教授"非常适当地"培育了喷瓜(Ecballium elaterium)。这种外形像黄瓜一样的瓜,在果实成熟落地时,基部的刺受到触动后会炸裂开,使其种子喷散而出,就像军港里的旧式水雷一样。霍尔丹最后语带讽刺地写道,他们的探讨是被一次空袭中断的,不过那天并没有炸弹落在他们附近,当他离开时,科学博物馆也还完好无损。[2]

霍尔丹对佛朗哥轰炸平民的暴行的憎恨,和他对经受轰炸的马德里人民的钦敬是等同的。佛朗哥在英国的吹鼓手们将忠实于政府的西班牙人民污蔑为共产主义的渣滓,叫嚣对于赤色分子,就像对于北非的里夫人一样,在军事上是不值得克制的。20世纪20年代,佛朗哥和他手下的非洲兵们曾以肆无忌惮的暴力和毒气战镇压过里夫人。为了反驳这些宣传,霍尔丹在访问西班牙期间及之后,发表过多次广播讲话。尤其令人难忘的一次,是1936年圣诞节那天他在马德里所讲的。

霍尔丹表示,勇气并非他在马德里人身上发现的唯一优点。天气很冷,而马德里人的燃料也很短缺,煤的供应比面包还要困难,即使是那些住在征用的房子里的人,也没有烧家具或剥下木饰做柴火。他们也没有砍太多的树。他们宁肯自己受冻,也不愿毁坏他们美丽的首都。尽管没有警察,马德里却"秩序极其井然"。霍尔

---

[1] 见关于维基百科中 J. B. S. Haldane 自传的讨论。
[2] Nature 139, 331(20 February 1937).

丹认为,马德里人"自觉地遵守一种纪律。他们相信自己的努力和牺牲将意味着法西斯主义的灭亡,以及一种新的社会秩序的诞生。他们坚信自己的斗争,不仅是其宏伟蓝图,而且包括其最细微的细节,都将是崇高的"。他在广播讲话的最后,热情似火地呼喊道:"假使我能活一千年,我仍然会以1936年圣诞节这一天我的宣言——我是一名马德里市民——为我最自豪的荣耀,这就是原因。"[1]

那个圣诞节,《纽约时报》记者赫伯特·马修斯也在马德里。他于12月2日最终办完了手续,进入了西班牙共和政府的辖区。圣诞节前的一天,他一直在电话大楼里工作,下午茶时分,该楼像往常一样遭到了炮击——这座坚固的钢筋混凝土建筑,是加拉比察山上的国民军炮兵很明显的目标,但大楼除了偶尔会丧失一块檐板外,一切尚好。"在世界上其他地方的人们都在欢庆圣诞前夕的时候,几乎家家都有男人阵亡、受伤或正在战斗的马德里人,悲伤地回到家里吃饭,而他们的饭食,除了极少数情况下外,几乎都不足以供他们维持生命。"[2]

马修斯记述道,美国大使馆吃得不错,大使"东拼西凑出一顿丰盛的晚宴"。午夜时分,他们在大使馆里吃了"十二颗葡萄"(十二颗葡萄:西班牙传统习俗。圣诞节除夕之夜,全家人团聚一起尽情玩耍,等教堂敲响午夜钟声时,大家便争着吃葡萄。如果能按着钟声吃下十二颗葡萄,便象征着新的一年十二个月都顺心如意。——译者注),而马德里人民通常是在太阳门广场上完成这一习俗,以庆祝假日来临。但佛朗哥心怀更恶毒的计划:"与此同时叛军向广场一带发射了12颗重磅炸弹,以展现他特有的率性之恶来迎接假

---

[1] Haldane(1937)。
[2] Matthews(1938),p. 200.

日。"①

圣诞节那天下午，佛朗哥的军队还对电话大楼一带进行了野蛮炮击。马修斯报道说："街道仿佛被魔法清除了一般，但是一颗炮弹击中了金奇拉街（Calle Chincilla）的一角，毫不夸张地说，当场将三个男人和一个女人撕裂了。具有讽刺意味的是，这是在人们普遍以为安全的街道的一侧。当我们赶到那里时，人行道上着实是血流成河。我以前只在书本上读到过'街上血流成河'这样的语句，从未想过会亲眼看到这景象。"②

那天下午炮弹共11次击中电话大楼。马修斯总结道："在我关注到的所有损害中，给我印象最深刻的，莫过于玻璃的破碎了。临街一面的窗玻璃飞过整个屋子，又飞过走廊，像飞镖一样深深地嵌进墙中。"③

希特勒也有一份圣诞礼物给西班牙。他在12月22日于德国总理府（Reich Chancellery）举行的一次会议上，悄悄地送出了这份礼物。戈林和其他军事部门领导人，以及德国驻西班牙大使威廉·冯·福佩尔（Wilhelm von Faupel）将军出席了会议。福佩尔提议派出一支大规模的地面部队到西班牙，以确保佛朗哥早日获胜，但其他与会者无一人赞成。希特勒解释了他那只对佛朗哥继续进行有限援助的损人利己的原因："如果西班牙问题能够持续在一段时间内吸引欧洲的注意力，并因此将注意力从德国身上转移开，那么德国的政策就能够得到推动。"④ 说得再明白一点：将西班牙战争拖长，将使法国和英国持续奔忙，与此同时德国则准备自己的行动，并重新武装。

---

① Matthews（1938），p. 201.
② Matthews（1938），p. 202.
③ Matthews（1938），p. 203.
④ 引自 Whealey（1989），pp. 54–55。

佛朗哥将得到秃鹰军团，但不会有更多援助了。

"今天中午12点钟左右，我们遭到了猛烈的空中轰炸，"诺尔曼·白求恩通过一个短波电台对国内广播节目，向他的加拿大同胞们报告了他在西班牙过圣诞节的情形。[①] 这位外科医生说有"12架意大利三引擎巨型轰炸机"掠过城市上空，轰炸了贫民区夸特罗卡米诺斯（Cuatro Caminos）的妇女、儿童和老人。"人们慌张地逃往防空避难所，"白求恩继续说道，"一片寂静降临到城市上空——就像是被捕猎的动物伏在草丛中，惊恐得连大气都不敢喘上一口……继而在一派死气沉沉的寂静中，街上传来了鸟儿的啼叫声，在晴朗的冬日，显得格外清晰，也格外惊心。"

白求恩称为"巨型"的轰炸机，比现代的客机还要小。它们之所以显得巨大，是因为它们飞得低。它们飞得又低又慢，想炸什么就炸什么，因为马德里缺乏防空武器。西方民主国家的不干涉政策使得西班牙共和国政府无法得到这样的武器，只能从苏联购买少许。

白求恩继续进行他的广播讲话，他似乎一直在与霍尔丹讨论轰炸的效果。"躲进建筑物里求保护，实际上是没用的，"他说，"即使是一座十层高的楼房。炸弹会把楼顶撕开，然后穿过每一层的楼板，在地下室爆炸，使混凝土大楼轰然倒下，就好像它们是火柴棍垒起来的一样。"历史发展至此，还很少有平民像这样被炸弹炸死，只除了在列强的殖民地。只为传播恐怖而轰炸平民，是制空权理论在1936年那个假日新生的赘肉：

[①] Hannant（1998），pp. 140–142.

在楼房的地下室或低层,并不比在高层安全多少。如果你躲在门廊里,就不会被落下的砖块、大块的墙面或石质部件砸到。如果你所躲藏的建筑物被击中,你将非死即伤,但如果没被击中,你就不会死伤。一个地方和另一个地方实在是没啥区别。

炸弹落下后——你能看到它们像巨大的黑梨一样落下——会有雷鸣般的巨响。浓云般的灰尘和爆炸性气体弥漫在空气中,房屋的整个外立面都会倒塌在街道上。鹅卵石路面上一堆堆缩成一团的破布中会流出血来——这些都曾是活生生的妇女和儿童。

炸弹像巨大的黑梨一样落下,这就是那一年西班牙圣诞节的苦果。更多的援助到了,包括苏联的食品船和外国志愿者,但是数量并不多。西班牙人民对此表示欢迎。"他们悲伤地相互打量着,"在因灯火管制而漆黑一片的马德里,白求恩继续向他的同胞们广播着,"当他们谈起法西斯杀人狂时,脸上会露出刚毅、威严和轻蔑的神色。"

中　篇

佛朗哥的梦与谎言

第五章
战栗的猫头鹰的方丹戈舞

1937年年初，有超过50万人，大致是共和军和国民军各占一半，在为控制西班牙而战斗着。共和军仍然控制着地中海沿岸，不过国民军占领了巴伦西亚以东约200英里的马略卡岛（Mallorca），德国和意大利的飞机从那里起飞轰炸国民军的港口和船只。从海岸向内地，共和军控制着国土的东半部——加泰罗尼亚、巴伦西亚、卡斯蒂利亚－拉曼查（Castile-La Mancha）、马德里、穆尔西亚（Murcia）和安达卢西亚（Andalusia）的一部分。佛朗哥的国民军占领着西半部——安达卢西亚、埃斯特雷马杜拉、卡斯蒂利亚－莱昂（Castile and León）、加利西亚（Galicia）、拉里奥哈（La Roija）和纳瓦拉——只除了北方比斯开湾沿岸的巴斯克地区。

战斗仍然以马德里为中心。1937年1月3日，国民军将领路易斯·奥尔加斯（Luis Orgaz）借助大雾和刺骨的严寒，开始对首都发动新的攻势，决心切断其与瓜达拉马山脉以北的共和军的联系。共和军依然由何塞·米亚哈将军指挥，一直打到子弹耗尽。米亚哈无奈之下，只得命令士兵打空枪，以持续射击，直到援军从马德里和北方的科尔多瓦赶来。

墨索里尼于1936年12月10日决定动用意大利的储备来支持佛朗哥的国民军，旨在缩短战争进程。20000名意大利正规军和27000名黑衫党法西斯民兵于1月开始抵达加的斯。黑衫党民兵是摩托化部队，这是欧洲战场上首次出现步兵部队得到机械化运输的支持。①佛朗哥希望将他们投入马德里战役，但意大利人想要单独行动，他们提议进攻马拉加——西班牙南部海岸远离首都的一座城市，在直布罗陀以北80英里处。马德里以北、瓜达拉马山脉以南的战事于1月15日停息下来。奥尔加斯没有占到什么便宜。双方各损失了1.5万人——对奥尔加斯来说，比他一路奔杀400多英里，从直布罗陀带到马德里的人都多。历史学家休·托马斯这样描述此战所形成的僵局：

> 1936年西班牙冬天的特点……最好的表示就是长长的［卡车］车队，车上满载着国民军带来的食品，准备一旦马德里陷落，就救济饥民。这些食品在雨雪中慢慢地腐烂着。一英里外，国民军的阵线后，马德里民众只能以寡淡的米饭、面包果腹，还要忍受日益严重的饥饿。其原因是革命初期宰杀牲畜和即时消费，以及总体的经济错位，还有在共和政府控制的地区，上百万的难民在秋天从一个又一个省逃难而来。②

共和政府控制地区食品短缺，部分是因为西班牙富产家畜和粮食的省份，包括加利西亚、里奥哈、阿斯图里亚斯和纳瓦拉，都在国民军手中。在严格的生产控制和价格支持下，战争期间在国民军

---

① Coverdale (1974), p. 54; Proctor (1983), p. 80.
② Thomas (1989), p. 482.

控制地区，绵羊、山羊、猪和牛的数量实际上都增长了。① 骡子像吉普车和炮用拖拉机一样，对后续的战事非常重要，在国民军占领的大农业区，也得到了大量繁殖。②

由96名美国国际纵队志愿者组成的第一支有组织的队伍，在1936年圣诞节的第二天，乘"诺曼底号"（Normandie）轮船从纽约出发。他们决心在法西斯主义以战争吞没全世界前制止之。他们乘灰狗（Greyhound）巴士从远至旧金山的美国各地赶到纽约集合，临时居住在基督教青年会大街23号，为购买军事装备几乎把曼哈顿的陆海军商店清空了。③ 在接下去的几个月里，还将有更多的人赶来，直到他们自称的这个"亚伯拉罕·林肯营"（Abraham Lincoln Battalion）的总人数达到3000。他们中三分之一是犹太人，三分之二是共产党员，平均年龄23岁。他们有矿工、钢铁工人、码头工人、学生和老师，也有作家、裁缝、美国海军退役官兵、律师，还有参加西班牙战争的唯一的日本裔美国人。④ 他们于新年除夕抵达法国的勒阿弗尔（Le Havre），于1937年1月2日经过巴黎。在开往法国南部城市佩皮尼昂（Perpignan）的火车上，他们与来自其他国家的热情似火的志愿者们会合了。这些国家有英国、法国、德国、意大利、南斯拉夫、波兰、奥地利和匈牙利。⑤ 佩皮尼昂在博港以北只有几英里，他们从那里过境进入西班牙，乘公共汽车来到阿尔瓦塞特，然后又向北骑马38英里到达哈拉新镇（Villanueva de la Jara），在那里接受训练。

负责训练他们的教官也是个美国人——29岁的罗伯特·黑

---

① Seidman（2010），p. 11.
② Seidman（2010），p. 5ff.
③ Landis（1967），p. 17.
④ Landis（1967），pp. 17–18; www.spartacus.schoolnet.co.uk.
⑤ Rolfe（1939），p. 23.

尔·梅里曼（Robert Hale Merriman），是个身材高大、精力充沛的伐木工人的儿子，来自美国加州的尤里卡（Eureka），受过良好的教育，也是个运动家。梅里曼本人的训练经历包括在他的母校内华达大学（University of Nevada）的预备役军官训练团（R.O.T.C.）接受过两年的指挥培训，毕业后成为美国陆军预备役少尉。在加州大学伯克利分校担任经济学教职时，梅里曼利用一笔研究奖学金，于1934年到苏联研究集体农庄。他于1937年1月从苏联来到西班牙，把妻子玛丽昂（Marion）留在了莫斯科。玛丽昂在《时代》周刊记者沃尔特·杜兰蒂（Walter Duranty）领导下的《纽约时报》分部找到了工作。①

步枪和弹药的匮缺限制了训练。当梅里曼让大家演习冲锋时，他将一根木棍穿过木条板来模仿机关枪。直到他们于2月中旬即将投入战斗时，才得到了步枪和每人150发子弹。在开赴前线的路上，已担任营指挥官的梅里曼不得不将卡车停到路边，以便每个人练习打了5发子弹。"428个人连滚带爬地翻下军用卡车，"他们中的一位，诗人埃德温·罗尔夫（Edwin Rolfe）写道，"分散在道路两旁的田野里，匆忙地擦去从未使用过的枪上的油脂，将他们为数不多的子弹射向了山坡。"② 然后他们回到卡车上，满衬衫都是油脂，继续前往马德里以南20英里的雅拉玛（Jarama）河谷。佛朗哥希望从那里切断该城与共和国政府所在的地中海海岸上的巴伦西亚的公路和铁路联系。

从1936年夏天战事初起，毕加索就一直关注着这场战争。当他于9月接受了普拉多博物馆名誉馆长的任命后，他就选定了自己的

---

① Merriman and Lerude (1986), p. 73.
② Rolfe (1939), p. 31.

立场。不过有些令人不解的是,他不大愿意谈论战事。纽约现代艺术博物馆(New York's Museum of Modern Art)首任馆长小阿尔弗雷德·巴尔(Alfred H. Barr, Jr.)的妻子玛格丽特·巴尔(Margaret Barr),在回忆那年夏天巴黎的社交聚会时说,画家的朋友们总是好心地给他带来大量最新的战争消息。"他有一个小圈子,"她说,"那些人想方设法地试图每天都见到他……西班牙内战正在全面展开……那个漫长的夏天中的相当长一段时间,我们都在巴黎。你知道毕加索对那场战争很兴奋,也很不安。这些朋友会给他讲述他们所能搜集到的每一条战争新闻。他用眼光来回应,有时也可能发出只言片语的评论,但他从不多说什么……他只是听,尽管他听得很入神,并且显然极感兴趣。"①

他对战争的沉默与他在艺术上的沉默是相应的。他本是个一年要创作好几百幅油画的人,然而早自1935年起,他就不再画油画了,尽管他还创作素描和版画。艺术史学家们将他的这一停顿归因于始自立体主义的理念探索全线走到了穷途末路。也许部分是这样,但更直接的原因是毕加索与他1918年结婚的妻子奥尔加·柯克洛娃(Olga Khokhlova)的婚姻破裂了。这位乌克兰前芭蕾舞女星自1932年得知毕加索与法国年轻情妇玛丽–泰蕾兹·瓦尔特(Marie-Thérèse Walter)的关系后,一直容忍着这段私情。然而1934年圣诞节除夕那天,瓦尔特告诉毕加索她怀孕了。大画家自负地回答说他第二天就和奥尔加离婚。但第二天他又做出了另外的决定:他向奥尔加发出了最后通牒,奥尔加搬离了家,请了律师,借助法国夫妻共同财产法,教训了一下她任性的丈夫。一名法院官员来盘点并封存了他们的共同财产——按照毕加索的传记作家约翰·理查森

---

① 引自 Freedberg(1986),p. 606。

（John Richardson）的记述，包括"他的画笔、颜料和写生簿，以及大量他本人的作品"。① 无论毕加索怎样答应过玛丽-泰蕾兹，他都不打算放弃他半生的画作。他转而寻求一种事实上的分居，作为交换，奥尔加接受了条件丰厚的庭外和解。与此同时，也许是出于抑郁——他后来说过，这段时期是"我人生最低潮的时候"——或者也许是为了不再创作出奥尔加有可能声索的任何有价值的东西，他停止了油画创作。② 他原本有可能连呼吸也一并停止了的，因为某种形式的表达，对他来说即使不是强迫行为的话，也是日常需求。

格特鲁德·斯泰因（Gertrude Stein）在谈及毕加索画坛"休耕"的这两年时，说某种程度上这是他所喜欢的，"这样所负的责任就少了，而不用负责任总是好的，这就像战争中的士兵，他们说战争是可怕的，但在战争期间，无论对死还是对生，你都不用负责任。所以这两年对毕加索来说就像这样，他不工作，用不着每时每刻都在想他看见了什么，不，对他来说作诗是要经过冥思苦想的，但在咖啡馆里，也是足够愉快的"。③

起初，毕加索诗中咒骂和污秽的语句掩盖了他对奥尔加、对律师和至少这一次不能令他顺心遂意的世界的懊恼，但随着战争突然爆发，又掩饰了他的愤怒和惊骇。继而愤怒之下的恐惧又使得掩饰所造成的变形翻倍加剧，包括对他身处巴塞罗那的母亲的担忧。毕加索的传记作者罗兰·彭罗斯（Roland Penrose）写道，他母亲于1936年7月底给他写信，向他描述了"距她家仅有几码的一座女修道院被焚烧的情况，而她和她丧偶的女儿及五个孙子就住在那

---

① Richardson（2007a），p. 5.
② 引自 Richardson（2007a），p. 5。
③ Stein（1938），p. 46.

里"。① 无政府主义的暴徒在战争最初的几个星期里焚烧女修道院,这种事情比大火对毕加索家庭的威胁更大。

1936年春天,他又短暂地恢复了油画创作,不过画得不多,只画了一两幅小画。当西班牙深陷战乱后,他通过巴黎的报纸关注着战事,有几份报纸他每天都看。他应当在一份或多份报纸上读到过路易·德拉普雷的死讯,也许是《强硬报》(*L'Intransigeant*)——该报12月12日头版头条的大标题就是"路易·德拉普雷死了"。② 更重要的是,正如理查森所鉴定的,毕加索在12月底所绘的一幅油画《灯下的静物》(*Still Life with a Lamp*)中,暗指了德拉普雷。③ 这幅画以譬喻的手法,描绘了一间像墓室一样的大理石墙壁的房间,桌上有一个结实的大水瓶——这通常是毕加索自己的象征——旁边是一碗水果——在此前的许多幅油画中,这是他对曲线优美的玛丽-泰蕾兹的隐喻。尽管背景上开着一扇窗户,外面是晴朗的蓝天,但桌上的物品被悬挂在一个圆锥形的灯罩下的一只电灯泡照得更亮了,而灯罩使一片更大的圆锥形阴影投射到天花板上。很少有什么场景比桌上的一个水瓶和一碗水果更贴近于家庭生活了。然而,有一个令人惊骇的异常之处玷污了这一场景,正如马德里被佛朗哥的轰炸玷污了一样:在桌子的前部边缘上有一只断手。

在桌子远端,观者的右边,一片本应空白的墙上出现了日期:"12月29日"。毕加索就是在那一天画的《灯下的静物》,耐人寻味的是,也是在那一天,毕加索的朋友、法国诗人和小说家路易·阿拉贡(Louis Aragon),组织了一场纪念路易·德拉普雷一生的公众

---

① Penrose(1981), p. 296.
② 见 Minchom(2010), p. 5图片。
③ Richardson(2010), pp. 7–8,有这幅画的图片。

集会。①德拉普雷从马德里发回的充满激情的报道，已经编成了一个小册子《马德里上空的炸弹》（*Bombs over Madrid*），于1937年1月8日出版，并于次日在《人道报》上再次刊出。毕加索除了应当读过《马德里上空的炸弹》外，这时想必也听说了，意大利军队正在向他的出生地马拉加进发。②

对于佛朗哥打着基督教和西班牙的荣耀的旗号冷血地屠杀平民，毕加索深恶痛绝，因而他在读了德拉普雷的报道之后，于1月8日和9日创作了一系列辛辣讽刺的版画。这些版画都是明信片大小，内容并不连贯但相互有关联。版画刻在两张大木板上，第一张木板上有九幅画，另一张上有五幅，两张木板的落款日期均为1月8日。画家将版画命名为《佛朗哥的梦与谎言》（*Sueño y Mentira de Franco*）。③它们会令人联想到西班牙人称之为"哈利路亚"（alleluias）的那些猥亵、讽刺性的漫画小册子。1月9日，版画完成了，然而对佛朗哥的厌恶还在令毕加索反胃，于是他写下了他的那些充满意识流的诗作之一，满满一页都是漂亮的手写体文字，但除了破折号外，再无其他标点符号。"战栗的猫头鹰的方丹戈舞，"诗这样开头，"赤身站在煎锅中央的教士秃头满是渣滓的毛刷不祥之兆的屁股剑浸在……"④

这些版画中拿着剑、留着稀疏的小胡子、屁股代表不祥之兆的人就是佛朗哥，他的形象是分成多瓣的头、环状的半球般的躯干，像个犰狳一样。腿上的西班牙高跟马靴直抵肥胖的犰狳半壳状的躯体下的臀部，而其臀部又有多股粗毛向后伸出。佛朗哥的头上画着

---

① Palau i Fabre（2011），p. 274.
② Minchom（2010），p. 10；Freedberg（1986），p. 607.
③ 《佛朗哥的梦与谎言》可在 www.fundacionpicasso.es 在线看到。
④ 想看到原诗的复制品及英译文，见 www.guernica70th.com/english/poem.html（在线）。

管状的眼柄，很奇怪地与前一年4月他画的一幅研究女人脑袋的素描小品相似，只除了那个女人的脑袋不是环状的，那脑袋也不是附在半球上，而是附在一个完整的球体上。[①] 这些早先的素描上画的女人是玛丽－泰蕾兹，屁股也表示不祥之兆。这种视觉的联系也许是对佛朗哥的男人气概的评价，至少是一种西班牙式的羞辱，不过毕加索为什么要把佛朗哥与玛丽－泰蕾兹联系在一起呢？不得而知。

在第一幅版画中，佛朗哥的屁股跨坐在一匹以漫画手法表现的龇牙咧嘴、夸张地高抬着腿的马上——这马代表着西班牙人，或者是毕加索对西班牙的图解。然而，这匹马却受了伤，它的肠子悬挂在体外，就像是斗牛场上被牛抵伤的骑马斗牛士的马。元首对他坐骑的伤并不在意，他头戴主教的法冠，一手举着绘有圣母的旗子，一手挥着剑，象征着佛朗哥声称他为之奋战的教会和西班牙国家。画面上还有阳光在闪耀。在第二幅版画中，赤身裸体的佛朗哥阴茎勃起得像他的个头儿一样高，他漫步在由低低的铁丝网围成的一座马戏场里，他右手举着剑，或是要击打，或是为保持平衡，他的阴茎举起圣母旗，而他的左臂却像第二个阴茎一样在向一片云射着精。第三幅版画刻画的是佛朗哥手持一柄鹤嘴锄袭击一个宁静、安详的狮身人面兽——这又是对玛丽－泰蕾兹的典型隐喻。在第四幅版画中，佛朗哥在西班牙贵妇人的游行队伍中，一手拿着扇子，一手拿着玫瑰。第五幅版画中，一头正在酣斗中的公牛突然抬起屁股，撞向了佛朗哥的臂肘，于是到了第十四幅也是最后一幅版画，佛朗哥的屁股变成了背部着地正垂死挣扎的斗牛士的马，马腹中流出的肠子正被一头画得很逼真的公牛践踏着，这头公牛肯定是代表着防御中的西班牙人民的力量。

[①] Palau i Fabre（2011），p. 241, plate 766.

《佛朗哥的梦与谎言》借鉴了戈雅（Goya）晚期的版画，尤其是他的22幅《愚人》（*Los Disparates*），也称为《梦》（*Sueños*），还有33幅《斗牛》（*La Tauromaquia*）系列。①这位19世纪的西班牙画家是在1815—1823年创作的《愚人》和《斗牛》，当时西班牙爆发了一场反对国王斐迪南七世（Ferdinand Ⅶ）的革命，并于1820年成立了一个自由政府。该政府存在了三年，然后被入侵的法国军队镇压，国王复辟了。毕加索肯定是在有意模仿戈雅的作品，两者的相似是引人注目的。

　　早在1937年1月，就有一个西班牙政府的正式代表团在巴黎拜访了毕加索。代表团成员有加泰罗尼亚建筑师何塞普·路易斯·塞特（Josep Lluis Sert），西班牙小说家、戏剧家兼西班牙驻法国使馆文化专员马克斯·奥布（Max Aub），还有毕加索的朋友路易·阿拉贡。1936年12月，塞特和他的同事路易斯·拉卡萨（Lluis Lacasa）完成了为1937年巴黎世界博览会兴建的西班牙馆的设计工作。该博览会将于7月中开幕。塞特回忆说："我们去看望了［毕加索］，请求他为西班牙馆画一幅壁画。"②画家另外给他们看了些东西——他新创作的14幅讽刺性蚀刻版画。他们还听他慷慨激昂地朗诵了他的诗。

　　蚀刻版画《佛朗哥的梦与谎言》付印后，最终在巴黎世博会上得以销售，西班牙共和国政府因之受益，毕加索当初将每幅版画的尺寸定为法国明信片的大小，似乎是专门为此目的计划的。但依照塞特的说法，代表团在1月初拜访他时，事先并不知道有这套蚀刻版画。毕加索先前应当也没有这个计划，因为他本人也只是此前一

---

① 戈雅的版画：两个系列都可以在维基百科上看到。
② Oppler（1988），p. 198.

两天才构思并完成这些版画的。他是为回应于1月8日出版的德拉普雷从马德里发回的报道,才进行这些创作的。也许他也是为了应对塞特的请求,同时把它们刻成明信片大小的。①

如果是这样的话,毕加索很可能是有意将蚀刻版画作为他对博览会的贡献,提供给塞特和他的同事们的。毕加索已经有两年没怎么画油画了。他事先将蚀刻版画的尺寸定为明信片大小,并想到了会出售,最为重要的是,在1月初时他对一幅大型壁画的主题还毫无想法,在此后将近四个月的时间里他也没产生灵感。这个问题已无法回答了,因为在那个仲冬时日聚集在巴黎博埃西街(rue la Boétie)的毕加索画室里的所有人,都已经去世了。但这个问题的确是存在的。

"这个时刻,西班牙共和国的事业看上去形势极其严峻,"塞特解释了访问者的意图,"身在巴黎的许多西班牙知识分子,无疑都非常关心他们能做些什么事情,什么样的反应是适当的……所以去找毕加索,请他为这一工程做些贡献,似乎是非常顺理成章的。"②

毕加索很讨厌做出承诺和规定期限。他拿出《佛朗哥的梦与谎言》,是否为了避免承诺更大的委托工作?鉴于他那年秋冬的灰暗心境,鉴于他和奥尔加正在进行的争执和他的祖国与佛朗哥的战争,他很可能会这样。

他是否真的是这样呢?塞特、奥布和阿拉贡坚信他不是——或者至少他给他们留下的印象不是这样。也许他们告诉他,他的加泰罗尼亚同行胡安·米罗已经同意为西班牙馆画一幅大型壁画,激发

---

① 依照塞特的说法,代表团事先并不知道有《佛朗哥的梦与谎言》这套蚀刻版画:Freedberg(1986),p. 608。
② 电视纪录片《世界遗产名录精华典藏》(*Treasures of the World*)中对塞特的采访,PBS(pbs.org 网站可在线观看)。

了他强烈的竞争欲望。他答应了画一幅壁画。他们后来催促过他，使他陷入了一个他根本不知怎样完成的承诺中。迄今他所画过的与战争关系最近的，就是被抛在桌上象征玛丽－泰蕾兹的呈大理石状的那碗水果前面的那只离奇的断手。他的确是该回到正经地作画的时候了。"于是1937年，他开始重新成为他自己。"格特鲁德·斯泰因总结道。①但是离交卷时间只有几个月了，他所画的却都不是战争场景，而是他的两个情妇的肖像，一个是白肤金发碧眼的玛丽－泰蕾兹，另一个是他新征服的猎物——肤色微黑的超现实主义画家和摄影家多拉·玛尔（Dora Maar）。

新年来临时，加拿大外科医生诺尔曼·白求恩的"加拿大输血服务站"已经在马德里正式开张了。他们正在将上千名应召每月前来献血的马德里人登记造册。②霍尔丹自圣诞节前到达后，就一直和白求恩的团队一起，下榻于国际红色援助组织征用的豪宅中，他发现了输血站的一个问题，并帮助白求恩解决了这个问题。在战争最初几个月的重压下，输血站接受任何看上去健康的志愿输血者，但其中一些尽管声称健康，却感染有疟疾或梅毒，有可能传染给接受输血的伤员。"无疑有一些伤兵感染了这样或那样的疾病，"霍尔丹说，"这是没有办法的。假如输血站只在经过适当的检查后才接受献血，那么就会有大量的伤员因缺乏血液而死亡。相形之下，让他们冒一下感染一两种可治愈的疾病的风险，倒还好些。"③

白求恩听了霍尔丹的警告后，在马德里找到了一家私人化验

---

① Stein（1938），p. 48.
② Franco, Cortez et al.（1996），p. 1077.
③ Haldane（1941），p. 155.

室，用沃瑟曼（Wasserman）法检测梅毒。然而当该化验室报告的呈阳性比例远低于全国平均水平时，他产生了怀疑，并取消了这项服务。随后的警察调查表明，经营这家化验室的医生是个法西斯同情者，在蓄意搞破坏。①

与弗雷德里克·杜兰-霍尔达成熟的储血技术相比，白求恩的这套加拿大体系太粗糙了。一张留存下来的照片显示，桌子上摆满了准备送往前线的血瓶，都不是杜兰-霍尔达那种定制、加压的安瓿，而是临时搜集来、经过消毒处理的各种各样的酒瓶和奶瓶。因为它们是应急用的，也仍然有效。白求恩发挥了它们的最大功效。他在1月11日致他的加拿大赞助者的一封信中写道：

> 我们夜间的工作非常恐怖！我们接到一个电话，要求输血。当即抓起已备好的包，从冰箱里取出两瓶血（每瓶500 cc）——一瓶是第四组的（O型），另一瓶是第二组的（A型）。我们的武装卫士已经下班了，我们自己走过完全漆黑一片的街道。大炮、机枪和步枪的射击声仿佛就在下一条街，尽管它们实际上在半英里以外。我们在没有灯的情况下开车，停在了医院门口，手里拿着一只［手电筒］，摸索着道路径直奔向地下室。医院里的所有手术室都已经移入了地下室，以避免弹片、砖头和石头穿过手术室的天花板落下。②

除了送血供医院使用外，此前一天他们还做了三次输血手术，是他们的日平均量。"是的，这是一个壮丽的国家，一个伟大的民

---

① Lethbridge（2013），pp. 118-119.
② Bethune（1998），p. 145.

族,"白求恩豪迈地断言,"伤员们都很优秀……马德里就是世界的重心,我不会再去别的地方了。"①

白求恩第一次参观弗雷德里克·杜兰-霍尔达在巴塞罗那开办的与他类似的供血服务站,是在1937年1月。此前他听说过这个服务站,但他和杜兰-霍尔达没有合作。②1月12日,白求恩在巴伦西亚会见了军医部队(Sanidad Militar)的领导人,讨论建立为所有前线统一供血的系统,他被要求与杜兰-霍尔达合作。第二天,他和亨宁·索伦森驱车12小时,从巴伦西亚来到巴塞罗那。次日上午,他们在第18医院会见了杜兰-霍尔达,观看了他的操作流程,然后讨论了合作计划。

双方一致认为,巴塞罗那将成为一个采血中心,因为杜兰-霍尔达的系统中包括白求恩称之为"享有专利的、复杂的采血流程",这是马德里无法复制的。为扩大运营而制造安瓿和采血设备,每个月将花费大约3000比塞塔(peseta,西班牙银币),白求恩保证将从加拿大经费中提供这笔开支。他给杜兰-霍尔达留下了第一个月的现金费用。白求恩写道,现在杜兰-霍尔达不仅有了他的冷藏卡车,还将"在阿拉贡前线拥有一节冷藏[火车]车厢"。③

"我们提议从巴塞罗那到巴伦西亚、马德里和科尔多瓦,开通'穿梭往来'服务,"当天晚些时候,这位加拿大外科医生给赛斯写信说,"在上述其他地方设立分中心。"④他们的新中心将需要招募人手,需要冰箱和其他设备,白求恩和亨宁将继续在马德里之外工作。

在返回马德里之前,白求恩想再购买并装备一辆更大的卡车,

---

① Bethune(1998), p. 146.
② Lethbridge(2013), p. 121.
③ Bethune(1998), pp. 148–149.
④ Hannant(1998), p. 149.

供运输血液。但巴塞罗那什么也没有卖的。他和索伦森于1月16日下午离开那里,前往巴黎,后来又去了马赛。他们买了一辆两吨半重的雷诺(Renault)卡车,开回了巴塞罗那。白求恩报告说,他在那里将卡车改装成冷藏车,装备了"两台电冰箱,每台为[直流]电压125伏;20个蓄电池;还有发电机和燃气发动机给电池充电"。①他还在车内加装了双层床,使得新卡车同时成为一个旅行宿舍。

到2月初时,这一西班牙-加拿大合作计划似乎已经完成了,尽管西班牙政府还没有批准。"我们已经成功地将现有的西班牙输血单位全部团结在我们的旗帜下。"白求恩向加拿大援助西班牙民主委员会(CASD)发出了告捷电报。他们正在为马德里市内和周边的上百家医院和救护站提供服务。他们共有25名员工,包括医生、护士、化验员、技工和司机。1月他们共采集和处理了10加仑血液,期望2月能将采集量增加到25加仑。为了表明是在联合行动,该单位有了新名称——"西班牙-加拿大输血联合工作队"(Instituto Hispano-Canadiense de Transfusion de Sangre)。赛斯和索伦森都被任命为队长,白求恩本人则成了"司令"。"这是军队和医疗历史上第一个联合输血服务机构,"白求恩自豪地总结道,"计划正在顺利实施中,将为整个西班牙反法西斯军队供应储存的血液。现在你们的队伍正在长达1000公里的战线上行动着。"②

然而像白求恩经常发生的情况一样,他又操之过急了。军医部队并不打算让加拿大人来领导西班牙共和国的国家血液配送计划,而是准备在1937年3月初接管加拿大人的服务站,然后任命一个三人委员会来主事,这个委员会将包括杜兰-霍尔达和白求恩。西班

---

① Bethune(1998), p. 149.
② Bethune(1998), p. 150.

牙政府想把在西班牙运营的所有志愿者服务纳入统一指挥之下。杜兰－霍尔达也不愿听命于一个缺乏血液学专业训练和经验的外科医生——而且他还不会说西班牙语。最终这位西班牙医生将领导整个计划。

与此同时，白求恩又为他的热情发现了一个新的倾注点。1937年1月中旬，在直布罗陀以北80英里，马拉加城周边地中海沿岸一条宽20英里的带状地区，共和国的一个海军基地和要塞，遭到了意大利人、德国人和由凯波·德·利亚诺（Queipo de Llano）指挥的国民军南方军的联合攻击。这次进攻是为意大利领导人想要实施的黑衫党部队在加的斯的登陆转移视线。共和国的这条海岸地带背后的内陆受到了内华达山脉（Sierra Nevada）的拱卫，但是国民军从东北方向向海边进攻的第二条战线的攻势，也正在推进。"我们在马拉加宣读的第一个句子，就将是判死刑。"凯波·德·利亚诺在塞维利亚进行的一次晚间例行广播中威胁道。① 然而尽管他发出了这样的警告，共和国方面的军事领导人却不知为何忽略了这一为巩固南方战线而发动进攻的战略目标，直到2月3日，对马拉加进行的全面攻势展开后，他们才意识到错误。

除了其他损失之外，安德烈·马尔罗的"西班牙飞行队"大部分都被意大利战斗机消灭了。② 剩余的少量波泰-54轰炸机并入了共和国空军。马尔罗本人返回了巴黎，根据他在西班牙内战最初几个月的战斗经历，去写他的小说《人类的希望》（*L'Espoir*）。

白求恩的血液配送行动与马拉加的灾难发生了交集。这位加

---

① 引自 Lethbridge（2013），p. 128。
② Proctor（1983），p. 103。

拿大外科医生想要通过一次长途旅行,来测试他的雷诺车和新的冰箱设备,他认定从巴塞罗那到格拉纳达之间533英里的道路,是最长的可行路线。马拉加在格拉纳达西南82英里。白求恩原想在马德里、巴塞罗那、巴伦西亚和科尔多瓦之间建立一个输血网络。[1] 他还希望调查南方战线的医疗需求,他从巴伦西亚的一名《工人日报》(Daily Worker)记者那里听说南方战线正被削弱。[2] 他派赛斯和一名新的志愿者司机——年轻的英国作家和教师托马斯·沃斯利(Thomas Worsley)——驾驶雷诺车前往巴塞罗那,从杜兰-霍尔达那里装载了大量的血液。他们于2月7日星期日,回到了巴伦西亚。当晚9点,三个人就动身向西南方向驶去。[3]

尽管白求恩当时还不知道,但马拉加已经陷落了。几乎全城的平民,大约20万人,都在逃亡。逃跑是在港口和近海的国民军舰艇连续炮击了一星期后开始的。匈牙利小说家和记者阿瑟·凯斯特勒(Arthur Koestler)当时正在那里,为一家伦敦报纸做报道,他很快就被国民军当局逮捕并监禁起来。他说,那个星期日的下午,通向巴伦西亚的道路上"如同洪流奔涌,挤满了卡车、小汽车、骡子、马车和惊慌失措、不断争吵的人",使得"公路变成了一条单向交通线"。[4] 守卫马拉加的民兵们茫然困惑、士气低落,这时也和百姓们一起逃跑了,众多惊恐万状的平民跌跌撞撞地沿着海滨公路,向东逃往126英里外的阿尔梅里亚。这条海滨公路蜿蜒在内华达山脉和大海之间,高度从海平面到500英尺以上,崎岖起伏,有很多漫长的路段都是从山坡上开凿出来的。

---

[1] Rodriguez-Solas(2011), pp. 86–87.
[2] Stewart and Stewart(2011), p. 183.
[3] Stewart and Stewart(2011), p. 184.
[4] Koestler(1937), p. 198.

白求恩、赛斯和沃斯利来自另一个方向，于2月10日到达阿尔梅里亚。城里满是面容憔悴的民兵，旅店除了煮豆子外什么也没有。他们于星期三晚上6点，又开始沿着崎岖的海滨公路向马拉加行进。路上出现了一些难民，然后越来越多。白求恩写道："他们面无表情地从我们的卡车旁涌过。一个小姑娘，恐怕还不到16岁，骑在一头驴上，垂着头俯视着胸前的婴儿；一位老大娘，苍老的面孔半掩在黑色围巾中，被两个男人拖着走；一个一家之主模样的男人，瘦得皮包骨头，一双赤脚在路上滴着血。"一个小伙子费力地拖着一堆寝具；一个女人托着自己的肚子。"人群中夹杂着牲口，川流不息。人们默然不语，形容枯槁，痛苦万状。牲口像人一样怨愤地咆哮着，人却像牲口一样驯顺地忍耐着。"①

他们从哪儿来？他们从马拉加来。他们告诉白求恩："什么都没有剩下！"

我们这时开得更快了，随着路越来越陡，难民的人流也越来越宽。接着有一个从海边向内陆方向的急转弯，是一道缓缓的坡，突然我们胸前的小山向下降了下去，眼前出现了一片狭长的平原。赛斯的脚重重地踩在刹车上，同时惊讶地咕哝了一声。卡车摇晃了一下，骤然停下，我们面对的是一道由难民和牲口构成的战栗的墙……

平原一眼望不到边，穿过平原的公路上，约莫一连20英里，人流像一条巨大的毛毛虫一样蠕动着，毛毛虫众多的腿掀起了一片尘土的云，沉重而缓慢地漫过平原，漫过山脚下的丘陵，

---

① Allen and Gordon（2009），p. 178.

向天际延伸而去。①

成千上万的难民拥挤在道路上,"他们塞在一起,相互挤压……平原上一片嘈杂,有喊叫声、号哭声,还有牲口怪异的嘶叫声"。②赛斯鸣着喇叭,白求恩站在脚踏板上叫喊着,想要清出一条道来。车向山下挪动,难民的潮流在车四周涌动着。这人流到底有多长?他们一路上吃什么活着?他们吃路旁田野里的甘蔗。白求恩向前望去,目光一直伸延到平原另一端,他意识到,这里面数以千计的人都是孩子,他们身上肮脏不堪,衣不遮体,很多人都光着脚,哭泣着,或者更糟,沉默不语而目光呆滞。"他们吊在母亲的肩膀上,或者紧紧拉着她的手。父亲背上背着两个才一两岁的孩子踽踽地走着,手里还拿着锅碗瓢盆或者家中值钱的宝贝。"③

继续往马拉加方向行进已没有意义了。他们试过,但根本无法前行。夜幕已降临在狭窄的道路上,他们掉转了车头,卸下了设备,抛弃了血瓶,为载人腾出空间。白求恩估算了卡车能装多少人后,打开了后车门。"只有孩子能上!"他高喊道。④人群向前涌来,白求恩试图拦住他们,赛斯也过来帮忙。

白求恩写道,由他来决定难民们的命运,这似乎是件令他厌恶的事情,简直比做个无助的旁观者还要糟糕。然而这正是他开始做的事情,他推搡着冲进人群,指着带着孩子的母亲,把她们的孩子接过来,再越过人群传递给赛斯,再由赛斯递给沃斯利。卡车慢慢地塞满了人。母亲们在车旁徘徊着,鼓励孩子们平静下来。男人们

---

① Allen and Gordon(2009), p. 179.
② Allen and Gordon(2009), p. 180.
③ Allen and Gordon(2009), p. 180.
④ Allen and Gordon(2009), p. 185.

则游荡在田野里，招呼着走失的家人。

车上只有两个人的空间了。白求恩将一个小姑娘从她母亲的臂弯里拽了出来。那个母亲放手交出孩子的同时号啕大哭起来。白求恩把女孩抱到卡车旁，却看到一个女人正自己在往车上爬，挡在了门口。"下来，"白求恩命令道，"如果你上去，这孩子就上不去了，你明白吗？"

那女人很年轻。长长的黑发垂在她苍白的脸上。她惊恐地望着我，然后一把扯开她的斗篷，高高地撩起棉质的内衣。她挺着个大肚子，里面有孩子。

我们一时相视无言。我胳膊上抱着个孩子，她肚子里有个孩子。她挤坐在脚下地板上狭小的空间里，大肚子夹在她的膝盖间，冲我微笑着伸出了双臂。她的眼神、张开的双臂和那微笑，似乎在对我说："看，我来抱着孩子，就好像我并不在这儿，好像我没有占任何人的位置。"她把女孩放在她的膝盖上，让女孩的头枕在她的肩膀上。①

就这样吧，成千上万人里就挑出了40个孩子和两个女人。"我重重地关上了车门，命令赛斯直接把他们拉到阿尔梅里亚的医院去，不管遇到什么情况，有任何人拦车，都不许停。"②白求恩又补充道，如果可能的话，挑几个民兵站在脚踏板上，赶开拦车的人。

接下来的四天四夜，他们穿梭来往于难民人流和阿尔梅里亚之间。从第二天起，白求恩就不再只运孩子了——"眼看着父母和孩

---

① Allen and Gordon（2009），pp. 187–188.
② Allen and Gordon（2009），p. 188.

子们分离，实在是太难受了，令人无法忍受。"他说——于是他们开始运送整个家庭。他们的食物吃完了，像众多的难民一样忍饥挨饿。突然，一个人和一辆满载着橘子的马车出现了。"在战乱、逃难和死亡当中，"白求恩惊叫道，简直不敢相信自己的眼睛，"一个普普通通、平平常常的街头小贩！"[①]他买下了整车的橘子，给自己留下一个，把剩下的全分了。

白天在漫天的尘土中咳嗽不已，夜晚在冬日的寒气中瑟瑟发抖，马拉加人蹒跚着向阿尔梅里亚跋涉。仿佛他们承受的苦难还不够似的，佛朗哥的飞机又袭击起他们——有意大利的菲亚特，有德国的亨克尔。白求恩亲眼看到："飞机向路面上俯冲下来，就好像是在进行打靶练习似的，机关枪随意地向四散而逃的难民们扫射着，却如同在编织什么复杂的几何图形。"[②]

阿尔梅里亚变成了一个巨大的露天营地。街道上，广场上，海滩上，丘陵上，直到其背后的山脚下，全都挤满了人。国际红色援助组织引导白求恩到了一座收容儿童的老建筑。他找到了一张简易床，就瘫倒了。然而还没等他睡着，警报声就把他惊醒了。佛朗哥还不肯善罢甘休。"我一骨碌爬了起来，但当第一颗炸弹爆炸时，我又赶紧跪倒在地。爆炸就像一记沉重的铁拳，深深地炸进了地下……我能听见孩子们凄厉、恐怖的尖叫声。"[③]

白求恩跑到室外，一头冲向爆炸的中心地带，那里可能有伤员，需要他的技术。"街道上不再黑暗。大团的火焰从被燃烧弹击中的房屋的骨架上喷射出来。在燃烧的建筑物的火光照耀下，在目力所及的范围内，大群大群的人疯狂地奔跑着，有人掉进弹坑里，一边

---

① Allen and Gordon（2009），p. 190.
② Allen and Gordon（2009），p. 191.
③ Allen and Gordon（2009），p. 192.

两手乱抓着，一边惊恐地尖叫着，消失不见了。"①

这座城市几乎是不设防的。飞机可以随心所欲地轰炸和扫射："我瞥见一架轰炸机在月光下优雅地倾斜翻转，完全不屑于借助高度或黑暗来保护自己。那恶魔尽可以慢慢来！防空炮火的偶尔发射，只不过像罗马焰火一样把天空映衬得更美丽。"②诺尔曼·白求恩在街头怒目圆睁，义愤填膺，一边思索着这种能使其机组人员进行远距离杀戮的战争机器的未来。③

---

① Allen and Gordon（2009）, p. 193.
② Allen and Gordon（2009）, pp. 192–193.
③ Allen and Gordon（2009）, p. 194.

第六章
西班牙有个山谷叫雅拉玛

是纽约码头上用拳头和棍棒进行的殴斗，引发了美国医疗界对西班牙内战的响应。工会组织者"大个子乔·柯伦"（Big Joe Curran）于1936年发起行动，要将由船东把持的国际海员工会（International Seaman's Union）从码头上清除出去，并改革商业水手的雇用办法，结果引发了一场严重的混战。① 出于同情而在纽约下东区（Lower East Side）的贝思以色列医院（Beth Israel Hospital）医治伤员的医生和护士，决定亲临码头去救死扶伤。他们组成了团体"美国医疗援助会"（American Medical Aid）并开办了诊所，于是就相当于为西班牙开战后的战地服务预先热了身。②

爱德华·巴斯基（Edward Barsky）医学博士，是美国医疗援助会诊所部的负责人。1936年时他41岁，在贝思以色列医院担任助理外科医生，他身为内科医生的父亲是该医院的创始人之一。巴斯基身材高挑，肩膀宽阔，总是把一头黑发直直地梳向脑后，他的下巴

---

① Kempton（1955），p. 83ff.
② I. J. R. to Frederika Martin, 31 May 1975. Martin（n.d.）.

很长，还蓄着一绺小胡子。他1919年毕业于哥伦比亚大学内外科医生学院，然后赴维也纳、柏林和巴黎留学，20世纪20年代到30年代初一直在贝思以色列医院工作。

巴斯基一直记得1936年秋天那个让他开始关注起西班牙局势的会议。原本是老套的"混合双打"组合：一位西班牙女律师——这在西班牙共和派中要算是凤毛麟角——和一位巴斯克教士，发表了反对民族主义者叛乱的讲演。然而会后，未经号召，却有上百名医疗界专业人士主动发来信件，请求被派往西班牙。① 没有现成的组织能操办得起这样的冒险行动，但美国医疗援助会可以牵头。10月在美国杰出的心脏病专家路易斯·米勒（Louis Miller）家里召开了一次会议，与会者成立了一个联合团体——美国援助西班牙民主医疗局（American Medical Bureau to Aid Spanish Democracy，简称援西医疗局）。"我们设定的近期目标是，建立一个有75张床位的设备齐全的流动医院。"巴斯基回忆道。②

招募人员比筹集资金要困难。整个11月和12月，巴斯基白天在贝思以色列医院上班，半个夜晚甚至更长的时间进行组织和筹款工作。作为援西医疗局的采购委员会负责人，他要负责为流动医院购置装备，"所有的东西，从安全别针到使用干电池的手术室专用灯（后来被称为停电应急灯）、装水手的利斯特口袋……再加上各种特殊药品，如血清、抗毒素等。"③ 与此同时，他又是该局人事委员会的负责人，要招募有出色的医疗和护理技能的人员，这些人不能是他所谓的"感伤主义者"，又要准备为自己的信念献出生命。这样的人并不难找，但他们往往都很忙。"最终，也正是这样的人来了，

---

① Martin（n.d.），I-i, p. 2.
② Barsky（n.d.），p. 13.
③ Barsky（n.d.），pp. 14–15.

在他们服务人类的理想激励下。"①

巴斯基本人也成为他们中的一个。由于患有肠炎，他本没打算前往西班牙。②援西医疗局的西班牙战地医院的院长，原计划为富有的进步人士、55岁的斯坦福大学胸外科专家莱奥·埃洛塞尔（Leo Eloesser），然而埃洛塞尔刚刚当选美国胸外科学会（American Association for Thoracic Surgery）的理事长，想要主持这个新成立的组织的首届年会。他将在1937年前往西班牙，加入援西医疗局的工作。③

埃洛塞尔的这一拖延，对于援西医疗局来说是一场危机，但对巴斯基来说却是一个意外的机会：

> 谁来领导这个机构呢？当一天深夜有人提议我时，这主意乍一看似乎很荒唐。怎么会是我呢？我连想都没想过。
> "那还能是谁呢？"他们问道。于是不知怎么，一瞬间我突然意识到，我从一开始就非常想去的。也许在我内心深处的某个地方，我早就知道我会勇往直前的。然而一连几天，我都不能克服我的惊讶。④

12月时，为这趟任务筹集的资金还短缺3000美元（相当于今天的50000美元），援西医疗局在纽约的宾夕法尼亚饭店举行了一场盛大的慈善晚宴，一辆将随医疗队一起出征的救护车被停进了宴会厅，供来宾们检验。出席宴会的英国上议院副议长当场开出了一

---

① Barsky（n.d.），p. 13.
② I. J. R. 致 Frederika Martin 信，同上，p. 1.
③ Shumaker（1982），p. 159.
④ Barsky（n.d.），p. 17.

张50美元（相当于今天的850美元）的支票，其他来宾也纷纷解囊，资金最终集齐了。① 自10月以来从全国募集的捐款使他们购买了4辆救护车和重达12吨的物资，总价值为30000美元（相当于今天的497000美元），足以供给他们的医院了。

1937年1月16日，在码头上一个乐队的伴奏下，在送行群众的欢呼下，巴斯基和他的同事们——另外三名医生、六名护士、五名司机和两名秘书——准备登上将把他们送往法国的新艺术风格的远洋客轮"巴黎号"（*Paris*）。就在登船汽笛鸣响时，一位医生朋友将一个小包塞进了巴斯基手里，他不禁紧张起来。小包里是六粒吗啡，约重半克，即使对一名医生来说，这也是危险的违禁品。如果他被抓住，他将惹上大麻烦。他没有将吗啡扔掉，但为此忧心忡忡。

"我们一开始是如此浪漫，"护士长弗雷德丽卡·马丁（Fredericka Martin）后来回忆起他们乘坐飘扬着美国国旗的护送车、救护车和卡车，从法国进入西班牙时的情景时，说道，"我们看上去是非常重要的一支队伍，非常高雅。田野里的人们都停下手中的活计看着我们——他们简直不相信自己的眼睛。"② 马丁本人的外表就是威风凛凛的，她身高5英尺9英寸（约1.8米），惯于发号施令。西班牙的海关官员对他们的照顾很是周到，在他们的设备跨越边境接受海关检查的同时，还在博港宾馆给他们开了房间，供他们休息。

所有人都想要他们的服务，于是他们反过来要寻找能提供服务的最好的地方。签约担任巴斯基的秘书兼翻译的米尔德丽德·拉克利（Mildred Rackley），是一位楚楚动人、会多国语言的新墨西哥州画家。她写道："加泰罗尼亚自治区主席路易斯·孔帕尼斯举行了

---

① Shapiro（1982），p. 120.
② 引自Shapiro（1982），pp. 121–122。

招待会、新闻发布会和工作会议。"在巴伦西亚，他们见到了已是军队总司令的米亚哈将军。在马德里，他们参观了大学城的前线壕沟。马丁写道，米亚哈和其他人都向他们提出了同样的建议："出于语言和后勤方面的原因，加入国际纵队。纵队各旅在建立时，就考虑到要克服语言障碍，并满足如此众多的民族——有人说52个，有人说54个——之间顽固的口味和文化差异。"①

散布在共和军各部中鼓励绿色招募的海关官员们，在比利亚罗夫莱多（Villarrobledo）也开办着一家医院。这是从阿尔瓦塞特到马德里中途的一座小城，他们希望把美国人安置在那里，然而他们失望了。拉克利回忆道："他们非常不情愿地把我们交给了国际纵队的卫生部门。"②

通往阿尔瓦塞特的道路上挤满了部队、卡车、救护车和难民。当秃鹰军团的飞机以摩天轮阵形，盘旋着对他们轮番轰炸，形成连续的密集弹幕时，浪漫顿时烟消云散了。巴斯基写道："我太天真了，还以为[救护车顶部的]红十字标志会受到尊重呢。"而对于佛朗哥的消耗战来说，恰恰相反，救护车和医院是首要的攻击目标。"同志，快用泥土把你的车遮掩起来，"有人对巴斯基说，"然后把车开到离人至少75码外的地方去。""那样的话，"这位医生补充道，"我们中才会有人有希望活着走完这条路。"当他们停下车救护伤员时，一名西班牙军官提议他们继续往前开。他说，他们的设备太珍贵了，不能损失。这令他们大为震惊，设备无论多么稀有，人命总是更重要啊。③

他们于1937年2月初到达阿尔瓦塞特，准备作为一个单位一起

---

① Martin (n.d.), I–iii, p. 3.
② Rackley memoir (n.d.), p. 62.
③ Barsky (n.d.), p. 21.

第六章　西班牙有个山谷叫雅拉玛

工作，结果却发现国际纵队的领导人希望他们融入部队各营中。这时他们才意识到语言障碍是多么麻烦。用马丁的话来说，那"十七个讨厌但却志趣相投的美国人"拒绝被分开——在西班牙当局看来，实在是顽固不化。"他们不明白这些先驱者多么需要抱团在一起，他们根本不考虑后果，就想把一名年轻护士，或者一名虽经过训练却缺乏经验，并且一句西班牙语都不会说的年轻外科医生，派往一个没人会说英语的医院。于是他们甚至都不能开始理解多么需要一个美国医院作为磁极，来激起美国人的骄傲，吸引更多的慷慨援助，召唤更多年轻的专业人士来追随先驱者的足迹。"①

马丁说，国际纵队的领导人们"认为美国人的要求既天真又荒唐。他们指责这些娇生惯养的美国佬的口头禅是：'他们根本不知道这儿在打仗。'"②其实美国人完全明白，但他们只有在能运营自己的医院的条件下，才肯与国际纵队合作。他们要掌管自己的人员和物资——包括已经到手的和他们希望还能发来的。"顽固的官员们终于让步了，"马丁断定，"至少是暂时认输了，他们邀请新来者共进晚餐。"③

第二天早晨，巴斯基和马丁早早地出发了，在国际纵队一名会说西班牙语的波兰向导和一名法国司机的带领下，前往马德里东南这时已全面开战的雅拉玛前线，为野战医院选址。他们的同事们留在阿尔瓦塞特，等待他们的通知。

巴斯基写道："我们走过一个又一个小镇，会见了各种各样的官员。经过30小时的不停寻找，在我看来，相当于不停地谈话，

---

① Martin（n.d.），I-iv, pp. 3-4.
② Martin（n.d.），I-ii, p. 6.
③ Martin（n.d.），I-iv, p. 5.

我们仍没有选好地方。"① 在战线以南30英里，通往阿尔瓦塞特方向的路上的小镇利略（Lillo）有一座楼，但其底层是个马厩，通向二层的楼梯太狭窄，且像个直上直下的梯子，担架上不去。巴斯基拒绝了，这令他的护送者很是不满。他们在一个涵洞里吃了午饭，以避免飞机的骚扰，然后他们向镇外开了几英里，车就抛锚了。于是他们在利略困了三天，没有汽油，没有汽车，当地也没有可用的电话。

马丁回忆道，第三天是个星期五，他们一早醒来时，发现他们的波兰向导不见了。巴斯基到当地理发馆去理了个发，以寻求一丝安慰。当他回来时，马丁觉得他好像挺高兴。的确，理发师告诉他，10英里外的小镇罗梅拉尔（Romeral）有一座比较新的学校建筑，院子里有一口井，挺适合做医院。他们决定午饭后步行去那里看看。正当他们等待和筹划时，医院其余的人全到了，开着四辆救护车和九辆卡车。②

他们的波兰向导溜走了，给阿尔瓦塞特打了电话。他向上级报告说，美国人简直不知道这儿在打仗。利略的楼足够用了。中央广场的喷泉也能供水。他建议把其他人送过来，迫使他们在利略开张。

巴斯基大怒。"见鬼，你们到这儿来干吗？"他冲拉克利吼道。然而等他发过一阵雷霆后，拉克利将他们接到的第一份正式命令递给了他：

> 建立一座有100张床位的急救医院，做好在48小时内接收伤员的准备。③

---

① Barsky (n.d.), p. 25.
② Martin (n.d.), "Romeral," p. 1.
③ Barsky (n.d.), pp. 25-26.

第六章　西班牙有个山谷叫雅拉玛

不在利略，不在马厩里，怒气冲冲的巴斯基做出了决定。尽管利略镇的官员们在中央广场烤起了羊肉来招待新来的客人，巴斯基和马丁还是坐上了小组的福特牌小救护车，去考察罗梅拉尔。

当他们找到那座两层楼的学校时，外观让人充满希望，但内部就有些挑战性了。巨大的窗户能提供光和空气，但内部没有楼梯连通上下层。必须使用外部楼梯，即使病人需要抬进或抬出。宽敞明亮、通风良好的教室通向一座中央大厅。底层可以容纳一个接诊室、几间手术室、一个化验室和一座与储藏室相连的厨房。二层的五间大教室可用作病房，较小的房间可以容下一间药房和一间被服室。①

罗梅拉尔的镇长非常乐意在他的村庄里添加一座医院。学校建筑的街对面，像村舍一样的联排房子里住着难民，大多是为躲避炮击和空袭而从马德里逃出的妇女和儿童。镇长要求他们搬出去，医院人员需要住在那里。"他们二话没说就把他们为数不多的家当打了包，"马丁写道，"并且欣然面对将要挤进已经很拥挤的村舍的现实。"② 他们在搬出之前，还和村里的志愿者们一起打扫了学校建筑。巴斯基因长途跋涉而疲惫不堪的其余队友也到达并入住了。到天黑时，所有建筑都清扫干净了。"西班牙人收拾好他们的水桶，衷心地祝愿我们睡个好觉，然后就都走了。乡村旅馆用鸡蛋、土豆和西红柿为我们做了一顿盛餐。"在医院对面的房子里，"筋疲力尽的美国人倒在长沙发上和没铺的床上就睡着了。他们抱成一团取暖。没人洗浴，没人刷牙，也没有人脱去衣服，他们就睡着了。他们很满意终于有了自己的医院"。③

当晨光透入时，环境就不那么浪漫了：房间里没有水管设施。

---

① Martin (n.d.), "Romeral," pp. 2–3.
② Martin (n.d.), "Romeral," p. 3.
③ Martin (n.d.), "Romeral," pp. 3–4.

没有下水道,没有浴室,也没有厕所,还没有电。"接下来我们又受到了第二次打击,"马丁写道,"井水里石灰含量太高,只能用于清洁和洗衣——那样都很困难。饮用水得从很远处的一口井里打来,储存在大瓦罐里。"村里人做好了应对挑战的准备。"这个第一天上午,似乎全镇的男人都响应了镇长的号召,前来帮忙。泥瓦匠和木匠修好了房间里所有该修的地方。电工给屋子里布上了电线。两部电话安装好了。男人们还卸下并帮着打开了巨大的箱子。"①

箱子里装着重达20吨的医院设备,有手术桌、100张床、10包棉花、数百条床单、冰帽、毯子、橡胶布、尿壶、电加热器、手电筒、一满箱橡胶手套、羊皮大衣、缝合材料、成箱的手术刀、麻醉器械、整整一座药房的药品、化验室设备、数十个轮胎,还有救护车和卡车的工具、零件,以及日常用品、罐装牛奶、咖啡粉和奶酪等,每个人还有自己的旅行箱和手提箱——卸车时并没有特别的次序。②

于是发现了第二件令人震惊的事情:有12箱物资丢失了。在到达博港之前他们就知道有两箱不见了,拉克利曾提出过索赔。另外10箱是在西班牙境内沿途丢失的——"这是有组织的。"马丁非常痛心,用这样的黑话来暗指偷窃。

最严重的损失是他们用船运来的大高压灭菌器。把水烧开是不足以杀死所有病原体的。高压灭菌器又叫消毒器,是专门用来为诸如手术手套、手术器械、绷带和液体等物品和材料消毒的医用高压锅。在高压灭菌器中250°F的高温下放15分钟,使气压增加到每平方英寸15磅,就足以将蛋白质中的细菌和病毒全部煮死了。"这一损失简直可谓灾难,"马丁写道,"高压灭菌器是预防医院中不可避

---

① Martin(n.d.),"Romeral",p. 4.
② Barsky(n.d.),p. 27.

免的危险——伤口感染——的主要手段。"①19世纪末20世纪初发明的消毒方法，使外科手术发生了革命。对于美国人来说，做手术没有高压灭菌器是不可想象的。

马丁报告说，一些也将在罗梅拉尔施行手术的欧洲外科医生，就不那么一丝不苟了。他们不愿意花太多时间清洗手臂，不愿意戴手术口罩，甚至不愿意戴手套。很显然，他们还没有采用在美国已成为惯例的一些医疗步骤。在路易·巴斯德（Louis Pasteur）和罗伯特·科赫（Robert Koch）于19世纪六七十年代证明了微生物在感染中的作用后，英国外科医生约瑟夫·利斯特（Joseph Lister）开创了在抗菌条件下——清洁但不是消毒——施行外科手术的先例。20世纪初德国和美国领先的消毒技术，是西班牙和其他欧洲国家的一些医务人员将从美国人身上学到的主要先进技术。

"没有消毒器，我们就没法开张，"巴斯基悲叹道，"那就意味着要求我们在48小时内建好医院并准备接收伤员的命令无法执行。就像没有稻草却要制砖，如果没有高压灭菌器，我们的浑身气力都无从施展。"②阿尔瓦塞特的国际纵队领导层已任命米尔德丽德·拉克利为美国医院的行政主管。于是巴斯基派她和一名美国司机一起，驾驶一辆法国制造的老旧的拉蒂尔（Latil）卡车，去找一台高压灭菌器、一台X光机、软水器、一张小手术室用桌，以及更多的东西——总共拉了两页的清单。③马丁写道："在她本人看来，这简直是把她送进狮子窝，但她勇敢地出发了。"④

与此同时，镇长召唤方圆几英里内的农民工来修补糟糕的道

---

① Martin（n.d.），"Romeral," p. 4.
② Barsky（n.d.），pp. 28–29.
③ Martin（n.d.），"Romeral," p. 19.
④ Martin（n.d.），"Romeral," p. 5.

路。马丁写道:"他们用小篮子运来石头和泥土,把石头倒在地上,连成串,再把泥土撒在石头周围,然后夯实。这样伤员在来罗梅拉尔的路上就不会出现更多的骨折了。不过只有失去知觉的人和死人在这条路上才不会感到疼。"①

驮运粮食的骡车延缓了拉克利的行程。禁止车辆接近雅拉玛前线的宪兵也是如此。在阿尔卡萨尔德圣胡安(Alcázar de San Juan),他们的卡车抛锚了。那是他们在西班牙经历过的最寒冷的一个夜晚。拉克利和她的司机,一位可靠的专业驾驶员,还有一位名叫卡尔·拉赫曼(Carl Rahman)的技师,一起步行了四英里,才找到一部电话。当他们接通了罗梅拉尔后,巴斯基说:"我们从医院里派了一辆救援卡车……在一个飘着小雪的昏暗的早晨,把他们拖了回来。没有高压灭菌器,这让我们所有的人都忧心如焚。没有高压灭菌器,就没有医院啊。"②

他们可以在马德里买到高压灭菌器,但由于国民军炮击公路,到达首都将很困难。利略东北32英里有一座较大的城市塔兰孔(Tarancón),那里有一座西班牙人的医院。巴斯基派拉克利去那里一趟,并且命令她,"除非她连求带偷都不能从塔兰孔医院搞来高压灭菌器",她才能继续前往马德里。③

那座医院"拥挤得可怕",巴斯基记述道:"伤员四处躺倒在露天的天井里。他们无法立刻得到接诊。"这家医院的院长是位叫作克里格尔(Kriegel)的德国外科医生。拉克利和拉赫曼到达时,他已经一连做了30小时的手术了,但拒绝中断。终于,他出来帮忙了。在医院的一个储藏室里,他给他们看了一个很小的高压灭菌器。"是

---

① Martin(n.d.), I–iv, p. 15.
② Barsky(n.d.), p. 31.
③ Barsky(n.d.), p. 31.

坏的。"他骂了一句。拉赫曼检查了机器。计量器坏了，使得它有爆炸的危险。① 但他认为可以修好，于是他们把它装上车，拉回了罗梅拉尔。

卡尔把自己关进一间屋子里，单独研究这个问题。这是当时医院里所有人都最为关切的问题。终于，卡尔传出话来：高压灭菌器可以用，但亚麻制品和手术服出来时将是湿的。因为没法创造出足够的真空。在严寒中，没人愿意穿湿大褂。②

但他们必须穿，他们也的确穿了。

尽管他们在2月20日之前做好了准备，但队伍里有人造反了。不是第一次了，一些志愿者习惯于开会来解决集体的不满，他们抱怨巴斯基专横、不民主。有人鼓动要把他送回家。马丁去找那个专横、不民主的外科医生时，发现他正在清洁堵塞了的员工厕所。马丁写道："他同意再开一次会。他的肩膀垂下了一点儿。他在寻找工作地点的过程中瘦了许多，已经瘦得不能再瘦了。"

医生、护士和司机们会聚在一个新病房里，坐在新铺的床上。"那些陈词滥调般的抱怨又都散发了一遍。"马丁写道。令他们震惊的是，她宣布，如果巴斯基回家，那她也走。三四个主要的鼓动者做好了失去他们专业的领导人的准备，其他人却不愿意。马丁批评了他们"对一个病人和［他们中］唯一能干的外科医生"的恶劣态度，并说"如果这第一组人分裂了，就会产生失去更多的来自美国的医疗援助的风险"。她的话并没有赢得辩论，但第一批伤员的到

---

① Barsky（n.d.），pp. 31–32.
② Barsky（n.d.），p. 32.

来平息了纷争。①

雅拉玛河从马德里向正南方向流去，经过一片有很多橄榄树木和小石山的水质乡村地带，奔流26英里后，在阿兰胡埃斯（Aranjuez）汇入更长的塔胡尼亚河（Tajuña River），向西南流去。守卫通向马德里的这条路径的共和军的薄弱防线，是在雅拉玛河西岸挖的工事。1937年2月初，在即将被称为"雅拉玛战役"的战斗中，佛朗哥的国民军向共和军的防线发动了大规模进攻。这次进攻本是对马德里的钳形攻势的一端，意大利的黑衫党人将从首都东北方向的瓜达拉哈拉同时发起进攻。然而，一路从马拉加艰难跋涉而来的黑衫党部队还没有就位，对意大利人坚持单独行动深为不满的佛朗哥，并不打算等他们。他的雅拉玛攻势的主要目标是封锁马德里和巴伦西亚之间的公路干线，切断马德里的供给和通信，从而迫使其投降。

整个2月，战斗一直在山坡上、山脊上、山谷中和两河之间及河两岸激烈地进行着。两万共和军战士大部分为民兵，守卫着自己的阵地，抗击人数更多、装备更好的摩洛哥正规军和西班牙军团组成的国民军部队。秃鹰军团的地面部队——有机枪连、坦克连和炮兵连——和飞机也参与了攻势。共和军战士将德国兵称为"金发碧眼的摩尔人"。②

这是亚伯拉罕·林肯营的志愿者们第一次见识战争。仅仅经过罗伯特·梅里曼的短暂训练，拿着他们满是油脂的新步枪朝山坡上打了几枪后，这400个美国人就被投入了共和军的阵线中，守卫俯

---

① Martin（n.d.），p. 15.
② Cox（1937），p. 191.

瞰着塔胡尼亚河河谷的一座小山上的阵地。在更远处一个叫作平加龙山（Pingarrón Hill）的地方，国际纵队的英国营已经被打得七零八落。最初参战的600名英国战士，已伤亡了225人。① 美国人于2月16日加入了第15国际旅。为《纽约时报》报道雅拉玛战役的赫伯特·马修斯写道："这时的目标仅仅是守住战线，无论在哪里，在任何地方，都要守住阵地，以阻止敌军向巴伦西亚公路的致命推进。"②

梅里曼是林肯营的副营长，营长是一名前美军中士，这时被提拔为上尉，名叫詹姆斯·哈里斯（James Harris）。梅里曼保存了一本在西班牙记的日记。日记本是一个红色硬麻布皮的袖珍小本，他刚到巴塞罗那时就得到了这个小本。在林肯营投入战斗前的最后一条日记，是梅里曼用蓝墨水不太自然地写下的人民阵线风格的豪言壮语："人固有一死，就让他们为工人阶级的事业献身吧。[如果必要的话，]战士们将会战死并甘愿战死，这样革命将会继续下去。他们今天或许能挡住我们，但明天我们仍将前进。"③ 但上了战场后的最初几条日记，就没有这样的豪言壮语了。这时的日记是用铅笔写的，因为手边没有用墨水的钢笔了。

[2月]18日——今天一早就有空袭——炸弹差点儿就炸到了我们，实在太近了！爱德华兹死了，他在观察敌情时被子弹打穿了脑袋。[我]因为没有命令战士们卧倒而被加尔将军大骂了一顿。当天晚些时候，敌人又发动了一次空袭，而且飞机飞得离我们更近了。空中发生了一些战斗。我们的位置显然被敌人发现了。天黑时去视察壕沟，敌人开始用大炮轰击我们。

---

① Beevor（1982），p. 211.
② Matthews（1938），p. 222.
③ Merriman（1937），at 17 Febrero.

> 炮火很猛，我们又损失了一个人。切列比安被弹片击中而亡。偶尔打上几枪，夜间交火。哈里斯离开了。

这段文字需要解释一下。梅里曼因缺乏经验，允许战士们在太接近坡顶的地方挖壕沟，使得他们站起身时很容易遭到狙击手的射击。一名战士在家书中谈及了林肯营第一名战死者查尔斯·爱德华兹（Charles Edwards）阵亡的情况：

> 爱德华兹正从壕沟中的一个哨位向外观察，他警告周围的人："你们必须低着点儿头。有个狙击手正朝咱们这儿开枪呢。"
> 当有人提醒他也要注意隐蔽时，他回答说："我的情况不一样。我是观察哨。"
> 紧接着，一颗子弹就打穿了他的脑袋。[1]

加尔将军名叫亚诺什·加利茨（János Gálicz），是在苏联受过训的匈牙利人，担任第15国际旅旅长，是个不折不扣地严格执行纪律的人，也是个一心想扬名立万的野心家。米萨克·切列比安（Misak Chelebian）是个亚美尼亚裔的纽约人，新近成为鳏夫，是林肯营中最年长的人，英语说得磕磕巴巴，其他人大多还不认识他，被弹片击中后当场就死了。哈里斯是美军前中士，是个酒鬼。"哈里斯离开了"是梅里曼的略语，意思是这位酒鬼营长被送去了后方医院，自己取代他担任了营长。

1937年3月，梅里曼又在日记中补记了几条关于雅拉玛的记载，虽然战役已经结束，但这几条仍然反映出2月战事的紧张和混

---

[1] 引自 Rolfe（1939），pp. 36-37。

乱。"大约晚上8点时我们接到了向前去支援台尔曼营（Thaelmann Battalion）的命令。"回忆部分是这样开始的。① 林肯营爬上一座小山，越过了一条煤矿铁路的窄轨，来到一座平顶的小山上，周围的山谷尽收眼底。他们奉命在这里挖掘工事，与西边一英里处更高的山脊上敌军的壕沟相对峙。命令要求他们把背包和毯子都留在原地，仿佛他们只是暂时地前进。他们用刺刀和钢盔挖进石头很多的土中，用赤裸的双手将沙土捧出。他们挖了一整夜，心情有些沮丧，但仍然干得热火朝天。到拂晓时，他们已挖出一条浅浅的环形壕沟，能够保护自己，抵御来自任何方向的进攻。"战士们再也没能取回旧的背包和毯子。"梅里曼悲叹道。②

梅里曼写道，根据2月23日的命令，林肯营向他们阵地东边一条南北方的公路转移，以"支援西班牙第24旅，后来我们在他们和公路之间前进"。③ 他们在由法国人和比利时人组成的"二月六日营"的防区内接管了一个新阵地。在两座小山之间的峡谷上方的一道石壁后，他们观看了"二月六日营"用枪和炸药棒同一个"鼓"（tabor）的摩洛哥兵交战——一个"鼓"约800人，相当于一个团。摩洛哥人试图以凶猛的正面进攻，冲下山来穿过峡谷。他们穿着特有的灰色连帽宽袍，像幽灵一样可怕。林肯营的人原本很奇怪为什么"二月六日营"的人在参战时全都要点燃一种气味很难闻的烟卷，以为他们是要装出那种加利茨式的满不在乎的样子。现在他们明白了：烟卷是用来点燃他们扔出的火药棒的引信的。经验老到的"二月六日营"战士们在结束战斗时，会用枪射击散布在山坡上、呼啸着向下滚动的那些灰色的棒棒。

① Merriman（1937），at 20 Febrero.
② Merriman（1937），at 23 Febrero.
③ Merriman（1937），at 23 Febrero.

天色黑下来后，两辆15吨重的苏联坦克咔咔响着开上了公路。梅里曼写道，林肯营的战士们跟在坦克后，"为我们强力开路，使我们能够一边前进一边向敌人防线射击"，直到坦克突然被一发炮弹击中，"[我们的]坦克起了火，然后爆炸了，装甲片和炮弹被甩得到处都是。"① 另一辆坦克又咔咔响着开走了，去了安全的地方，使全营战士暴露在敌人的火力下。战士们躲进了一片橄榄树林，一边射击一边从一棵树后蹿到另一棵树后，向前冲锋，但最终冲到树木边缘后，面前是一片开阔地，在敌人渐渐减弱的火力下，还是被打退了。

机枪手乔·戈登（Joe Gordon）在该连的机枪出了故障无法修复之后，随步兵一同冲锋。他回忆道："天色已经暗了下来……交火仍然很激烈。我们的一辆坦克被击中了，像整个地狱一般在燃烧，点燃了很大一片区域，所有的人和物都离开了那片区域。法西斯有出色的狙击手，此外我们估计还会遭到炮击。"戈登加入了拿着铁锹冲锋的志愿者中，当前方开阔地上有伤员倒下时，他们就会冒着敌人的火力冲过去，这样至少他们还能掘进。梅里曼估计林肯营的伤亡情况是死20人伤40人。"如果得不到支援的话，我们无法突破敌人的防线。"他潦草地写道。②

林肯营的第一次血腥战争经历，高潮于2月27日——他们参战的第十一天——到来，他们奉命参加从占领平加龙山（Pingarrón Hill）的摩洛哥"鼓"手中重新夺回该高地的行动。这个计划是加尔将军制订的，是他不懈地寻求戏剧性行动的顶点。他一直寄希望于以一次突袭，一举扭转战局，迫使国民军退回雅拉玛河对岸他们

---

① Merriman（1937），at 23-24 Febrero.
② Merriman（1937），at 24 Febrero.

的原出发地，从而使自己荣耀加身。但林肯营的老兵罗伯特·科洛德尼却称之为"一次愚蠢透顶的行动"。①

弗拉迪米尔·乔皮奇（Vladimir Čopić）上校是加尔的马屁精，一名克罗地亚野心家。这时由他来指挥包括林肯营在内的第15旅。乔皮奇的领导观念就是像奴隶一样执行上级的命令，无论那命令多要命。

根据梅里曼日记中的概述，他对这个进攻计划的最初估计也是乐观的。一名国民军的战俘证实了敌军的位置。加尔预定于后半夜利用飞机、大炮、坦克和装甲车发动削弱性攻击，继而偷袭平加龙山。梅里曼认为"计划很好，听上去是对所有武器的很好运用"。②

那天上午7点，天气变坏了——云层很低，还像是要下雨，妨碍了空中支援——攻击一直推迟到10点。步兵冲锋前的炮火准备于9点50分开始。西班牙正规军第24旅预定于10点钟发起冲锋。梅里曼写道："我们等待着，没有说好的机枪支援，没有电话——大炮要拉走了，既不支援我们，也不支援第24旅。装甲车（一点儿用也没有）在山后面，没看见坦克，也没有马。"③ 西班牙人向山坡上冲出不远，就遭到了国民军猛烈的火力阻击，撤回到他们的壕沟防线。

尽管西班牙人受阻了，但是要求林肯营前进的命令还是来了。梅里曼给指挥部打了电话，报告了极其不利的形势。他写道："我说了好几遍第24旅没有取得进展。敌人的机枪火力实在太猛了，我们的弟兄们没法采取任何行动。攻击计划在全线都遭到了粉碎，而我们的弟兄们表现得足够勇敢。"无论是谁接的电话，都把情况报告给了乔皮奇。过了一会儿后，乔皮奇回电话了，"他大骂了我一

---

① Colodny（1958），p. 127.
② Merriman（1937），at 28 Febrero.
③ Merriman（1937），at 29 Febrero.

顿,说我们没有按照预定计划推进。我说第24旅也没能推进,他说他们在我们前方700码,我们看到的是他们的第二道防线。他给我们15分钟的时间弥补这段距离。他一生中从来没犯过比这更大的错误了"。①

尽管云层低妨碍了空中掩护,乔皮奇仍然命令他们摆出T形的给飞机的信号,垂直的一竖指向敌人。他们用别针将白毛巾和内衣别起,匆忙地拼成一个标志。两个到公路上展开信号标志的士兵都被机枪扫倒了。梅里曼愤怒地继续写道:"毕竟根据乔皮奇的命令,我观察到第24旅的信号标志还在我们的壕沟后方100米处。但是没有办法,弟兄们是在战场上,[我]不能当逃兵。来了3架飞机,而不是20架,也没起上太大作用。"②

当梅里曼爬起来,示意他的部下开始自杀式冲锋时,一颗子弹重重地打进了他的肩膀,并在里面碎成五块。③这一枪使他又摔回了壕沟。他写道,一名士兵给他包扎了伤口,他被"迅速地送往科尔梅纳尔(Colmenar)。即便如此我仍然想停下来,想和乔皮奇说个明白。科尔梅纳尔[的医院简直像个]屠宰场。人们在露天的担架上死去。[医生们正在]从一个士兵体内取出子弹,他们对待他就像对待牲口一样"。梅里曼虽然受了伤,但毕竟年轻,也想家,于是他注意到一名美丽的护士:"维也纳姑娘——真漂亮,一流美女。"接着他又谈到伤员:"好几个医生在给一个人做手术,在他肚子里找子弹,而其他人却在等死。真怀疑那些人还有没有机会。"一名护工用夹板把梅里曼的胳膊固定起来。一名受伤的英国军官躺在梅里曼身旁,他脸部中弹,下巴被打穿了,在等着梅里曼被处置

---

① Merriman(1937), at 29 Febrero.
② Merriman(1937), at 29 Febrero.
③ Merriman and Lerude(1986), p. 76.

好。"我们将被送往罗梅拉尔的美国医院。"①

在从科尔梅纳尔到罗梅拉尔的三个半小时的车程中，梅里曼一直在救护车的地板上颠簸着，那位受伤的军官帮他固定着他的胳膊。他们看到巴斯基和他的团队穿着湿大褂在做手术，但拉赫曼确保高压灭菌器一直在正常运转。护士丽尼·富尔（Lini Fuhr）回忆道："我剪开了在来西班牙的路上和我一起跳过舞的小伙子们的衣服。"②

林肯营其余的人对平加龙山的进攻，也没有取得更好的战果。他们不仅遭遇到正面火力的阻击，还遭遇到赫伯特·马修斯所说的来自右侧的"十足凶残的交叉火力"的袭击。"结果几乎毫不夸张地可谓一场屠杀。"林肯营的400人中，127人阵亡，175人负伤。攻击以失败而告终。③乔皮奇曾以抗拒他那致命的攻击命令为由，试图将林肯营送交军法审判。在接下来的18个月中，他还将继续指挥该旅。

英国营在混战中遭到了惨重损失。来自切尔西（Chelsea）的一名雕塑家贾森·格尼（Jason Gurney），在一天下午的侦察行动中，看到了一幅极其残酷的景象：

> 我才走出大约700码，就遭遇到一幅我从来没看见过的无比悲惨的场景。我看到了一群伤员，他们被抬到一个并不存在的战地急救站后，就被遗忘在那里。大约有50副担架，但很多人已经死了，剩下的人大部分在天明之前也将死去。他们都受了令人惊骇的重伤，大多是大炮造成的。一个犹太小伙子，

---

① Merriman（1937），at 29 Febrero.
② 引自 Carroll（1994），p. 104。
③ Matthews（1938），p. 224.

也就18岁左右,平躺在地上,他的肠子从肚脐处流出,一直垂到他的外阴处。肠子呈棕色泛着粉色的一堆,惨不忍睹。成群的苍蝇在他的肠子上飞来飞去,使他不时轻微地抽搐一下。他的神志完全清醒。另一个人整个胸膛上分布着九个枪眼。我握住了他的手,直到那手完全松软下去,他死了。我从一个人身边走到另一个人身边,但丝毫无能为力。没有人哭泣,也没有人叫喊,只是他们全都呻吟着要喝水,可是我一点儿水也没有。他们痛苦万状的样子和我帮不上忙的无助感,使我内心充满了惊骇,我感觉自己受到了某种永久性的精神创伤。①

共有16000名士兵,既有共和军也有国民军,在为期三个星期的雅拉玛战役中死伤——相当于自马德里的大学城战役直到1937年1月的伤亡数字。②国民军的最前线跨越了雅拉玛河,但共和军将他们阻挡在那里,使他们再也未能向首都推进一步,这一新态势一直僵持到战争结束。接下来的一场战役在马德里东北方向的瓜达拉哈拉打响,将考验墨索里尼的意大利兵——在领袖的想象中,他的这些志愿者就是新罗马军团。

---

① Gurney(1974),p. 114.
② Coverdale(1974),p. 56.

第七章
老家园

像战争年代成千上万的其他西班牙共和军战士一样,罗伯特·梅里曼被打碎的肩膀——伤口及周围的一切——很快就被石膏绷带固定了起来。他的石膏夹呈直角从他的体侧伸出,就像一只折断的翅膀,这样他的肩关节就可以在无压迫的情况下痊愈了。外科医生称之为飞机夹板。由于医院里的巴黎石膏用完了,梅里曼的石膏夹是用掺砂石灰膏制作的。巴黎石膏是一种分量轻、凝结快的石膏灰泥,是因蒙马特尔高地下面古老的石膏矿而得名的,那里为开采石膏而挖掘的隧道后来成了巴黎的地下墓窟。梅里曼用的石膏灰泥要重得多,本是建筑用品种。他感到很沉。

将开放性创伤,如[露出骨头的]有创骨折密封在石膏之下,是西班牙内战中一项重大的救命性创新。早先,在第一次世界大战中,令人震惊的是,遭受骨折的美国士兵中46%的人都永久性致残,12%的人死亡。与之相反的是,在西班牙战争中,富有创新精神的加泰罗尼亚医生何塞·特鲁塔·拉斯帕尔(José Trueta Raspall)治疗并追踪的1073件感染性骨折系列病例中,91%的伤员都令人满意地治愈了，致残率为8.5%，只有6人（0.5%）死亡。①

将有创、感染性的骨折密封在石膏内，而不是进行暴露消毒，是源于美国内布拉斯加州的林肯市的一项医学创新。内布拉斯加的外科医生 H. 温纳特·奥尔（H. Winnett Orr）是美国矫形外科学的先驱之一。他作为美军医官，在威尔士和法国的医院服役后，于20世纪20年代发明了这项技术。奥尔曾在回忆录中写到过他在威尔士首次看到战争中的伤亡人员时的情景："我们瞪大眼睛看着战争创伤极其严重的特征，简直不敢相信这种物理损伤是多么广泛。感染的状况令人震惊。巨大的裸露的伤口，骨头和关节都浸在脓汁中。在那些幸存下来的人们身上，气性坏疽的破坏力都留下了一些可怕的迹象。"②

19世纪利物浦有一位富有趣味的外科医生，名叫休·欧文·托马斯（Hugh Owen Thomas），是一个世系漫长的威尔士接骨师家族的后代，奥尔是他的仰慕者。维多利亚时代，托马斯在利物浦贫民窟的穷人中行医，当时对臂、腿骨折的标准疗法就是截肢。托马斯则相反，强调固定伤肢——为此他发明了托马斯夹板。他的格言是："强制的、不间断的长期休息。"③ 有一条直线将托马斯与奥尔联系起来：托马斯有个外甥罗伯特·琼斯（Robert Jones），曾在利物浦舅舅手下受过训练，"一战"初期被任命为英国和爱尔兰的骨科军医巡视员，他招募了20名在美国于1917年4月参战前志愿帮助英国的美国骨科医生，其中就有奥尔。

尽管琼斯暗地里显示了赞同，奥尔清洁、包扎，然后用石膏固定有创骨折的主张，在他服役的军队医院里还是遭到了英国和美国

---

① White（1943），p. 381.
② Orr（1921），pp. 16–17.
③ Thomas（1878），Preface to Second Edition, p. iii.

外科医生的敌视和反对。他们说，用石膏覆盖开放性创伤，会导致任何感染都得不到处理，有致死病人的危险。奥尔当时只是个上尉，只好断了念想。然而，到战争即将结束时，他的机会来了。当时他已是位于法国萨沃奈（Savenay）的美军主要医院的骨科主任。萨沃奈医院则是所有美国病员和伤员撤回美国时的中转站。从1918年7月到1919年3月，萨沃奈医院共处置了超过60000名美国伤员，其中18000人都受了骨伤或关节伤。①

"刚到萨沃奈没几天，"奥尔狡黠地写道，"我们的夹板就用光了……由于我本人青睐石膏做固定用料，石膏于是得到了广泛应用。甚至大量脊椎受伤或骨折的伤员，为转运回美国，都打上了巴黎石膏……我们从未听说这种方法出过什么严重后果。实际上我们听到过的唯一抱怨是，石膏夹里偶尔会发现虱子。"美国军医总监部因返回部队的伤员处于"最佳状态"而嘉奖了奥尔。②

但1927年，奥尔在给一群矫形外科医生做报告时，讲的却是不同的情况，他承认自己在顶撞权威方面要懦弱一些。"在法国期间的某一阶段，"他说，"重担落在了我肩上，我要给数以千计在法国受了骨伤或关节伤的美国士兵打上石膏夹。当我把伤员们送上返回美国的船时，如果不在任何人的石膏夹上开个小窗以供开放性创伤的日常敷药，我恐怕就会受到申斥甚至更糟，所以那时候我不敢想象像现在这样做。然而后来的观察仍表明，假如那些伤员按照今天提倡的办法处置的话，也就是说打上密封的石膏夹，让他们在整个返回美国的过程中，甚至更长的时间里不受打扰的话，他们中大多数人将痛苦更轻、并发症更少、最终效果更好。"③

---

① Orr（1921），p. 35.
② Orr（1921），p. 38.
③ Orr（1927），p. 735.

第七章 老家园

也许是因为胆小，奥尔在军医界没有成功，直到1919年回到民用医疗界，才开始推广起他的石膏夹疗法。他的一个病人估算道，在接下来的十年里，他写了"将近200篇论文……做了500多场讲座，许多都用电影和幻灯片演示了实例"。① 外科医生大多是保守者，大多无视他的疗法，但在加泰罗尼亚，他促成了决定性的改变。

何塞·特鲁塔是巴塞罗那的圣克鲁乌医院（Hospital de la Santa Creu）的一名外科医生。他还有一些社会兼职，包括担任一家事故保险公司的首席外科医生。在西班牙，这样的保险公司都会为它们保险的工人开办医疗诊所。特鲁塔治疗过受伤的工厂工人和道路交通事故的伤者，这大概是他关注到奥尔的论文的原因。他决定试试奥尔的疗法：把骨折的骨头调整到正常的位置（"复位"），切除瘀伤和感染的组织（"清创"），将伤口用消毒纱布包扎好，然后给伤肢打上石膏夹，将伤口封闭并使石膏夹保留两个月或更长的时间，使伤口和骨头愈合。"起初我只对不重的伤势采用这种办法，"特鲁塔写道，"但是效果令我深受鼓舞，于是我又将这种办法用于严重的胫骨和腓骨有创骨折，结果也非常令人满意。"②

这种方法的一个很实用的优点是，排除了用消毒剂清洗裸露的伤口的日常护理常规。但也有一个缺点，特鲁塔写道，"就是石膏夹很快会因为污染而发出令人无法忍受的恶臭"，伤口将其"组织分解的产物"（外科医生们雅致的称呼）排入包扎的纱布中，再被石膏吸收。③ 后来，在战争中，打着特鲁塔的石膏夹的伤员们会被赶进一个专门的病房，让他们在一起散发臭味，或者，在天气较好的时候，让他们待在室外。他们身上散发着像死人一般的气息，但

---

① White（1943），p. 387.
② Trueta（1939b），p. 1452.
③ Trueta（1980），p. 63; Trueta（1939a），p. 29.

是，一位很有声望的美国外科医生在战时巡游巴塞罗那医院时发现："当石膏被清除后，下面露出的是粉红色的、肉芽发生良好的相当不错的伤口。"①（肉芽组织是组织基质，是伤口愈合时填充裸露的伤口的新生组织。）

特鲁塔在提交给巴塞罗那外科学会（Surgical Society of Barcelona）的一份报告中总结道，到1929年时，他已经治疗了100多个这样的病人。然而像奥尔一样，他的激动人心的成功故事"却并没有得到很好的接受……在西班牙内战爆发前的七年中，我一共也没说服几个医生尝试我的方法"。②

与此同时，特鲁塔还想出了将奥尔的疗法进一步拓展到骨折之外的新应用。他写道："1929年年底时……我通过简单推理就认定，如果这种治疗慢性感染的骨头的方法几乎总是有效的话，那么将它作为新近的开放性创伤感染的预防手段，就没有理由不成功。"特鲁塔意识到，他可以采用奥尔的办法来治疗大创伤，无论是否有骨折。清洁伤口，用纱布包扎，再打上石膏夹，就可以坐等其愈合了。后来，当佛朗哥即将胜利时，特鲁塔逃离了西班牙，设法来到英国，成了一个流落到陌生地方的陌生难民，他将奥尔的贡献最小化，以荣耀自己的简历（他最终获聘牛津大学的矫形外科学教授）。其实他本不需要这样做的，他的创新是实质性和革命性的。③

战争检验了特鲁塔的新疗法。作为巴塞罗那最大的医院的首席外科医生，他大规模地运用了他的石膏夹技术，并保留了他的疗效记录。他起初治疗受伤的民兵，当轰炸开始后，也治疗受伤的平民。

---

① Coni（2008），p. 55.
② Trueta（1939b），p. 1452.
③ Trueta（1980），p. 63.

他在加泰罗尼亚的医学杂志上发表了两篇论文，还写了一部教材。①

然而，甚至这些都不足以说服特鲁塔的外科医生同僚们。凭借他的同事、共和军首席外科医生华金·德哈考特·戈特（Joaquin de Harcourt Got）博士的坚决干预，特鲁塔的疗法才得以在西班牙共和国的医院里实施。在1937年12月到1938年2月进行的特鲁埃尔（Teruel）大战中，德哈考特试验了特鲁塔的体系。他和他的助手们按照特鲁塔的规程治疗了大约100名伤员。特鲁塔写道："我的朋友回到巴塞罗那后，告诉我他对结果非常满意。"② 在那之前，罗伯特·梅里曼在他巨大的石膏飞机夹板之下生长着肉芽组织。

在马德里报道西班牙内战的外国记者，大多住在佛罗里达饭店（Hotel Florida）。这座相对较新的饭店有着婚礼蛋糕状的大理石外立面，有200多间带独立卫生间的房间，是1924年开张于市中心西面格兰大道上的卡亚俄广场（Plaza de Callao）的一座现代化豪华宾馆。这里距大学城前线只有两英里，乘有轨电车即可到达，但这还不是饭店最吸引人的地方。最吸引人的是热水。这种舒适是马德里几乎任何其他地方都享受不到的，然而是有代价的：佛罗里达饭店处于田园之家加拉比察山上国民军大炮的射程之内。欧内斯特·海明威回忆道，饭店"正面最好的房间每天房费为一美元"，而海明威居住的"远离炮火的背面较小的房间，还要贵得多"。③

战争造成了其特有的变幻无常的经济。赫伯特·马修斯曾经描述过一顿午餐，"因一瓶1918年的唐多尼亚（Tondonia）白葡萄酒而变得优雅"，因为普通的佐餐红酒早就不见了。对这位《纽约时报》

---

① Trueta（1939b），p. 1452.
② Trueta（1980），p. 66.
③ Hemingway（2003），p. 282.

记者来说，对稀有葡萄酒的回忆，"是战争中令人难忘的事情之一"。香烟存货的飘忽不定，也加剧了人们对伙食不好的印象。马修斯写道："便宜的烟卷早在1月就见不到了，所以我们只能抽花冠（Corona）、奥约德蒙特利（Hoyo de Monterey）、帕塔加斯（Partagas），甚至更稀有的牌子。实际上，随着时间推移，香烟的牌子越来越好了……我写到那段时间了，真是充满感情，因为我爱抽烟，战争期间马德里真是烟民的天堂。"然而战时条件下，什么都是靠不住的。"某一天商店里似乎都充满了货品，但过不了几天，货架上就像是被巨大的扫帚扫过一样空空如也。好多东西都出现过这种情况——苏格兰威士忌、咖啡、雪梨酒、肥皂（有一天早上我们醒来时，整个马德里一块肥皂都买不到了）。火柴早在12月就消失了，接着突然之间，想给打火机买个火石，就变得不可能了。"①

某件商品的匮乏可能是暂时的，也可能是长期的。马修斯写道："人总得想法活下去。在被围困的情况下，平时一些无疑不可想象的事情就变得自然而然了。"这其中就包括马德里猫的命运。马修斯说，"当我提及冬天因为没有任何其他肉，结果我吃过几次猫肉时"，给他妻子"留下了深刻印象"——他恐怕是仔细斟酌过才选用了这种说法——"猫肉的味道就像兔肉一样，总体来说还是可口的。当然，我们吃猫肉的时候并没有觉得自己受了多大苦。"②

如果说记者和其他外国客人受到了急于争取国际援助的政府的殊遇的话，西班牙的平民百姓也体验了一把几百年来都被上层社会独享而将他们排斥在外的奢侈。马修斯记述道：

---

① Matthews（1938），pp. 190–191.
② Matthews（1938），p. 190.

战争第一个冬天的苦难非常实在。然而每天早晨我步行前往电话大楼时……却看不到多么能让我意识到苦难的景象，只除了购买食品的长队。沿着卡斯特利亚纳大街，孩子们在欢快地抽着陀螺，女人们在兴奋地聊着天，男人们则买份报纸，踱进咖啡馆里，喝着早安咖啡，吃着"西班牙油炸面包棍"（churro），而街上来来往往的有轨电车里挤的全是工人阶级。但我看见的那些男男女女，都不是时尚人士，甚至连小资都不是。他们全都是衣衫褴褛、外表粗野的无产阶级，自西班牙有史以来第一次享受到了以往由少数贵族、地主和教士垄断的财富。①

马修斯因为对马德里周边重大战役的生动报道，赢得了那年冬天留在西班牙的机会。在1937年2月首都以南雅拉玛山谷的战事陷入僵局后，墨索里尼的意大利军队试图攻占马德里东北35英里处的瓜达拉哈拉，切断马德里在那个方向的对外联系。假如莫拉将军当初在发动雅拉玛攻势前，等一等意大利人就位，两军就可能形成夹击之势，攻陷首都。不过，国民军与意大利人之间的"爱情"并没有受到损害，尤其是在2月的第三个星期，当莫拉进攻雅拉玛的部队已成强弩之末，而意大利人却拒绝在马德里以北发动佯攻之后。②

意军司令马里奥·罗阿塔（Mario Roatta）在轻而易举地攻占了马拉加后，以为在瓜达拉哈拉也能轻松取胜。1937年3月8日，尽管天气寒冷，大雨滂沱，他仍然沿萨拉戈萨—马德里公路发动了进攻。意军投入了两个摩托化师——利托里奥师（Littorio）和黑箭

---

① Matthews（1938），p. 188.
② Coverdale（1974），p. 56.

师（Black Arrow）——约35000人，有2000辆卡车、200门重炮、8辆装甲车和81辆轻型快速坦克。① 缺乏训练的新兵们从未见识过战斗。马修斯写道："他们本以为三天内就能拿下瓜达拉哈拉，然后沿平原迅速推进到巴拉哈斯机场正东边的埃纳雷斯堡（Alcalá de Henares），到了那里，首都的对外联系实际上就被切断了。"② 狭窄的道路泥泞不堪，严重影响了意大利人的行军速度，尽管他们乘坐的是机动车辆，却行进得既缓慢又辛苦——第一天只推进了五英里，第二天八英里——这给了防御者时间，将兵力从雅拉玛北调来对付他们。③

3月12日，共和军对意大利军队实施了空袭。50架共和军飞机突然从低矮的云层中现身，向意大利人的纵队投下了500颗威力巨大的重100磅或200磅的炸弹，随后还进行了扫射。意大利人惊慌失措，丢下了一切，四散而逃。④ 到3月14日晚间，共和军收复了这一地区，据马修斯报道，还缴获了"大量弹药、许多机枪、许多卡车、八门大炮……甚至粮食和被服都被［意军］丢弃了。其中他们丢下的香烟，一部分运到了马德里，当晚我就又抽上了马其顿烟"。⑤

1937年3月初，年方25岁的英国护士佩兴丝·达顿（Patience Darton）从伦敦乘飞机而来，迅速地投入了护理既病且伤的国际旅英国营营长的工作中。汤姆·温特林哈姆（Tom Wintringham）在雅拉玛战役中大腿受了伤，继而又感染了伤寒，在巴伦西亚一家肮脏不堪、人手不足的医院里日渐衰弱。一个名叫姬蒂·鲍勒（Kitty

---

① Coverdale（1974），p. 59.
② Matthews（1938），pp. 255–256.
③ Miksche（1942），p. 20.
④ Miksche（1942），p. 20.
⑤ Matthews（1938），pp. 263–264.

第七章 老家园

Bowler)的身材娇小、聪明伶俐的美国漂泊者尽心尽力地照顾着他,俩人有了私情。温特林哈姆的事情发生时,达顿已经登记前往西班牙,她的护理技巧使她得以迅速成行。

达顿出身于一个英国中上阶层家庭,但因为父亲经营出版业失败而家道中衰。她在伦敦的贫民区做过护士和助产士,目睹过很悲惨的贫困状况。她认定,这样的公共卫生状况是很不充分的,"这样根本不行,我们甚至都没有触及问题的边缘"。①1935年她听 J. B. S. 霍尔丹做过一次报告,使她对政治产生了兴趣。那天,当霍尔丹来到时,她、另一名护士和一个男性搬运工,就是屋子里的全部听众。曾做过无数次公开讲演的霍尔丹,近乎一言未发。"他瞥了一眼蜷缩在屋子另一端的我们三人,"达顿回忆道,"然后他走过来坐下,说:'把你们的椅子转过来,咱们围成圈坐。'他摘掉了领带,解开了衬衫的扣子,这让我们大为吃惊,你知道,我们想不到任何人会这样做,而他还是做了一个非常精彩的报告——他实在是太棒了。"②霍尔丹谈到防治结核病问题,说不仅要采用当时采用的疗养治疗法,那是穷人负担不起的,而且要通过改善食品和卫生状况等社会进步手段。西班牙战争爆发时,尽管达顿"没有参加任何政治组织",但她认定:"他们在做事。他们都不过是普通人,但他们起而采取了行动,我是个护士,我也能做些事情。"③她设法找到了西班牙医疗援助委员会的办公室,在那里报了名。

"当这位护士来护理汤姆时,她引发了轰动,"另一位志愿来到西班牙的英国年轻姑娘凯特·曼根(Kate Mangan)回忆道,"她叫佩兴丝,是个可爱、热心的人。她身材高挑、瘦削,显得纯洁无

---

① 引自 Jackson(2012), p. 20。
② 引自 Jackson(2012), p. 16。
③ 引自 Jackson(2012), p. 22。

瑕。她那一头浓密的淡褐色头发梳成了一个圆髻,但通常都会被一个白方巾遮住。她的面孔率直而热情,长着一张宽厚的嘴,一只相当大的鼻子和非常动人、蓝晶晶的眼睛……她看上去正是那种你梦想中的美丽的医院护士。"[1]

达顿不仅美丽,也同样能干。她在从巴伦西亚给一位朋友写的信中,直言不讳地批评了温特林哈姆所处的恶劣环境:

> 我发现可怜的汤姆在这座糟糕的医院里处境很差。他发着高烧,但住的地方很脏,到处是苍蝇,厕所不知哪里堵住了,墙上全是屎尿。我对此持悲观态度。照顾他的美国姑娘什么也不懂。他真是可怜,身上很脏,到处都疼,实在是惨不忍睹,我想到的第一件事居然是用温水给他洗个海绵浴。[2]

更糟糕的是,温特林哈姆非常瘦弱。西班牙医生仍然认为,伤寒病人在患病期间如果正常进食,则有肠穿孔的危险,所以只允许他们吃仅够维持生命的食物。达顿来自一家英国教学医院,并且亲自调查过这个问题,她更为懂行。她说:"如果你第二个星期没有穿孔,那你就不会穿孔了——那个阶段就过去了,你最好是进食,因为伤寒病人需要很长时间才能恢复,他们都饿得要死。"[3]

达顿和鲍勒忙了起来,鲍勒在巴伦西亚到处搜寻新鲜食品和能防苍蝇的网,达顿则给这位英国上尉喂饭和洗澡。"一个医生大发雷霆,还要我在一张表格上签字,说我要为他的死负责。"达顿回忆道。西班牙医生认为洗澡像吃饭一样,对伤寒病人来说都是危险的。

---

[1] 引自 Jackson(2012),p. 30。
[2] 引自 Purcell(2004),p. 140。
[3] 引自 Jackson(2012),p. 27。

达顿还发现温特林哈姆的伤口缝合得太紧了，这导致了组织坏死和感染，是他发高烧的原因。她除去了先前的缝合线，为他排干了脓肿，又给他重新缝合起来。她还设法将温特林哈姆转移到巴伦西亚另一处更专业更干净的"热情之花军事医院"（Pasionaria Military Hospital）的一间单人病房里。温特林哈姆的身体很快就有了起色。

大约与此同时，欧内斯特·海明威终于完成了《有钱人与没钱人》，来到了西班牙。他于2月27日登上了"巴黎号"轮船，来为北美报业联盟（North American Newspaper Alliance）报道西班牙战事。合同非常诱人，每篇电讯500—1000个单词，每个单词1美元——这几乎相当于今天的13美元。他在巴黎逗留了一星期，为他的伙伴和杂役、年轻的美国斗牛士西德尼·富兰克林（Sidney Franklin）解决了护照问题。然后，他和荷兰纪录片导演尤里斯·伊文思（Joris Ivens）一起，于1937年3月16日从图卢兹飞到阿利坎特，协助伊文思拍摄他的纪录片《西班牙的土地》（The Spanish Earth）的最后一些镜头。这部纪录片由阿奇博尔德·麦克利什（Archibald MacLeish）和莉莉安·海尔曼（Lillian Hellman）撰写脚本，是共产国际的一个秘密项目，伊文思本人则是共产国际的一名特工，然而海明威和他的美国赞助者们对此并不知情。不过伊文思与共产国际的联系最终也没有多大影响，这部电影只不过是充满同情地描绘了激战中一个村庄集体的生活场景，是为帮助西班牙共和国筹集资金，以支持其为生存而战。①

英国诗人斯蒂芬·斯彭德（Stephen Spender）1937年时26岁，当海明威路过巴伦西亚时，他恰好也在那里。斯彭德尽管很年轻，却已经出版了四部诗集和一部诗歌评论集，享有国际声誉。他

---

① Koch（2005），p. 61.

来西班牙主要是为了寻找或许也为了营救一位前情人——名叫托尼·海因德曼（Tony Hyndman）的年轻老兵，也就是斯彭德的自传《世界中的世界》（*World Within World*）中的"小吉米"（Jimmy Younger）①。海因德曼在斯彭德中断了他们长期的关系之后，加入了国际纵队，逃往西班牙。为了证实海因德曼在西班牙，斯彭德接受了巴伦西亚的一个职位，担任了社会党广播电台的英语节目的负责人。这位年轻诗人尽管情感生活极其复杂——在与海因德曼分手后不久，他就和一名年轻的牛津大学学生伊内兹·佩恩（Inez Pern）结了婚。在俩人认识的第二天，他就向伊内兹求了婚②——但他是个活跃的反法西斯人士，而且早在20世纪20年代末他和克里斯托弗·伊舍伍德（Christopher Isherwood）在魏玛时期的柏林研究卡巴莱（cabaret）歌舞时，他就已经是了。

令斯彭德失望的是，巴伦西亚广播电台台长根本没什么事可让他做。共和国政府正着手解散战争最初几个月自发而起的所有临时性组织，要在中央政府控制下重组它们的活动。斯彭德找到了海因德曼，他随国际旅参加了雅拉玛战役。斯彭德写道："他穿着军装，看上去很年轻也很健康，皮肤晒得黝黑。我们走到了咖啡馆外的广场上，我随即意识到这种身体上的健康掩盖了精神上的极度紧张。我们刚一出门，他就急切万分地对我说：'你一定要把我从这儿弄出去！'"海因德曼尝过了打仗的滋味，再也不想打了。"接下去他解释道，他的思想完全变了。他是一时冲动来了西班牙，但是现在他明白了，他不想为共和国而死。"③斯彭德不知道自己能否安排海因德曼退出国际旅返回英国，但他答应试一试。由于巴伦西亚是共

---

① Spender（1951）.
② Spender（1951），pp. 224–225.
③ Spender（1951），p. 242.

和国政府临时所在地,斯彭德留在了那里,偶尔写篇文章,和记者们一起住在维多利亚饭店(Victoria Hotel)。

就是在那里,3月中旬,斯彭德遇到了海明威。当时海明威正坐着小汽车经过那里前往马德里。在阿利坎特,海明威看到一些家庭在庆祝瓜达拉哈拉大捷,即使他们正要为奔赴战场的儿子们送行。他写道:"于夜色中进入巴伦西亚,穿过了长达几英里花儿盛开的橙子林,尽管路上尘土飞扬,仍掩不住香橙花既浓郁又强烈的香气,这使得这位昏昏欲睡的记者感觉像是在参加一场婚宴。但是,即使在半睡半醒之间,透过尘土看着灯光,你仍然能明白,他们并不是在庆祝一场意大利式婚礼。"[1]

这位小说家兼战地记者时年37岁,身高1.83米,结结实实地重90公斤以上,似乎给所有见到他的西班牙人都留下了庞然大物的印象。[2] "一个满头黑发、胡须浓密、两手毛茸茸的巨人,"斯彭德这样描述他,而且补充了他的行为,"他乍一看就像是在扮演海明威笔下的某个主人公。"令斯彭德感到奇怪的是:"这样一个人,艺术隐藏在外表的粗犷之下,像屠格涅夫一样多思和敏锐,可是从他的外在行为,怎么一点儿也看不出他的内心情感呢?"[3]

在一天下午的漫步中,他看明白了海明威的行为。他们在一家书店里停了下来。斯彭德不知道他该不该买司汤达的小说《巴马修道院》(*The Charterhouse of Parma*)。"海明威说他认为,书中一开始讲述主人公法布里斯在滑铁卢战役中迷失了方向,四处游荡的那部分……或许是对战争最好,尽管明显也是最随意的文学描述。"海明威继而谈论了对司汤达的看法,其洞察力给斯彭德留下了深刻印

---

[1] White(1997), p. 258.
[2] 欧内斯特·海明威于1899年7月21日出生于美国伊利诺伊州橡树园市(Oak Park)。
[3] Spender(1951), p. 251.

象。"他认为文学不仅仅是'好的写作',而且是纸上的文字与文字内部或超越文字的生活——战争、风景或爱情——不间断的相互关系。"①

这时斯彭德犯了个错误,引用了莎士比亚的话,导致海明威关上了话匣子。"'你跟我提什么莎士比亚?'他不快地问道,'你难道没看出我根本不读书吗?'他转换了话题——好像是说起了拳击?"俩人继续漫步,海明威告诉斯彭德,他来西班牙是"为了看看他是否已丧失了在战争条件下的勇气",这种勇气是他在上次世界大战中形成的——他说的战争体验,大概是指轰炸和扫射,因为变化并不大。这时他们来到了一个小酒馆。"我们走了进去,看到一些吉卜赛艺人。海明威抓过了一把吉他,开始唱起西班牙歌曲。他又变成了那种海明威笔下的人物。"②

当隐藏的焦虑像脓肿一样深深地折磨着海明威时,显然斯彭德身上的某些东西至少不时地使他感到惬意。西班牙本身也是如此,他热爱这个国家,而且来这里是为了报道战争,这正是他的拿手好戏。无论出于什么原因,两位作家很是投契。一天晚上,在参观了热情之花军事医院后,他们坐在一个咖啡馆里,和一个名叫佩兴丝·达顿的年轻美丽的英国护士一起喝了杯干邑白兰地。

斯彭德瘦削的帅气和海明威的壮硕,都令达顿非常着迷:

> 斯彭德个子很高——大约有6英尺2英寸,说话时老是说"我的天哪"。他很甜也很文雅,但他的思想被他那和平主义的本性撕裂了——他杀不了任何人,也厌恶战争,可他又认为这

---

① Spender(1951),p. 252.
② Spender(1951),p. 252.

场战争是欧洲反抗法西斯统治的唯一希望。他有一双明亮的蓝眼睛，就像一只刚出生的小猫一样，以一副迷惑、摸索的表情，面对着这个血腥的世界。海明威是个壮硕的庞然大物，长着粗粗的脖子，脖子后面的背上是一圈厚厚的肉。他很有魅力，也很谦逊——似乎真的是这样。他的下巴在世界大战中受了伤，说话时有些迟疑。①

不知是出于娱乐还是出于轻佻，海明威说起他1918年7月在战争中所受的伤时，对达顿瞎扯起来——尽管他的伤很严重，却是在腿上。奥地利人的一颗迫击炮弹在距他不远处爆炸了，弹片杀死了恰好站在他和爆炸点之间的两个意大利士兵，只有小弹片削去了他的部分头皮并钻进了他的手里，但他的下巴并没有受伤。海明威无疑是很迷人的。美国影星奥森·威尔斯（Orson Welles）曾这样回忆他："你从他的书里从来看不出的，就是他有多幽默……这家伙实在是太滑稽太有趣了。"②在西班牙和海明威一起工作过的人都记得，他甚至有时候很谦恭。他在和伊文思一起去前线深入壕堑时，显得很能干。纪录片中有一个他帮助西班牙新兵清理卡壳的步枪的镜头，他的一双大手拉起枪栓来非常熟练。

令达顿很意外也很高兴的是，那两个人居然听得进她的意见：

> 我们谈到了书，我说我真想要一本《牛津英语诗集》（*Oxford Book of English Verse*）。他们俩都表示同意，斯蒂芬说他想直接从《圣经》里读那些诗。海明威说："你真的这么干

---

① 引自 Jackson（2012），p. 31。
② BBC 的迈克尔·帕金森（Michael Parkinson）1974年对奥森·威尔斯的采访，www.openculture.com（可在线观看）。

过吗?那的确是一本好书——你会发现所有人都在从那里面寻章摘句。"斯彭德说他已经丧失了保持道德标准、文明和文化的必要感。他说对这个世界来说最好的事情——也是这个世界唯一的希望——就是用它自己的武器同它战斗。我说我没法接受这样的观点,他俩都同意也许我是对的。①

在温特林哈姆康复期间,还有一个来看望他的人是 J. B. S. 霍尔丹,他利用假期回到了西班牙。他在伦敦大学学院任教,是寿命预测——也就是生物统计学——的教授。达顿听见了两人的长谈,其中不时夹杂着大喊大叫。霍尔丹这时已经不再调查毒气,而是研究起挖防空洞的技巧。西班牙是个矿产丰富的国家,因而矿工也多。到1937年2月时,共和军已积聚了大量苏联提供的防空武器,结束了1936年年末德国和意大利飞机狂轰滥炸的局面。② 利用这一缓冲期,矿工在马德里、巴塞罗那和共和军防御的其他城市挖掘了大规模的防空洞体系。霍尔丹研究起这些防空洞,因为他相信伦敦也需要这样的防空设施,以在下一次世界大战中顶住恐怖的轰炸。

斯彭德的前情人在一个臭气熏天的军事监狱度过了一段时日,又因为精神紧张而患上了胃溃疡,但是英国诗人从行刑队的枪口下把他救了下来,并最终把他送回了家。于是斯彭德本人也回了家。

海明威、伊文思和富兰克林于3月19日动身前往马德里。为他们开车的是一个叫作托马斯的身高只有1.5米左右的司机。他喝得醉醺醺的,一路上车弄得险象环生。海明威在给北美报业联盟的一篇电讯中写道,托马斯看上去"尤其令人讨厌,他是个已经充分发

---

① 引自 Jackson(2012),p. 32。
② Haldane(1938),p. 71。

育的侏儒，就仿佛穿着蓝色工装从委拉斯开兹的画里走出来的一样"。① 他们于3月20日或21日安然无恙地到达了马德里。海明威登记入住了伊文思预订的宾馆佛罗里达饭店。富兰克林忙着去置办给养。海明威和伊文思巡游了瓜达拉哈拉和其他战场，会见了一些打了胜仗的法国和意大利国际旅部队和他们的指挥官。

墨索里尼的罗马军团从瓜达拉哈拉后撤了，如果说他们有什么感觉的话，那也绝对不会是胜利的感觉。海明威第二天就给北美报业联盟发了份电讯，生动地描述了他们的损失：

> 沿途堆满了被丢弃的机关枪、高射炮、轻型迫击炮、炮弹和成箱的机枪子弹。抛了锚的汽车、轻型坦克和拖拉机则停在绿树成排的道路旁。在俯瞰着布里韦加（Brihuega）的高地的整个战场上，到处散落着信件、纸张、干粮袋、野营餐具、挖壕沟的工具，到处是死人。
>
> 炎热的天气使所有死人看上去都差不多，但这些意大利死人的脸却呈蜡状的灰色，他们躺倒在寒冷的雨水中，看上去很小也很可怜。有一颗炸弹炸死了三个人，他们看上去都不像成人，倒像是很奇怪地破损了的洋娃娃。一个洋娃娃没了脚，满是胡子茬的苍白的脸上毫无表情。另一个洋娃娃半个脑袋被削掉了。第三个洋娃娃被炸成了好几段，就像是在你口袋里折断了的巧克力棒。②

与海明威同时代的美国记者弗吉尼娅·考尔斯（Virginia

---

① Hemingway（2003），p. 286.
② Watson（1988），p. 19.

Cowles）说，海明威"在西班牙备受推崇。所有人都视他为'大爷'。他是个身材魁梧、面色红润的人，穿着一条脏兮兮的棕色裤子和一件破烂的蓝衬衫，在马德里四处走动。'这些都是我自找的，'他会抱歉地咕哝道，'就连无政府主义者都越来越鄙视我了。'"考尔斯还注意到，当前线沉寂下来时，海明威"时常会悄悄地设法借些子弹，到乡下去打野兔子"——她暗示说，这是海明威迷恋死亡的一个迹象。① 在这个马德里人近乎挨饿而马德里餐馆的菜品也少得可怜的时候，他在打猎。

这倒并不是因为海明威缺少过吃穿。由于他在西班牙享有的崇高声望，他获得了一名政府配给的司机、一辆旧出租车，还能获得军用汽油，加之西德尼·富兰克林善于搜刮，海明威的手里总是有吃有喝。美国小说家约瑟芬·赫布斯特（Josephine Herbst）回忆道："海明威的屋子里有一座高大的衣柜，里面装满了好吃的东西：火腿、培根、鸡蛋、咖啡，甚至还有橘子酱。"② 人们无疑都愿意围在他身旁，虽然他既有异国情调又很有名，但也没人不想分享他的食物和饮品。赫布斯特写道："在佛罗里达饭店，海明威有一种炫耀式的奢华，一种干脆的豪爽，但其背后也有一种吝啬。如有任何人让他感到破坏了他的原则，他都会很小气，甚至很残酷，但平心而论，只能说海明威忠实于他为自己树立的原则，而不是别的。他能够［为事业］贡献一辆救护车，却不能容忍［有人］耍心眼偷走几罐果酱。那不是勇士的行为。"③

赫布斯特认为，海明威如此奢华和炫耀，原因之一是他与玛

---

① Cowles（1941），p. 35.
② Herbst（1991），p. 137.
③ Herbst（1991），p. 151.

第七章 老家园

莎·盖尔霍恩（Martha Gellhorn）的"恋情进展顺利"。① 海明威的新女友和门徒有可能于任何一天从巴黎抵达这里。盖尔霍恩28岁，是个出生于美国密苏里州的记者，也是当时美国第一夫人埃莉诺·罗斯福（Eleanor Roosevelt）的朋友。她是1937年1月初在佛罗里达州基韦斯特岛上的邂逅乔酒吧邂逅海明威的。酒吧主人是海明威的一位钓鱼伙伴。海明威完成每天的写作任务后，下午经常骑着自行车来到这个露天酒吧喝上一杯，并读读他的信件。盖尔霍恩这样描述第一眼看到他时的形象："一个脏兮兮的大个子男人，穿着凌乱、还带些污渍的白短裤和白衬衫。"②

玛莎·盖尔霍恩像海明威一样，是一个医生的孩子。她的父亲乔治是从德国移民美国的妇科医生，死于此前一年——1936年1月。她和哥哥阿尔弗雷德及寡母一起造访了基韦斯特岛。海明威以为阿尔弗雷德是玛莎的丈夫，俩人是来度蜜月的，他认定自己在三天之内就能把玛莎和她的"小阿飞"拆散。③ 她被拿下了，但是并没有神魂颠倒，当她母亲和哥哥返回圣路易斯后，她留了下来，和海明威及其第二任妻子保琳（Pauline）一起在怀特海德街他们那又大又阴凉的西班牙殖民地时期的宅第里闲荡。她给她的良师益友埃莉诺·罗斯福写信称，海明威是个"非常古怪的家伙，但也非常可爱，充满激情，很善于讲故事"。④ 为什么保琳会容许一个聪明伶俐、容颜姣好、金发碧眼的天真少女侵入她的家，所有人都感到不解，也许原因是她不得不如此。

离开基韦斯特后，盖尔霍恩回到了圣路易斯，为她想写完的

---

① Herbst(1991)，p. 151.
② 引自Moorehead(2003)，p. 101。
③ 引自Moorehead(2003)，p. 104。
④ Moorehead(2006)，p. 45.

一本小说继续奋斗。海明威一路追她到迈阿密,和她共进牛排晚餐并调情,然后又通过信件和电话向她发动攻势。2月底时,就在海明威动身前往西班牙之前不久,他们终于在纽约走到了一起。这时她已决定也要去西班牙。《柯里尔》(*Collier's*)杂志一位友好的编辑查尔斯·科尔博(Charles Colebaugh)聘她做了特派记者;《时尚》(*Vogue*)杂志约她写一篇文章《中年女人的美丽问题》并支付了稿费,她捏着鼻子写了。"我要和小伙子们一起去西班牙了,"她告诉一位家庭的朋友,"我不知道那些小伙子是谁,但我要跟他们一起去了。"①

盖尔霍恩从安道尔跨越边境进入西班牙。这个袖珍小国在比利牛斯山脉东部,夹在法国和西班牙之间,只有15英里宽。"她只有50美元,也不会说西班牙语,"她的传记作者卡罗琳·穆尔黑德(Caroline Moorehead)写道。她乘一列没有暖气的火车到达巴塞罗那,在这个加泰罗尼亚首府花了两天时间观察和采访,然后她搭乘一辆拉弹药的卡车到了巴伦西亚。她在那里和西德尼·富兰克林取得了联系。富兰克林用一辆满载着"6只西班牙火腿、10公斤咖啡、4公斤黄油、100公斤橘子酱罐头,还有100公斤装在篮子里的橙子、葡萄柚和柠檬"的小汽车,将她带到了马德里。② 海明威旅行时很有气派。他曾向尤里斯·伊文思夸口说,他的新女朋友"腿自肩膀处开始"。③

关于盖尔霍恩的抵达,还有另外一种也许更可靠的说法,说她是和年轻的报联社(Federated Press)记者特德·艾伦(Ted Allan)一起,坐在政府专车的后座上,从巴伦西亚到马德里的。艾伦对盖

---

① Moorehead(2006), p. 107.
② Moorehead(2003), pp. 112–113.
③ 引自 Paul(2009), p. 134。

第七章 老家园

尔霍恩的传记作者伯妮丝·克特（Bernice Kert）说："我对她绝对动心，那迷人的微笑，那一头秀发，还有那美妙的身材。"按照艾伦的说法，富兰克林坐在前排的副驾驶座位上，时而不以为然地回头看看。作为保琳·海明威的崇拜者，富兰克林的确不喜欢盖尔霍恩。①

盖尔霍恩住进了她的情人隔壁的房间，由此加入了佛罗里达饭店的群体。长住佛罗里达饭店的客人中，海明威提到过的有赫伯特·马修斯、塞夫顿·德尔默、弗吉尼娅·考尔斯、尤里斯·伊文思、伊文思的电影摄影师约翰尼·费诺（Johnny Ferno）等人，还有"我所见过的最美妙品类也最繁多的夜女郎"。②饭店里除了记者外，还住着飞行员和他们的资助人，如安托万·德·圣埃克苏佩里（Antoine de Saint-Exupéry）、安德烈·马尔罗和阿根廷外交官拉蒙·拉巴列（Ramón La Valle）。

海明威将约翰·多斯·帕索斯从他的队伍中剔除了出去，尽管他们曾经是好朋友，也是拍摄《西班牙的土地》时的同事。他们的友谊在那年春天结束了，因为对何塞·罗夫莱斯（José Robles）命运的争执。罗夫莱斯是多斯·帕索斯多年的朋友和翻译，也是苏联驻西班牙秘密军事顾问团首脑弗拉基米尔·戈列夫（Vladimir Gorev）将军的副官。③罗夫莱斯于3月的某个时候被多斯·帕索斯后来所谓的"俄国特务"秘密处决。多斯·帕索斯在1939年时报道称，他们这样做是因为他们"认为罗夫莱斯对于西班牙陆军部和克里姆林宫的关系知道得太多了，而从他们极其特别的观点来看，罗

---

① Kert（1983），p. 296.
② McGrath（2008）.
③ Roper（2011），p. 3.

夫莱斯政治上也不可靠"。① 海明威对罗夫莱斯的死不予理会，多斯·帕索斯觉得他麻木不仁、不可原谅。

　　海明威在佛罗里达饭店的经历，为他的小说和新闻都提供了素材。一天晚上，在佛罗里达饭店的电梯上，他偶遇了一个喝醉了酒的"三个火枪手"组合——两名美国合同飞行员和一名西班牙飞行员，分别是弗兰克·廷克（Frank Tinker）、怀泰·达尔（Whitey Dahl）和何塞·"张"·塞列斯（José "Chang" Sellés）。塞列斯尽管有个中国绰号，但他的母亲却是个日本人。在廷克和塞列斯办完入住手续时，达尔正在往他们七层的房间里搬运大量的香槟酒，结果被困在了电梯里。廷克回忆道："大约两分钟后，一个满脸大胡子的大块头家伙走了过来，他也想上电梯，但是当他看见怀泰已经在电梯里后，他就等了一会儿，希望怀泰赶紧上去，或者下来。然而怀泰既没有上去也没有下来，于是那个大个子陌生人打开了电梯门，用西班牙语问他到底想干什么。怀泰没听懂他的话，用英语问他为什么刚才不打开电梯门，现在却站在那里满嘴龇牙。"海明威用"非常纯正的美语"回击道："人不应该进入陌生的电梯，除非他们确信能出去。"② 这场冲突最终像海明威所遇到的大多数冲突一样，以在作家屋里喝酒而结束。海明威的房间是112号和113号，在三层的背面。海明威认为那里是加拉比察山上国民军的大炮打不到的死角。③

　　海明威同飞行员三人组，尤其是廷克谈起了他的家事。廷克来自阿肯色州的德威特（DeWitt），离海明威妻子保琳的家乡皮戈特（Piggott）不远。那位阿肯色飞行员的传记作者写道："哪知［海明

---

① Koch（2005），p. 252.
② Tinker（1938），p. 111.
③ McGrath（2008）.

威〕和廷克曾在很多相同的溪流和小湾钓过鱼，在相同的猎场打过猎，知道很多相同的好玩的地方，也认识很多相同的当地人士。"①

在海明威发表于1938年的短篇小说《决战前夜》(Night Before Battle)里，怀泰·达尔变成了"阿秃"(Baldy)，"电梯里有个男人，身上反穿着一件白色的卷羊毛夹克衫，光秃秃的头皮微微发红，怒气冲冲的脸也一样涨红了"，电梯事件被放大成掺杂了些许恐怖和暴力威胁的滑稽场面。②阿秃喝得醉醺醺的，而且很好斗，正沉浸在他白天执行的任务所带来的惊恐中：他击落了一架容克-52，容克的僚机菲亚特又把他的战斗机的尾部打掉了，迫使他在雅拉玛上空跳伞，自由落体了6000英尺才把降落伞打开。

弗吉尼娅·考尔斯在一部回忆录中概括了佛罗里达饭店的那伙人：

> 我想世界上再不会有任何饭店吸引过比这更形形色色的外国人群体了。他们来自地球的各个角落，他们的背景故事读起来就像是一连串令人难以置信的冒险故事。这里有理想主义者也有雇佣兵，有无赖也有烈士，有冒险家也有逃兵，有狂热分子也有叛徒，还有些人就是普通的穷困潦倒者。他们就像是一堆奇怪的珠子，被一根共同的战争之索穿了起来。每天晚上你都能在佛罗里达饭店看见他们，有荷兰摄影师、美国飞行员、德国避难者、英国救护车司机、西班牙斗牛士和不同人种、不同国籍的共产主义者。③

---

① Smith and Hall (2011), p. 128.
② Hemingway (1987), p. 452.
③ Cowles (1941), p. 35.

瓜达拉哈拉大败后，佛朗哥从马德里后撤了。海明威在其3月22日致北美报业联盟的电讯中，正确地估计了元首所面对的形势。他写道："我研究了地形后，认为包围马德里现在已变得不可能，除非佛朗哥能获得比在布里韦加作战的级别更高的部队的支援。"然而与他的估计相反的是，共和国政府却在2月21日下令，所有年龄在23—27岁的男人都必须强制服兵役。① 海明威判断马德里"目前已得到极大巩固，以致不可能以直接攻势夺取该城"。② 随着佛朗哥的军队进攻、监禁和屠杀他的共和军敌人，他需要安抚国民，因此他在哪里作战倒并不重要，只要能守住他攻占的地方就行。于是他决定跳跃到北方，到比斯开湾的巴斯克自治区，到维多利亚（Vitoria）和毕尔巴鄂，到小镇格尔尼卡（Gernika，巴斯克人用西班牙语将其拼写为 Guernica），首先征服那一地区。

佛朗哥向北转移，这使共和政府坚信其能够进一步巩固首都。赫伯特·马修斯描述了政府的反应："如果你判断的前提是叛军逃跑了，而［共和军］是不可抗拒的，那么接下去的事情就是解除对马德里的围困，而朝这个方向前进的第一步就是将叛军赶出大学城。"马修斯评论说，最终共和军必须攻占加拉比察山，这是国民军能够以炮火随心所欲地骚扰马德里的堡垒。国民军也完全明白田园之家中的这座小山的重要性，整个冬天都用来加固这一战略要地的防御。③

共和军于1937年4月9日重新开始了对田园之家的攻势。佛罗里达饭店的那帮人——马修斯、海明威、盖尔霍恩、富兰克林、伊文思、费诺、弗吉尼娅·考尔斯——聚在罗萨莱斯大道（Paseo de

---

① "A Diary of the Civil War", *Bulletin of Spanish Studies* 14（54）：90（Apr.1937）.
② Watson（1988），p. 20.
③ Matthews（1938），p. 280.

Rosales）上距前线不到1000码的一座废弃的公寓里，观看战斗。海明威写道："战斗在我们面前展开，场面真是壮观。政府军的大炮火力全开，炮弹带着飞驰的火车般的呼啸声，一发又一发地直接命中叛军的一个据点——有着城堡般的塔楼的贝洛（Vellou）教堂，碎石沙砾冲天而起，形成一股股缓缓上升的尘云。"政府军的步兵前进到国民军的一条壕沟里。政府军的轰炸机从他们头顶上飞过，轰炸着国民军的壕堑防线。海明威称之为"又大又黑的死亡之花在盛开"。①

尽管眼前的景象很壮观，但记者们还是离前线太近了，处境却很不舒适，海明威记述道：

> 正当我们为观察点视野良好又不存在危险而庆幸不已时，一颗子弹重重地打在了伊文思脑袋旁边的砖墙角落里。我们换到了一个观察视野不那么好的位置，但是又挨了两枪。尤里斯想起费诺把相机落在了我们最初的位置上，当我回去取时，一颗子弹猛然打进了我头顶上的墙里。我卧倒在地，用手和膝盖使劲爬了回来。当我通过一个暴露的角落时，又有一颗子弹从我身旁飞过。②

于是他们转移到一个更安全的地方，一座被毁坏的楼房的三层，那里朝向田园之家的一面墙都被轰塌了。他们把照相机隐藏在旧衣服里。考尔斯写道："我很惊奇地发现战争从远处看多么平淡乏味。在起伏的群山这一广阔的背景下，硝烟就像是在棉布上涂抹

---

① Watson（1988），p. 25.
② Watson（1988），p. 25.

的污渍,坦克则像是孩子们的玩具。当一辆坦克燃起大火时,看上去比一根火柴棍点着的火也大不了多少。"考尔斯的淡漠也许源于她没有亲临过战场,而亲历过枪林弹雨的海明威则兴味盎然。他对考尔斯说:"这是人类相互之间所能做的最肮脏的事情,但也是最激动人心的事情。"①

　　海明威把他们的观察点命名为老家园。②"每天上午和下午,我们都会度过一段美好的时光。"赫伯特·马修斯回忆道。③但也并不总是。一天,J. B. S. 霍尔丹沿着楼梯走进了老家园。考尔斯写道,他以"其惯常的热诚"问候了他们,"然后四下里寻找能坐下的地方"。霍尔丹从一堆废弃物中拽过了一把破损的红色长毛绒椅子,放到屋子中央,坐在了那个"战场风光一览无余"的地方,将两肘架在双膝上,举起他的双筒望远镜调起焦距来。"海明威警告他,说一直处于暴露的位置是很危险的,但霍尔丹冲他摆了摆手。几分钟后海明威又说了一遍:'你的望远镜会在太阳下闪光,他们会把我们当成军队的瞭望哨的。'"考尔斯写道,霍尔丹再次拒绝了海明威的关切,并不认为这有什么危险:

　　10分钟后,一颗子弹响亮地呼啸着,钻进了隔壁的房间。接着又有两颗尖叫着从我们头顶上飞过。我们全都趴在了地板上——只除了霍尔丹。他连滚带爬地下了楼梯,不见了。我们被狂射了15分钟到20分钟。当我们最终回到佛罗里达饭店时,发现他正坐在大厅里,喝着啤酒。

　　"你们好,"他亲切地招呼道,"来,一起喝一杯吧。"

---

① Cowles(1941),p. 38.
② Cowles(1941),p. 38.
③ Matthews(1938),p. 282.

我们坐下了，然后喝了不止一杯。①

加拉比察山之战对共和军来说战果很差，伤亡近3000人。此战虽暂时延缓了佛朗哥的北方攻势，因为他不得不从那个突出部调回援军，但他在马德里的部队最终守住了他们的阵地。更糟糕的是，他们一连多日对城市进行了密集炮击，以惩罚共和军的贸然进攻。

---

① Cowles（1941），pp. 38–39.

第八章
并非所有人的日常生活

1937年3月意大利人在瓜达拉哈拉惨败后,佛朗哥在巴斯克自治区和阿斯图里亚斯开辟了新战线,秃鹰军团转向了北方。国民军控制了西班牙的北半部,切断了这两个面对比斯开湾的山地省份与西班牙共和国控制区的联络,使之孤立起来。德国人觊觎这里储量丰富的铁矿石,佛朗哥则想要一个使其陷入苦战的部队能够打胜仗的前线,从而安抚国民军的后方,补强其主力部队,重新对马德里发动攻势。来自东边比利牛斯山脉的纳瓦拉地区的红色贝雷帽保皇派民兵,将与西班牙和意大利的步兵一起,在埃米利奥·莫拉将军总体指挥下,共同在北方作战。由于巴斯克人在地面上人数众多但空中力量却很薄弱,加之该地区多山,摧毁共和军防御的主要武器,将是德国飞机。

为此,秃鹰军团重新部署了他们的飞机,将轰炸机置于布尔戈斯的前方空军基地,在毕尔巴鄂西南100英里处;战斗机则放在维多利亚,在这个比斯开省首府西边仅34英里处。这些北方基地使得佛朗哥的空军能够在同一天内多次出动,对缺乏空中掩护的巴斯克部队进行近乎持续不断的轰炸,并对地面攻势提供支持。巴斯克人只有六架战斗机——虽然速度很快火力却不足的波利卡尔波夫Ⅰ-16"小苍蝇",外加七架又老又慢的布吕盖(Bruguet)双翼轰炸机。①1937年3月,德国为秃鹰军团补充了新的飞行员和首批新一代轰炸机——亨克尔-111和道尼尔-17——都比它们的前辈机型速度要快,能携带更重的炸弹,负载飞行到更高的高度。亨克尔-111能携带大约3300磅炸弹,道尼尔-17能携带大约2000磅炸弹。还有亨克尔-51双翼战斗机和各种各样的其他飞机加入了军团,总共大约150架飞机,配有德国、西班牙和意大利机组,使得部队实力大增。②

1937年3月31日,当新的轰炸机准备就绪后,莫拉发出了凶残的威胁,印在宣传单上进行了空投:

> 致巴斯克人民的公告:我已决定迅速终结北方战事。凡未犯杀人罪者,如交出武器,生命和财产将得到保全。但是,如不立刻投降,我将把比斯开湾全部夷为平地,首先拿军事工业开刀。我有办法做到这点。③

1937年时,比斯开湾是巴斯克地区唯一仍在共和军手中的部分,共有50万人口,其战斗人员装备的是手动栓式步枪,而且不多。

策划秃鹰军团在西班牙北方的轰炸行动的是沃尔弗拉姆·冯·里希特霍芬(Wolfram von Richthofen)中校。他是军团的参谋长和执行司令官,1937年时42岁,是西里西亚一位男爵的儿子,也是"一战"中赢得了"红男爵"盛誉的王牌飞行员曼弗雷德·冯·里

---

① Proctor(1983), p. 118; Corum(1997), pp. 193-194.
② Proctor(1983), p. 118.
③ 引自Steer(1938), p. 159。

希特霍芬（Manfred von Richthofen）的第四个堂弟。① 值得注意的是，沃尔弗拉姆·冯·里希特霍芬曾于1929—1932年被派到意大利空军。他的一位传记作者写道，他的任务主要是"研究意大利人的制空权理论，尤其是汇报意大利著名的制空权理论家朱利奥·杜黑（Giulio Douhet）将军的思想"。② 杜黑是战略轰炸理论之父，针对"一战"中令人难以忍受的壕堑战僵局，他提出了从高空越过前线深入敌人祖国的战争观。他想象对平民进行空袭，将促使他们起而反对好战的领导人，诉求和平。

杜黑的观念将蓄意以平民为攻击目标合理化，夸大了空军在战争中的作用。德国人在"一战"中以齐柏林飞艇轰炸伦敦，率先开启了这种暴行。英国战斗机将曳光弹射入齐柏林飞艇的氢气囊，最终终止了它们的威胁。德国人随即也转而使用轰炸机，到大战结束时，齐柏林飞艇和轰炸机在空袭英国城市的行动中，总共炸死了大约3000名平民。③

尽管德国空军在20世纪30年代中期时还拒绝接受战略轰炸理论，冯·里希特霍芬却深谙其潜力，尤其是其在军人和平民中制造恐怖的力量。他在战争日记中写道："恐惧在和平时期训练部队时无法刺激，但却非常重要，因为影响士气。在战役取胜的因素中，士气比武器更重要。反复不断的集中空袭，对敌人的士气影响最大。"④

杜兰戈（Durango）是毕尔巴鄂东南20英里处一个有10000人口的十字路口小镇。就在莫拉发出威胁的当天，该镇遭受了第一波对

---

① Corum（2008），p. 119.
② Corum（2008），p. 96.
③ Corum（1998），p. 1.
④ 引自Patterson（2007），p. 54。

北方的轰炸。历史学家赫伯特·索思沃思（Herbert Southworth）总结道："莫拉威胁要将比斯开湾夷为平地，秃鹰军团就轰炸了杜兰戈，以显示这是能够做到的。"① 秃鹰军团和意大利的"航空军团"（Aviazione Legionaria）在杜兰戈投下的成吨的500磅重的炸弹，是足够致命的。然而，这些都是高爆炸弹，不是燃烧弹。尽管 J. B. S. 霍尔丹曾评论说高爆炸弹在多石头的马德里破坏力更大，然而单靠高爆炸弹是不可能将一座城市夷为平地的，至少在一天的时间里是不可能的。南非出生的伦敦《泰晤士报》记者乔治·斯蒂尔（George Steer），以路易·德拉普雷在马德里报道时同样的义愤在毕尔巴鄂报道了战争。他报道称杜兰戈有127人被炸死，"未计入尚不能解释的尸块"，并表示他的计数只限于第一天的发现。后来又有131名伤者死于毕尔巴鄂各医院。②

斯蒂尔写道，轰炸机离开后，"在一派比喧嚣还要可怕的寂静中，可以听见玻璃滑到地上的声音、远处瓦片爆裂的声音，还能看到五层楼上有一张桌子在破损的楼板上呈一种很罕见的平衡姿态，而整个楼层已经坍塌到了地下室。然后又是寂静，被低低的呻吟声打破"。③

然而，在里希特霍芬的飞机轰炸和扫射削弱了巴斯克人的防御后，莫拉手下不情愿的意大利应征步兵并不总能向前推进，与此同时缺乏训练的意大利飞行员有时也会炸错目标，甚至会炸到自家队伍。④ 深感沮丧的冯·里希特霍芬在4月的头两个星期，仍试图努力协调他的空军与莫拉的地面部队的行动。这位德国军官在其战争日

---

① Southworth（1977），p. 383.
② Steer（1938），p. 167; Preston（2007），p. 2.
③ Steer（1938），p. 166.
④ Proctor（1983），p. 119.

记中抱怨道:"意大利人的每次行动都完全不值得信任……这就是我们的盟友!"他刻薄地讽刺道,解决问题的办法就是欺骗意大利人,让他们感到能够轻易取胜:"在混成旅发起进攻之前,我们将投入'魔火'行动的全部力量,几乎彻底扫清敌人的阵地。这样廉价的胜利才会给他们带来必要的精神鼓舞。"①

"投入'魔火'行动的全部力量"意味着加大秃鹰军团轰炸的破坏力。1937年4月25日,当秃鹰军团轰炸比杜兰戈还要向东,距毕尔巴鄂30英里的巴斯克军工小镇埃瓦尔(Eibar)时,在高爆炸弹外还增加了其炸弹舱中携带的燃烧弹。

毕加索还没有开始绘制1937年1月他答应为世博会西班牙馆创作的壁画。1月到4月,在长期弃置之后,他又恢复了画油画,但他几乎专门画他生命中的女人——玛丽-泰蕾兹·瓦尔特和多拉·玛尔——或者画成他喜欢的写实主义的肖像画,或者把她们隐喻为一盘水果或一支蜡烛,摆在桌上他自嘲的滑稽形象罐子旁边。②在存在判断的另一个极端,他继续他十年前就开始的关于怪异性的探索,他在更多的画布上画出了奇形怪状又令人好奇的宁静的海滩怪物。批评家 T. J. 克拉克(T. J. Clark)认为这些怪物"在与两条腿的生物的独特性(意味着我们)对话",他们的怪异性是"使他们不可概括、不可代表的最深刻的设计"。③然而,尽管每个人都是人,但是在他的祖国,许多人正在被不人道地杀戮。毕加索在巴黎是安全的,但他出生在马拉加,凯波·德·利亚诺2月刚在那里发动了血腥的攻势。

---

① von Richthofen(1937),p. 123(29).
② Picasso catalog raisonne for 1937(在线).
③ Clark(2013),p. 229.

海滩怪物是他承诺的壁画将遇到的问题的变种：如何在创作公共艺术时不使其主题的独特性一般化？共和国官员为毕加索提供的展馆墙壁的规模不会让他为难，但是壁画的主题和风格却显然令他费神。他该画些什么，来向世界展现西班牙共和国、他被围困的祖国，而又不会沦为平庸俗气之作和视觉上的陈词滥调呢？大多数公共艺术品失败，都是因为一个原因："公共"和"艺术"几乎是相互排斥的范畴。

所以，如毕加索的建筑师朋友何塞普·塞特所回忆的，"毕加索并没有马上着手［壁画的］工作。他是过了几个月后才开始的"，这并不奇怪，"但是我们经常谈论画作。毕加索喜欢谈画，谈论他打算画什么画"。他这是在给自己鼓劲。但是接下去"有一天"——4月的一天——"我们得到了给他的画预留的墙壁的尺寸，我们讨论了这幅画"。① 现在毕加索至少是知道了他的作品的框架，如果还没有主题的话："他说这幅画不会有展馆的整个长度那么长，因为［展区的］高度较低，他想画在一定的比例内。他承诺要画这幅画，但是直到最后时刻，我们都十分怀疑他能不能画出来。"② 毕加索本人也是如此。

他一直在构思画一幅以画家在其画室里为主题的壁画。这个主题怎样与西班牙内战产生关系呢？他从来没解释过。观察者与被观察者的关系，他此前曾探索过很多次，无论如何这使他懂得很多的主题。正如他本人所承认的，他对这个主题的了解可以说远远超过了他对空袭的理解。假如说这样一个审美主题似乎与西班牙内战不相干或者太不重要的话，请想一想胡安·米罗，他也同意为巴黎

---

① 展馆是于1937年3月开建的。Freedberg（1986），p.719.
② MOMA（1947），p.7.

的西班牙展馆画一幅壁画，于是用一冬天的时间画了一幅控诉西班牙农民的贫困的画，结果采用的是被广泛认为落了俗套的静物画形式。

毕加索在知道了墙壁的尺寸后，在4月的两天内画了一系列草图，并将其与壁画本身的初步构思结合起来。其中最重要的草图画在蓝色纸上，日期标为"19-4-37"（1937年4月19日），草图中有壁画将展出的展厅的透视图。壁画本身用一个空框架表示，人物形象的雕塑立在其左右两侧，以显示其巨大规模。在右边的前景位置，毕加索画了一个具有玛丽-泰蕾兹形象特征的画家，戴着一顶伦勃朗时代的宽边帽子，手中拿着调色板和画笔。画家正通过一扇敞开的窗户，观看着有着空壁画框的展厅墙壁，窗户的左边立着一个画架，上面的画布上画了一条锯齿形的线。令人好奇的是，画家身处相邻的屋子里，在向展厅里张望：她似乎在里面，但她又是在外面向里望。有人曾问过毕加索为什么他很少画风景。他回答："我从来没看见过风景。我总是生活在里面，我自己。"[1] 如克拉克所研究的，从里面走出来，走出19世纪安稳的小资产阶级内部，是毕加索的很多画作在视觉上所表现的——即使外面有怪物，就像他的海滩画中一样。[2]

其他草图在4月19日的画纸的左侧，不过放弃了透视画法，仿佛毕加索也把画纸用作便笺本，来展示自己的思想：一个比画家还要大的、只勾出了轮廓的人物举起一只肌肉健壮的胳膊，挑战似的敬着礼，他的拳头中攥着一把锤子和一柄镰刀；一只肌肉甚至更为健壮的胳膊在前景中化为无形，重复着锤子和镰刀的手势；一张折

---

[1] 引自 Clark（2013），p. 214。
[2] Clark（2013），passim。

叠成手风琴状的图画，像一扇日本小屏风一样，展开躺倒在地板上；用写实主义风格画的一座石屋的瓦片房顶的角落，投射进窗户下面的空间中；在它前面是空白壁画的一幅正视图，墙的上方用黑点勾勒出壁画，而有一侧可能在显示灯光。

对于即将产生的作品意义最大的，是一个女人的头挤进了画架下方的空间，以一个很陡的角度向下，仿佛她正在向窗外望，或者正飘进一个房间。可以说，毕加索在天马行空地思索。并不是所有这些草图都能够（或者需要）解释。它们表明他已经定下了壁画的尺寸和比例。壁画仍然空白着，说明他仍没有想好其主题，不过他在想，画中要有一只工人健壮的胳膊，高举着锤子和镰刀。但也可能这只手臂比例极大地夸张了的工人，是在为一个单独的雕塑作品构思：毕加索也将为展览贡献若干纪念性雕塑，不过都没有这样公然以象征性来表示。无论草图还传达出什么别的信息，它们都表明进展极小：他知道了壁画的大小，有了一些想法可供探索——但是仍然没有发现主题。

工人高举着胳膊，拳头里紧握着一把真正的锤子和一柄真正的镰刀，像是一个双头工具，这深深地引发了毕加索的兴趣。就在毕加索在展览草图纸上画下这只胳膊的同一天，他在1937年4月19日的《巴黎晚报》上也画下了这只胳膊，覆盖了法国外长表示愿维护友好的国际关系，甚至包括德国和意大利的消息。于是，这只胳膊起到了毕加索对法国外长表达强烈不满的作用。

然而马丁·米恩乔姆又确证了一条意义更为重大的联系。"在同一份4月19日的《巴黎晚报》的第三版，"米恩乔姆写道，"有一条令人震惊的小消息，标题是《马德里昨遭极端野蛮之炮击》。这或许是［路易·］德拉普雷的阴魂口授的新闻，里面提到格兰大道及其人行道上'血流成河''脑浆四溅'。"① 毕加索会发现这同一家新闻机构的消息以更大的篇幅出现在《人道报》的头版上，因为《人道报》是他每期都读的报纸。马德里重新遭受炮击，是共和军攻打加拉比察山失败的结果。

米恩乔姆断定，毕加索"对战役和战斗在军事上的得失没有表现出明显的兴趣"，但是"暴力的死亡、对平民的轰炸和残忍的谎言"却吸引了他的注意力，触发了他的激情，重新炮击马德里似乎表明"原本孤立的事件正在聚拢，形成系列的恶兆"。②

佛罗里达饭店的那伙人发现自身直接处于对马德里重新开始的炮击之下。这是一场野蛮的攻击——海明威写道："对首都一连19天的炮击，实在是太凶猛了，令人什么也写不了。"③ 在炮击期间，一天早晨，当海明威于6点钟出城时，他数了数，在距饭店200码范围内，总共有32发炮弹爆炸。另一天，他写道："[他们]向马德里发射了300发以上的炮弹，于是主要街道都变成了玻璃粉碎、砖尘飞扬、硝烟滚滚、血肉横飞的废墟。"④ 无论何时，无论他走到哪里，他发现自己都"无法……避免看到死人和受伤的人，以及水管冲洗街道和人行道的景象。他们清洗的不是灰尘，而是血"⑤。

继而饭店本身就中弹了。一天清晨很早的时候，"两声可怕的巨响"惊醒了约瑟芬·赫布斯特。"仿佛一道厚厚的水墙被一股铁的力量撞垮了。但这样的大破坏其实是发生在我的内心里，我心里翻江倒海，而我的心却变成了无助的碎片。我双手颤抖着想找到我

---

① Minchom（2011），p. 2.
② Minchom（2011），pp. 5-6.
③ Watson（1988），p. 46.
④ Watson（1988），p. 38; Watson（1988），p. 46.
⑤ Watson（1988），p. 34.

的衣服,但随即我放弃了,披上了一件便袍就冲进了大厅……人们都在冲向背面的房子,门砰砰地响着。当穿戴整齐的海明威问候我'你还好吗?'时,我张开嘴说'还好',却什么声音也没发出。"①

约翰·多斯·帕索斯对此的回应要简洁得多:

> 炮弹不断地飞来。通常在这时候都很安静的饭店里,人们四处奔跑,一片混乱。朝向中央天井四周的阳台的大门,到处都被撞开。男人和女人都处于程度不同的各种衣不遮体的状态,从饭店正面的房间里匆忙跑出,拖着手提箱和床垫之类的冲进饭店背面的房间中……简直是一场凌乱头发和性感内衣的大展览。②

赫布斯特在和海明威打完招呼后,又冲回了自己的房间——"可是我到这里来,并不是想像鼠夹里的老鼠一样死去的"——她发现自己在想,如有必要的话,这恰恰是她所要做的事情。"我努力保持镇静,穿好衣服,又走出了房间,看见〔英国记者〕克劳德·科伯恩(Claude Cockburn)手拿着一只咖啡壶,垂着头走路。他脸色苍白,但看不出有什么异常,我冲过去从他手里接过了咖啡壶。"到了楼下,在饭店前部的一个早餐厅里,嘈杂声最响,在赫布斯特听来,就像是"成千上万只老鼠……在灰泥墙里挣扎求生",多斯·帕索斯看见科伯恩给咖啡壶插上电源,结果"很快就熔断了保险丝,与此同时也烧毁了插头"。赫布斯特继续写道,有人拿来了咖啡,"另外有人拿来了一些陈腐的面包。不知从哪儿还弄来了

---

① Herbst(1991),p. 152.
② Dos Passos(1938),p. 365.

一个烤箱"。按照赫布斯特的记载，多斯·帕索斯是在咖啡壶烧坏后才来到的，他"穿戴整齐，态度镇定，甚至还打了一条领带"。①

所有人都记得的一个奇观是，一个身穿微微闪亮的蓝色缎子睡衣的法国人分发了他私藏的葡萄柚，作为他对炮击暂停的贡献。《小王子》(*Little Prince*)的作者安托万·德·圣埃克苏佩里自4月11日起一直在西班牙，作为《巴黎晚报》的特派记者，报酬是十篇通讯总计80000法郎（相当于今天的85000美元）。②尽管圣埃克苏佩里与右翼报纸有牵连，但无政府主义派别还是给他提供了一辆带司机的劳斯莱斯小汽车，供他到前线采访。路上他的无政府主义司机用劳斯莱斯车和政府征用的其他小汽车玩起了剐蹭游戏，争取剐掉对方的挡泥板。这种撞车赌博游戏是受雇于人的司机们的发明。法国作家对这种机械损伤游戏兴味盎然，又往罐里投了些西班牙比塞塔，鼓励司机玩侧撞。③海明威懂得圣埃克苏佩里分发葡萄柚时的手势。"他在巴伦西亚买了2蒲式耳葡萄柚，而这是他遇到的第一次炮击，他通过分发葡萄柚来应对这件事。"在海明威的记载中，圣埃克苏佩里这样问大家："Est-ce-que vous voulez une pamplemousse?"（你想要一个葡萄柚吗？）

这段时间，海明威有时会找些机会鼓励盖尔霍恩写关于战争的文章。盖尔霍恩说，迄今为止，她"除了学了一小点儿西班牙语和一小部分关于战争的知识，去看望了伤员，试图逗他们笑或者分散他们对伤痛的注意力之外"④，还什么都没做。于是海明威和她对视着，对她说了这样一番话：

---

① Herbst（1991），p. 152.
② Schiff（1994），p. 282.
③ Schiff（1994），p. 282.
④ McGrath（2008）.

[他说]我应当写。这是我能为 Causa（事业）服务的唯一方式。Causa 是西班牙人庄重的称呼，是我们亲切地称呼西班牙共和国的战争的名称。毕竟，我是个作家，难道我不是吗？但是我怎么能写战争呢？我知道什么呀？我又写给谁看呢？什么能构成故事呢？又怎样开头呢？难道不是有什么重大和决定性的事情发生后，你才能写文章吗？[海明威]提议我写写马德里。我问：为什么马德里能令所有人感兴趣呢？那就是日常生活啊。他一语点破：那不是所有人的日常生活。①

此后盖尔霍恩的确开始写战争了，4月末她的第一篇报道是日常生活的一个残酷的片段，发生在一个空旷的广场，"炮弹落下得太快了，简直没有时间听见它们飞来"：

继而炮击暂停了片刻。一个肩上披着个大披巾的老妇人，手里抱着个瘦得吓人的男孩，跑进了广场。你知道她在想什么：她想她必须把孩子带回家，当你在自己的地方，周围都是熟悉的东西时，你总感到更安全一些。不知为什么，当你坐在自家的客厅里时，你不相信自己会被杀，你永远不会那么想。当她走到广场中央时，下一发炮弹飞来了。

一小块扭曲的钢片，既热又异常锋利，从炮弹中飞溅了出来，扎进了小男孩的喉咙。老妇人站住了，抓住了死去的孩子的手，傻傻地看着他，一言不发，人们跑向她，想接过孩子。在他们的左边，广场的一侧，有一条巨大而醒目的标语：滚出

---

① Gellhorn(1988), p. 16.

马德里!①

1937年4月19日星期一,是个充满巧合的日子。那一天,毕加索在为他的壁画所画的西班牙展馆环境的草图中,瞥见了他的主题。他在《巴黎晚报》上读到了马德里重新遭到炮击和法国向德国、意大利示好的消息,并轻蔑地画了一只手持锤子和镰刀的胳膊,玷污了报纸头版。海明威也在写马德里重新遭受炮击的新闻——鉴于报道中的歪曲错乱,显然他是喝醉了酒后写的——他还用上了一个不大可能是他原创的短语"马德里的殉难"。② 他可能新近读过路易·德拉普雷的宣传册子。那小册子1937年1月8日首先以法文出版,后来又出了英文版和西班牙文版。毕加索无疑在1月初也读过那小册子,催生了他的版画《佛朗哥的梦与谎言》。仿佛是为了不让画家忘记此事,版画还于4月在巴黎重印上市,这时他正加紧探索他承诺的壁画主题。

马丁·米恩乔姆评论说,德拉普雷的小册子中,"或许也是德拉普雷的所有作品中",最震撼人心的画面,"是一只手电筒的光照亮了一个女人和她死去的孩子,这无疑也是《格尔尼卡》的中心形象……还有一幅与《格尔尼卡》有关联的素描画,甚至更清楚地指向了德拉普雷的文字,表现的是一个女人乳房被切开了,里面射出的三角形的光照亮了婴儿"。③ 毕加索准备用马德里遭受的恐怖攻击的故事,包括德拉普雷的报道,来回应对格尔尼卡的轰炸。米恩乔姆断言:"如果说毕加索对摧毁格尔尼卡反应如此强烈,那一定是

---

① Gellhorn(1937).
② Watson(1988),p. 36. 沃森认为海明威一定是醉酒后写的这篇新闻稿。
③ Minchom(2011).《马德里上空的炸弹》的这一部分,见附录1。

因为他感到：他们又来了！"①

也是在那个4月19日星期一，诺尔曼·白求恩正式辞去了"军医部队"的输血工作。

自2月起，白求恩就成了个不知疲倦的"送血工"，夜以继日地为给医院和急救站送血而奔波不停。到3月时，他每天要送血的单位已多达100家。②在雅拉玛山谷的战斗的一个间歇期，玛莎·盖尔霍恩随白求恩和J. B. S. 霍尔丹从马德里去了一趟山谷中的莫拉塔（Morata）。她字斟句酌地写道，当他们在布满可怕的弹坑的公路上飞快地行驶时，"大炮的响声，仍然在击打着山间的角落"。③盖尔霍恩很快就看到了比她想象的还要多的伤员和手术。一个"被晒得黝黑的帅小伙儿"的弹片伤"看上去就像是水土流失，有的地方像山脊，有的地方像锯齿，还有的地方像侵蚀"，直到医生用泛着泡沫的双氧水（过氧化氢）将污物冲走。盖尔霍恩了解水土流失，是因为她先前为哈利·霍普金斯（Harry Hopkins）领导的美国联邦紧急救济总署（Federal Emergency Relief Administration）报道过大萧条期间农村的灾难状况，正是这件工作使她结识了埃莉诺·罗斯福。

对于她与白求恩和霍尔丹的这趟行程，她总结道："这一切对我来说似乎都不真实。我把这些记下来，并不是因为我认为这很重要，而是因为的确如此，因为从我到这里的第一天起，这些制造死亡、策划死亡、得到死亡或者阻止死亡的事情，都作为我一生中从不知道的最不真实的事情而令我震惊。"经过漫长的一天的劳作后，他们驱车回到了马德里，"血液送到了，我们得到命令去取明天要送往前线的血瓶。一路上我们没有交谈。那是个漆黑、平静的夜晚，

---

① Minchom（2011）.
② Lethbridge（2014），p. 172.
③ Gellhorn（1937b），pp. 34,39.

星星高高地挂在天上"。他们从一列坦克旁驶过,"那总是不吉利的",然而过了一会儿,当盖尔霍恩回头远远地再看黑暗中的那些坦克时,她又觉得它们很顺眼了:"仿佛六条小船系在一起,只有港口的灯光照着它们,在宁静的海面上漂浮。"①

战争期间,白求恩的"西班牙-加拿大输血联合工作队"负担了共和国方面全部输血服务的78%——共输送大约528加仑血液,足够供5000人输血。②尽管白求恩做出了如此巨大的贡献,西班牙政府中的一些共产党官员和白求恩的几名加拿大共产党同志,却在4月初就开始串通,要把他赶出西班牙。

按照加拿大方面的说法,白求恩在工作的重压下,经常喝得烂醉,并且非常好斗,必须减压康复。但他的传记作家戴维·莱斯布里奇写道,实际上,1937年年初时,西班牙情报机构就形成了"一种完全错误的看法,将白求恩视为潜在的危险的叛徒,政治上模糊不清,有可能是双重间谍,有可能是特务,也有可能是法西斯同情者"。③共和国当局形成如此偏执的看法,部分是因为有人看见白求恩将他到过的前线地区绘制了详细的地图,他无疑绘了图,但那是为了确定输送血液的路线;部分也是因为他结交了一个长着略带金黄的红色头发的美女,名叫卡斯娅·罗特曼(Kasja Rothman),是个会多国语言的瑞典舞女和志愿者。白求恩和她坠入了爱河,并让她做了自己的翻译。共和国当局认为卡斯娅是托洛茨基分子,1937年在斯大林主义者的阵营里,这是弥天大罪,他们这样定罪也连累了白求恩。

一旦他们认定白求恩必须"滚蛋",他们就设计了一个有官员

---

① Gellhorn(1937b),p. 39.
② Franco, Cortes et al.(1996),p. 1077.
③ Lethbridge(2013),p. 182.

自负地称之为"巧妙的办法",既能把这位医生赶走,又不会开罪为"事业"进行捐助的加拿大人:他们说服白求恩,他应当到美国和加拿大去做巡回演讲,以募集资金。① 白求恩理解为他于夏天离开西班牙,然后还将返回。这时他头脑中已经有了一个新计划,输血服务在西班牙军事机构的领导下,已经在按部就班地运行,他想建立一个儿童村。毕尔巴鄂将不可避免地陷落,预计会有成千上万的巴斯克孤儿和难民涌来,他要为他们提供庇护。然而,白求恩于1937年5月初离开西班牙后,就被禁止返回了。尽管如此,整个夏天直到入秋,他仍然走遍北美,不停地募捐。回不去西班牙了,他就于1938年来到中国,到了毛泽东的长征终点延安。他在那里参加了中国共产党的抗日斗争。第二年,他在为一名游击队员的脓毒性伤口做手术时割破了自己的手指,结果感染上致命的败血症。他于1939年11月12日逝世。

1937年4月19日星期一,那一天的最后一个巧合,对巴斯克地区的战局进展是个不祥之兆,崭新的梅塞施米特 Bf-109战斗机来到了西班牙北方。纳粹德国空军从其自身只有30架这种优秀的新机型的小飞行队中,拨出了12架给曼弗雷德·冯·里希特霍芬,以帮助其秃鹰军团更有效地控制巴斯克地区的天空。②

令人难以理解的是,卡斯娅·罗特曼居然没有被赶走,尽管西班牙人也怀疑她的忠诚。4月末时,她又改换门庭,成了弗吉尼娅·考尔斯的翻译,偶尔也为海明威做做向导。卡罗琳·穆尔黑德曾在盖尔霍恩的传记里顺带着提到了她成功地渗入佛罗里达饭店的情况:"[西德尼·]富兰克林是个热情洋溢的人,并不完全受人

---

① 引自 Petrou(2005),p. 5。
② Musciano(2006),p. 6.

喜爱地被描述为'快乐而无脑',他担任着海明威管家的角色,睡在［海明威］的一间房子里,给养也存放在那里。还有一个瑞典姑娘,会说七国语言,穿着男人的衣服,有时也来和海明威在一起。"①

苏联小说家和新闻记者伊利亚·爱伦堡（Ilya Ehrenburg）那年春天在马德里首次见到海明威。爱伦堡比海明威大8岁,却多少有些"追星",不过当他们一起巡视过前线并探讨过战争之后,天真就被友谊取代了。爱伦堡写道:"我和海明威一起去了瓜达拉哈拉。他懂军事,很快就看清了局势。我记得他曾观看人们把意大利军队的手榴弹从防空壕里搬出来,那手榴弹红得像大草莓。海明威咧嘴笑道:'他们丢下了这么多。他们就是这样。'"②爱伦堡像斯彭德一样,看出了海明威笔下的人物就是这位作家自己的化身,他们真正看懂了这个人写下的作品:

> 如果你是偶然遇见了海明威,你会把他当成一个浪漫不羁的小资艺术家,或者典型的半吊子:他酗酒,有着各种各样的怪癖,满世界晃荡,到深海里去钓鱼,到非洲去打大猎物,还欣赏斗牛的所有细节——没人知道他什么时候写作。但他其实是个很勤奋的人。遭到炮击破坏的佛罗里达饭店,无论如何不是个适于作家写作的地方,但他每天都坐在那里写。他对我说,你必须坚持不懈地写,永不放弃——假如写完一页纸,感到苍白无趣,你就必须停下来重写,哪怕是重写上五次、十次。我从海明威那里受益良多。③

---

① Moorehead（2003）, p. 113.
② Ehrenburg（1963）, p. 384.
③ Ehrenburg（1963）, p. 386.

罗伯特·梅里曼的左臂仍然打着厚厚的石膏，动弹不得。他的妻子玛丽昂3月从莫斯科赶来和他会合了，4月23日在海明威房间里举行的聚会上，他们认识了佛罗里达饭店的那伙人。美国人计划对祖国进行一次午夜广播，号召人们支持西班牙共和国。梅里曼获邀代表国际纵队的美国志愿者讲话。①

那天早晨在驱车从阿尔瓦塞特来到马德里时，玛丽昂·梅里曼对巨大的马德里斗牛场和首都宽广而绿树成排的大道，留下了深刻印象，但是当她和她丈夫离开了小汽车和司机，步行穿过危险的街道时，她被炮击的情况吓坏了。她写道，她们来到海明威的房间门口时，她"剧烈地颤抖着……鲍勃使我平静下来，然后他敲了敲门"：

"你好，我是梅里曼。"当海明威打开门时，鲍勃说道。海明威看上去有些紧张，但很友好。

"我认识你。"海明威说道。鲍勃又介绍了我，那位作家热情地表示欢迎。

然后海明威和鲍勃长谈起了战争和他们计划的广播。约翰·多斯·帕索斯、约瑟芬·赫布斯特和几个美国志愿者加入了他们的谈话，他们一边啜着海明威的苏格兰威士忌，一边比较着笔记和故事。我倒在一把旧椅子上，仍然为外面的情况而哆嗦个不停。②

令她深感宽慰的是，有人递给她一杯饮料。于是她比较起她丈

---

① Merriman and Lerude（1986），p. 127.
② Merriman and Lerude（1986），p. 132.

夫和那位美国著名作家。"海明威似乎有些令人难解。他身材高大，直率爽快，充满男子气概。他不像是个吹牛皮的人，但通过他自信的气场，他让人们觉得，他能应付他所承担的一切。"①

梅里曼比海明威年轻10岁，高几英寸，但看上去更像是个戴着牛角框眼镜的学者，而不是钢铁框架里的冒险家。"海明威生气勃勃，问问题时打着手势，困惑时会把手指伸进他那又黑又浓的头发里挠头皮，然后愁眉苦脸，然后不知怎么解脱了，又开怀大笑起来。他穿了件毛衣，扣子高高地扣到胸部，打了条黑色领带，松松垮垮地垂在脖子上。"他需要剃剃须。"他的面颊上和下巴上满是蓬乱的胡子。他看上去像是晚上睡得很不好。他额头上还有个包，仿佛是在码头工人械斗时受的伤。"②

多斯·帕索斯引起了玛丽昂的注意。她大学学的是英语专业，认为多斯·帕索斯是比海明威更优秀的作家，尤其是在描写战争方面：

> 但作为男人，他没有给我留下深刻印象。我觉得他有些拖泥带水。我听不懂他说的每件事情，但他的意思很明白——无论什么原因，他想离开这里，离开海明威的房间，离开炸弹震撼的马德里。
>
> 我也很害怕，理由很充分。但不管怎么说，多斯·帕索斯的样子显得不只是害怕。我从他不稳定的情绪、面部表情和总体态度，猜测他认为由于佛朗哥军队的力量优势，这是一项失败的事业。多斯·帕索斯对美国人为之战斗和牺牲的西班牙共

---

① Merriman and Lerude(1986), p. 132.
② Merriman and Lerude(1986), p. 132.

和国大加挞伐。①

多斯·帕索斯的理想幻灭是有原因的，海明威新近才坦率地告诉了他其翻译和朋友何塞·罗夫莱斯被草率处决的消息。他实际上就要离开西班牙了，他的整个政治观点都改变了。②

午夜在广播电台，海明威做主持人，梅里曼第一个讲话，下午他在饭店里写了一个六分钟的讲稿。林肯营的外科医生威廉·派克（William Pike）博士第二个发言，多斯·帕索斯第三个，接着是约瑟芬·赫布斯特，再接着是接替梅里曼的新营长，一个名叫马丁·胡里汉（Martin Hourihan）的美国宾夕法尼亚州人。海明威在广播的最后做了总结性发言。梅里曼在当天的日记里写道："对海明威很满意，对多斯·帕索斯很失望。"③

第二天，海明威和盖尔霍恩一起离开，骑马到瓜达拉马山中游览，部分是为新闻报道，部分也是为他已决定写的关于这场战争的小说考察环境。④他对此行的描述是："艰苦的十天，探访了四条中心战线，包括所有军事要地，一连几小时在马背上，爬上了瓜达拉马山中海拔4800英尺的重要阵地，那里有积雪在融化，其重要性可以从情报上研究。"⑤此行只有五天，而非十天——他于24日离开，29日归来——不过，即使还有收获的话，也足够艰苦了。

罗伯特·梅里曼经常被说成是海明威的小说《丧钟为谁而鸣》（*For Whom the Bell Tolls*）中主人公的原型。玛丽昂·梅里曼的说法更为准确，她说她丈夫"将成为那个虚构的人物——来自蒙大拿

---

① Merriman and Lerude（1986），p. 133.
② Carr（1984），p. 370.
③ 引自 Merriman and Lerude（1986），p. 136.
④ 可能是在4月24日，因为广播称他23日晚在马德里。
⑤ Watson（1988），p. 38.

的教授罗伯特·乔丹（Robert Jordan）——的合成材料的一部分"。①合成材料的另一部分无疑是林肯营身材高大但驼背的副营长、40岁的汉斯·阿姆烈（Hans Amlie）。他来自美国北达科他州，玛丽昂对他的描述是："一个瑞典裔大个子……一个旧式的社会主义者，也是威斯康星州一位众议员的兄弟。"②阿姆烈在马德里附近的战斗中负伤后，赫伯特·马修斯于7月采访了他。"一个采矿工程师"，马修斯这样描述他，"意义重大地"误以为他"来自蒙大拿州"（这是海明威借用了他的证据之一）。阿姆烈自称为"探矿者"，《纽约时报》记者写道，并补充说他"游历远不止我国西部、墨西哥和南美洲。他不是共产主义者，也不是社会主义者，他一点也不懂政治，也一点不关心政治，只是他像所有人类一样痛恨法西斯主义"。罗伯特·乔丹身上有很多阿姆烈这样的品质——这在大部分人来自东海岸、身为共产主义者的国际纵队成员中很不多见。阿姆烈还告诉马修斯："我来西班牙是非常顺理成章的。这是此时此刻世界上唯一属于像我这样的人的地方。任何热爱自由、痛恨法西斯的人都必然到这里来！"③

那么，海明威离开马德里进山时，很可能还不认识汉斯·阿姆烈。不管怎么说，罗伯特·乔丹这个人物最基本的原型其实是海明威本人，作为贯穿全书的线索的乔丹对于他父亲自杀的想法，证明了这一联系：海明威的父亲于1928年自杀，海明威将这一行为视为懦夫之举，正如小说中乔丹对他父亲一样。当格尔尼卡的时代来临时，作家正忙于自己的工作，该毕加索独领风骚了。

---

① Merriman and Lerude（1986），p. 134.
② Merriman and Lerude（1986），p. 151. 关于阿姆烈的详细背景，见 Eby（2007），pp. 205-207。
③ Matthews（1938），p. 216.

第九章
苦难与死亡的海洋[①]

1937年4月26日星期一，早晨，秃鹰军团司令官沃尔弗拉姆·冯·里希特霍芬与他的国民军同僚胡安·比贡（Juan Vigón）上校，就当天的轰炸计划通过电话进行了协商。冯·里希特霍芬在战地日记中记述道："早6点在与比贡简短地通过电话之后，决定由D/88［飞行中队］前往格尔尼卡［和］马基纳十字路口西边的两个村庄，以阻止赤色分子撤退。"几段之后，冯·里希特霍芬又补充道："如果我们要给敌人的人员和物资以沉重打击，就必须摧毁格尔尼卡。"[②]

星期一是历史悠久的巴斯克小城格尔尼卡的集日。格尔尼卡在毕尔巴鄂东北20英里处，乌尔迪拜（Uradibai）河口上端一座青翠的山谷里。城东的一条运河将小城与河口，从而也与比斯开湾连接了起来。格尔尼卡有段骄人的历史：自中世纪以来，那里就是巴斯克教区大会的举办地。这座古城建于1366年，此前从未经受过炮

[①] 毕加索语，引自 O'Brian（1976），p. 321。
[②] von Richthofen（1937），p. 121（27）. Emphasis in original.

弹侵袭。那个阳光明媚的星期一，估计有5000—10000人聚集在格尔尼卡。随着战线已逼近到城东大约15英里外，一些原有的居民逃往了毕尔巴鄂，但格尔尼卡也成为退却的巴斯克民兵的临时栖身所。有三个减员的巴斯克民兵营驻扎在小城附近，也有三个野战医院设立在那里，其中两个在女修道院中，一个在养老院里。格尔尼卡的其他军事设施很少：城东的工业区里有一个"阿斯特拉"（Astra）小武器工厂，狭窄的河口运河上有一座桥梁，此外还有一座火车站。格尔尼卡只有三门高射炮，对于空袭来说，实际上是毫无还手之力。①

星期日时，巴斯克自治区主席何塞·安东尼奥·阿吉雷（José Antonio Aguirre）刚刚为该城任命了一位新的行政长官——弗朗西斯科·拉兹卡诺（Francisco Lazkano）。鉴于格尔尼卡太靠近前线，形势危急，拉兹卡诺上任后的第一项举措就是取消了星期一的集市，并封锁了通往该城的主要道路。然而，不管是怎么回事，乡下人还是来了，他们赶着牛拉的大轮子货车，沿着古旧的小路，绕开了被封锁的大路。很多人根本没听说集市取消的消息，无论如何，驻扎在这里的士兵总让他们有钱可赚。集市像往常一样，一早就开张了，洛斯弗埃罗斯广场（Plaza de los Fueros）上满是农民、牲口和商品，还有人络绎不绝地赶来。城里人和他们的乡下邻居纷纷在当地的饭馆或公园里进午餐。②

诺埃尔·蒙克斯（Noel Monks）是一名澳大利亚记者，当时在为伦敦《每日快报》（Daily Express）报道这场战争。那天他乘车离开毕尔巴鄂，去探访马基纳（Marquina）前线，大约下午3点半时

---

① Iturriarte, Del Palacio et al.（2010）, pp. 8–9.
② Iturriarte, Del Palacio et al.（2010）, p. 17.

经过格尔尼卡。他的司机名叫安东（Anton）。蒙克斯记述道："格尔尼卡非常热闹。那天是集日。我们经过了该城，驶上了一条安东说能让我们更接近马基纳的道路。"① 他们又行驶了半小时。接着：

> 我们走到格尔尼卡以东约18英里的地方时，安东突然将车开到路边，狠命踩下了闸，并大叫起来。他疯狂地指着头顶，我抬头一看，心顿时吊到了嗓子眼上。一些小山的顶上出现了大群的飞机。十来架轰炸机飞得很高。但是在极低的低空，有六架亨克尔-52战斗机，似乎将将从树梢上掠过。轰炸机飞往了格尔尼卡方向，但是亨克尔却是来漫无目的地打劫的。它们发现了我们的小汽车，于是像一群归巢的鸽子一样，在公路——和我们的小汽车——上方列成了队。②

两人看见路旁20码外有个弹坑，里面有一半是泥水，便跳出车外，猛扑进坑里，"紧紧贴地卧倒在泥里……把头埋进坑中有泥的一侧"。由于亨克尔的飞行多少与路面平行，它们装在机翼上的机枪不易将子弹射进弹坑里。蒙克斯写道："飞机沿着公路俯冲了几次，机枪子弹砰砰砰地打进我身前、身后和两边的泥中。我吓坏了，开始颤抖起来。就在前一天，已经是老手的[乔治·]斯蒂尔还刚刚指点过我怎样应对扫射：'静静地趴着，身体尽可能地平贴着地面。但是绝对不要站起来奔跑，否则你肯定会被撂倒。'"③

亨克尔玩腻了这游戏，飞走了。两人跑回了他们的小汽车。附近有一辆军用汽车在燃烧。他们将被亨克尔的机枪击中的两个人的

---

① Monks（1955），pp. 94–95.
② Monks（1955），p. 95.
③ Monks（1955），p. 95.

第九章　苦难与死亡的海洋

尸体从车中拖出来，平放在路边。蒙克斯写道："这时我浑身都发起抖来。我平生第一次被真正的恐惧攫住。"当他冷静下来，意识到自己已经安全了后，狂喜代替了恐惧。安东继续开车。蒙克斯写道："在格尔尼卡方向的小山的山脚下，我们离开了大路，驶上了返回毕尔巴鄂的另一条小路。在我们的左手边，格尔尼卡方向，我们能听见猛烈的炸弹爆炸声。"①

蒙克斯的猜测很可能是正确的，德国人正在轰炸从桑坦德向东进发的巴斯克人增援部队。桑坦德是毕尔巴鄂西边仍在巴斯克人手中的一座海滨小城。那天下午，人们在格尔尼卡并没有看到双翼的亨克尔-52战斗机，在傍晚前也没有看到成群的轰炸机，但它们的出现证明了秃鹰军团当天在这一地区的活动是多么频繁。

第一批落在格尔尼卡的炸弹，都是上百磅重，大约于下午4点钟由一架单独从南方飞来、俯冲到低空的德国双引擎道尼尔-17轰炸机投下的。道尼尔-17是一种轻型轰炸机，其飞行员称之为"飞行的铅笔"（Fliegender Bleistift）。这种飞机有着既长且窄的管状机身，据说这使之较难被击落。飞机能携带2000磅炸弹。有一名投弹手在机首一处装有树脂玻璃的隔舱内，控制炸弹的投放。格尔尼卡的一名目击者称，第一轮轰炸共有3颗炸弹爆炸；而一份现代西班牙的资料却记载着有12颗炸弹爆炸。②只有3颗炸弹看来是不可能的。还有资料称有6颗炸弹，可能指的是火车站一带。③"炸弹和雨点般的榴弹落在了一座前研究所及其周围的房屋和街道上。"斯蒂尔根据一位目击者的叙述报道称。④榴弹和炸弹一起落下，也许是

---

① Monks（1955），pp. 95–96.
② Martin（2002），p. 40; Vidal（1997），p. 1.
③ Southworth（1977）; Steer（1938），p. 237.
④ 引自Southworth（1977），p. 15.

不同消息来源所说的炸弹数量差异较大的原因。防空观察员鸣响了教堂的钟声，警告镇上的人有空袭来临。人们四散而逃，去寻找藏身处——有逃往教堂的，有逃往火车站的，有逃往防空洞的（杜兰戈遭到轰炸后，格尔尼卡匆忙修起了一些防空洞），也有逃往附近的农舍和森林的。道尼尔–17投完弹后，便向北飞去，沿着运河飞往河口和大海。

20分钟后，一组意大利战机从北边飞临格尔尼卡——3架萨沃亚–马尔凯蒂–79三引擎快速中型轰炸机，每架有效负荷为12颗百磅炸弹。① 意大利人领受的任务是轰炸运河上的桥梁及相邻的城东公路，"以阻止敌人撤退"。② 他们不知是紧张过度还是缺乏训练，一次匆匆掠过就将全部36颗炸弹一起抛下，未能命中目标。在炸毁了一栋房子和几座商业设施后，它们就飞走了。

接下来到来的是一架亨克尔–111B轰炸机。这是又一种新型的德国快速中型轰炸机，另有5架菲亚特战斗机护航。111B能够携带3000磅炸弹。西班牙历史学家塞萨尔·比达尔（César Vidal）写道："这是第三次轰炸，之后还有第四次和第五次，规模也都有限。实际上，下午5点钟和6点钟时，又有两架德国双引擎飞机在该城投下了炸弹。假如空袭就此罢手，那么对于一座城镇来说，距战争的灾难还有一段距离，还算不上完全不成比例和无法容忍的暴行。然而，最大规模的打击还在后面。"③

这次打击于大约傍晚6点半时来临，距日落还有半小时，由三个中队的容克–52三引擎轰炸机实施。这种侧面宽大的壮硕的飞机，共和军称之为"有轨电车"（tranvias）。斯蒂尔评论说，它们"太

---

① Vidal（1997），p. 1.
② Vidal（1997），p. 1.
③ Vidal（1997），p. 2.

第九章　苦难与死亡的海洋

过笨拙，似乎是在'当当'响着行驶，而不是在飞行"。但它们是可靠的飞机，有着波浪形硬铝机身，有两个炸弹舱，能携带3300磅炸弹，"是德国派往西班牙的最重的轰炸机"。① 为了对付小城格尔尼卡，那天晚上它们共负载了40—50吨炸弹，几乎和当天投在整个比斯开湾地区的炸弹一样多。② 从维多利亚起飞的菲亚特战斗机为它们以及新型的梅塞施米特–Bf109单引擎快速战斗机护航——总共有29架飞机。比达尔写道，容克–52"排成连续的由三架飞机组成的楔形队形，这意味着它们的攻击正面达到大约150米"——即500英尺宽。③ 地毯式轰炸就得名于这种宽大正面的攻击，飞机排成队形前进，像地毯卷起一样掠过一座城镇。由于格尔尼卡没有重要的防空设施需要摧毁，菲亚特和梅塞施米特便离开了编队，专注于扫射拼命奔跑以躲避雨点般的子弹的平民。飞行员们甚至还用机枪扫射起羊群，牧羊人们正赶着它们离开集市，走在城外回家的路上。

格尔尼卡的大部分建筑底层以上部分都是用木头建筑的。因此，中部和前部均有炸弹舱的容克轰炸机，既携带高爆炸弹也携带燃烧弹——高爆炸弹用来划火柴，燃烧弹用来点火。高爆炸弹重100—500磅，从容克的中部弹舱投下。两磅重的燃烧弹是长14英寸、直径2英寸和管状镁铝合金外壳（成分为92%的镁、5%的铝和3%的锌），里面装满铝热剂。这些燃烧弹再装入可抛弃的金属布撒器中。每个布撒器内可装36枚燃烧弹。在预先设置的较低高度，炸药包会引爆布撒器，使里面的炸弹散布到目标地区。

那天晚上共有数以千计的镁铝燃烧弹投在了格尔尼卡，就像屋檐上折断的冰柱一样落下。燃烧弹中的铝热剂是一种铝和氧化铁的

---

① Steer（1938），p. 238.
② Corum（1998），p. 8.
③ Vidal（1997），p. 2.

粉状混合物。被触发引信中的雷管点燃后，温度瞬间就会升高到将近2200摄氏度，燃烧不到一分钟后，又会通过触发引信上方套管顶端钻出的环孔点燃镁质套管。套管继续燃烧15分钟左右，直到所有的镁都耗尽。镁铝合金燃烧弹是纯燃烧金属，其火势几乎是不可能扑灭的。

伦敦《每日快报》记者诺埃尔·蒙克斯返回毕尔巴鄂后，在他住宿的总统饭店（Presidencia Hotel）邂逅了伦敦《泰晤士报》记者乔治·斯蒂尔和路透社记者克里斯托弗·霍姆（Christopher Holme）。三位记者到斯蒂尔住宿的托龙特吉（Torrontegui）酒店附近共进晚餐。一个名叫罗伯茨（Roberts）的不定线货船船长，带着他的小女儿菲菲（Fifi）也加入了他们。罗伯茨做的是向巴斯克地区走私食品的生意。他们刚吃了第一道菜——"豆子，"蒙克斯自嘲地写道——正等第二道菜罐头牛肉时，"一名泪流满面的政府官员，突然闯进了气氛阴郁的餐厅，大声哭叫道：'格尔尼卡被毁灭了。德国人轰炸，轰炸，不停地轰炸！'"[①]

蒙克斯关注了一下时间——晚上9点半。"罗伯茨船长硕大的拳头重重地砸在桌子上：'血腥的猪！'"几分钟后蒙克斯、斯蒂尔和霍姆搭上了巴斯克政府的一辆小汽车，向格尔尼卡疾驰而去。在漆黑的夜色中，他们在10英里开外就看到了云层反射着小城熊熊的火光。斯蒂尔描述了轰炸高潮时的情景：

> 没有钻进防空洞的人们都在大火前向北逃跑，空袭格尔尼卡的飞机飞得相当低。由于下方正在蔓延的大火激起的浓烟和沙砾，它们一定难以发现目标。它们飞在600英尺的高度上，

[①] Monks（1955），p. 96; van Hensbergen（2004），p. 40.

缓慢但又不间断地投下它们带来的银管。银管落在仍挺立在像是令人无法忍受的热气池中的建筑上，滑动、坠落，从一层到另一层。格尔尼卡小而紧凑，像个妙龄女子，成了德国飞机的刺激物。这时已没有人还会费心去抢救亲戚或财产。他们在爆炸的炸弹之间走出格尔尼卡。在令人窒息的浓烟中，在通向贝尔梅奥（Bermeo）和穆希卡（Mugika）的道路上，坐着数以百计困惑不解的人们。飞行员也动了恻隐之心，战斗机飞走了。他们不再搜寻并屠杀移动目标，不再在开阔地上追逐人们。人们也在喧嚣、热气和恐怖中精疲力竭了。他们像一捆捆待洗的脏衣服一样躺倒了，什么也不想，四仰八叉，一动不动……大火正在逐渐吞没拥挤不堪的整个格尔尼卡小城。①

蒙克斯回忆起帮助一些巴斯克士兵搬运烧焦的尸体的情景。眼看着房屋坍塌在大火中，士兵们"像小孩子一样啜泣"。他看见一大群惊恐万状的难民挤在广场上，几乎被一圈火墙包围着。"他们号啕大哭，剧烈颤抖。"他随着幸存者们绕到了广场背后。"他们讲的都是同样的故事，飞机、子弹、炸弹、大火。"②

那天至少有300人，也可能多达上千人，在格尔尼卡遇难——有被机枪打死的，有被炸弹炸死的，也有被大火烧死的。有超过500名伤者在毕尔巴鄂各医院接受救治。

冯·里希特霍芬在首次视察了已被国民军攻克的格尔尼卡后，在他1937年4月30日的战争日记里记下了这次轰炸的情况。蒙克斯和斯蒂尔的报道分别于4月28日和29日在伦敦和纽约的报纸上刊出

---

① Steer（1938），p. 240.
② Monks（1955），p. 97.

后，佛朗哥的司令部立刻发出了掩饰恐怖轰炸的文告，甚至在这样早的时日，冯·里希特霍芬就已经在为这样的掩饰添砖加瓦了。然而德国人和国民军还没有完全协调好他们的谎言：佛朗哥声称是在一次例行轰炸后，"赤色分子"在格尔尼卡纵了火，制造了暴行的假象，但冯·里希特霍芬在日记中抱怨说是烟雾的消散条件妨碍了他的飞行员们执行预定的精确轰炸任务。耐人寻味的是，他们声称的目标——小型兵工厂、运河上的桥梁——都毫发无损。一年后，秃鹰军团的一份战役总结报告讲出了真相："我们在打击接近前线的目标方面，特别是对敌人军需储备和指挥部所在村庄的轰炸，有着显著的成效。我们能取得巨大成功，是因为这些目标很容易被发现，并且能通过地毯式轰炸予以彻底摧毁。"[1]

斯蒂尔在轰炸的第二天从毕尔巴鄂发出的新闻稿中，已经意识到了这一事件的历史意义。他写道："对格尔尼卡的空袭，其实施方式、打击规模，正如其目标选择，是军事史上前所未有的。格尔尼卡并非军事目标。一座生产军事产品的工厂在城外且根本未被触及。离城有一段距离的两座军营也是如此。该城远在战线后方。轰炸的目的似乎就是瓦解平民的士气，毁灭巴斯克民族的摇篮。"[2]

然而，冯·里希特霍芬的本意倒没有那么宏大。无疑，他想恐吓和瓦解敌方士气，但他并不了解这座被毁灭的小城的历史。当他于4月30日到达该城，视察了破坏情况之后，他以一种粗鄙之人的敬畏，在战争日记中写道，那里"神圣的橡树……体现着一千多年来比斯开地区在国王之下的权利"，并且不无得意地补充道，比斯开神圣的橡树"没有被摧毁"。[3] 古老的巴斯克民主的象征也许没有

---

[1] 引自 Corum(1998), p. 8。
[2] 引自 Southworth(1977), p. 14。
[3] von Richthofen(1937), p. 129(35).

被摧毁，但其他的一切都被摧毁了：格尔尼卡70%以上的建筑物都遭到了轰炸并被焚毁，这一比例堪与不到十年后广岛和长崎受到的破坏程度相比。广岛和长崎的遭遇可谓格尔尼卡首当其冲的大规模破坏的转移。① 而在广岛和长崎之前，柏林也将被焚毁，还有汉堡、德累斯顿……大规模空中打击的新技术，最终将报应到其残忍的先驱者。

"当格尔尼卡城遭到轰炸的消息传到我们这里时，"摄影家曼·雷（Man Ray）回忆起毕加索的反应，"他彻底地心烦意乱起来。自世界大战时起，直到这时，他还从未对世界和外部事务做出如此激烈的反应。"② 毕加索找到了自己的主题。

希特勒和墨索里尼的飞机
投下的上千颗燃烧弹
使格尔尼卡城
化为灰烬

1937年4月28日的《人道报》大幅报道了这个消息，将其传遍巴黎。③ 法国共产党新近创办、由毕加索的朋友路易·阿拉贡主编的《今晚报》（*Ce Soir*）于4月30日刊出了格尔尼卡的废墟上浓烟滚滚的照片。毕加索曾对他的一位摄影师皮埃尔·戴（Pierre Daix）说，

---

① Vidal（1997），p. 4; Gonzalo Cárdenas Rodriguez, the general architect of Devastated Regions, "which meant, therefore, 74.4% of those that existed in the town of Guernica and the neighborhood of Rentería 19."
② 引自 Baldassari（2006），p. 166。
③ Baldassari（2006），p. 167, Figure 58.

《今晚报》的照片是他将要画的壁画的直接动力。[1] 马丁·米恩乔姆指出,他也可能看过4月30日开始在巴黎发行的杜兰戈被炸的照片集。[2]

那年年初,多拉·玛尔在大奥古斯丁(Grands Augustins)街7号为毕加索找到了一处宽敞的阁楼工作室,是左岸一个封闭的鹅卵石院子后面的一幢18世纪建筑,步行不多远就可以到达塞纳河上的新桥(Pont Neuf)。西班牙政府租下了这栋房子供他专用。就是在这里,1937年5月1日,毕加索在对格尔尼卡遭到毁灭深感震惊,对佛朗哥栽赃共和军深感厌恶的情绪下,用铅笔在一张蓝色速写纸上迅速地画下了他对《格尔尼卡》的初步构思。

最初的草图上对作品基本要素的组织,与最终的形式几乎是一样的。从观者的角度看,自右至左为:屋子的角落,或者一座房子暗示有一扇敞开的门;一个人从上方的窗户里伸出头来,一只胳膊举着一盏灯;窗户的下方有一条曲线,向右、向前,然后转弯向左,接近纸的下缘,以表示前景;窗户的左方,一只已死或者垂死的动物的躯体充满了画面的中央,它仰躺在地,两条后腿抬起伸向空中;有某种水平的物体躺在动物的前面;在纸的左上部分,是一头较小或者较远的牛,其背上还有一个带翅膀的物体。

1935年时,毕加索曾谈起他保存照片的兴趣,"不在于照片的拍摄地,而在于画面的变形"。在陪伴毕加索创作《格尔尼卡》的两个星期里,多拉·玛尔所开始做的,正是这样的事情——显然,这在艺术史上还是第一次。但是在他1935年的评论中,他又补充道:"有一件很奇怪的事情,就是注意到基本上一幅画是不变的,

---

[1] Daix(1993), p. 250.
[2] Minchom(2012), p. 24.

尽管外观会有不同，但第一点'视象'几乎是原封不动的。"[1] 毕加索在5月第一天手绘的第一张动态草图就将是这种情况：就其基本要素和空间组织而言，已经为随后将完成的巨幅壁画奠定了基础。

一个探索性的变化立刻就发生了：毕加索在5月那个星期六画的五幅草图的第二幅中，将牛和垂死的动物的形象移到了前景——纸面的下半部——垂死的动物已经明显是一匹马了，他横贯纸面画了一条水平的线，将下半部的前景和上半部的背景区别开来。于是背景中在建筑物的左边又容下了另一头牛，在牛和建筑物之间，他又以一条模糊的螺旋形的线，画出了可能是被炸毁的城市的废墟。

这种变化将画面划分为两个截然不同的水平板块，并使前景中的动物与背景中的废墟分离，使得这幅画几乎要变成田园风光式。这样还要求将画面右侧的建筑物及其上方窗户中探出的举灯的人物后移并缩小，这将降低它们在画中的重要性。

毕加索显然对第二幅草图的安排并不满意。他立刻放弃了。当他画下一幅也就是当天的第三幅草图时，他放松了自己的主观控制，也让约束他的半现实主义风格随之而去。在这幅草图中，他画出了放纵、无技巧、近乎无意识的风格，也就是他教自己模仿天真儿童涂鸦的风格。

他在前景中平放了三个无技巧地勾勒出的形象：画面极右边有一匹直立的马，仿佛在挑战地心引力，立在面对观者的一幢建筑物的旁边；第一匹马左边的第二匹马，肚子上有一个大大的泪珠状伤口，里面画出了很多条曲线，表示肠子正在流出；占据着画面左下方的，是又一匹粗略勾画的马，有着粗壮的、弯曲的脖子，反转的

---

[1] 引自 Galenson（2002），p. 59。

头上眼睛在底部，耳朵在顶部，嘴向左边张开，脖子正面是像气球一样膨胀的身子，四条蜘蛛般的腿弯曲着触及纸的下缘。速写在左上部的第四匹马，像第二匹马一样更多地保持了现实主义风格，脖子和头均伸展开。在画面顶端君临一切的，是持灯者的灯，粗线画出的举灯的手臂是从右上方的角落里伸出的，那里流线型的、彗星一般的人头上长着罗马人的鼻子，似乎有些像玛丽－泰蕾兹了。

回归原始或孩童般笔法，那天像以往经常出现的情况一样，对毕加索来说很奏效，使他从现实主义的拘束中解放出来。在第三幅草图中，他在部分解决了填充水平画布，又不用将其分为前景和背景的问题。从右边一直伸展到中央的持灯者，将画面的两个平面连接了起来。那匹痛苦的马也是如此。而且将最右边的马画成直立状，甚至付出让它违抗地心引力的代价，使毕加索产生了可以用垂直物体填充右手边的空间的想法——他立刻试验了这种想法，在第一匹马旁边又添加了一匹马。第一匹马受了致命的伤，疼痛地蹦跳了起来，龇着牙，一只可以看到的眼睛里还掉下了眼泪。

接着，仿佛是为了庆祝，毕加索又拿出了一张蓝纸，将其编号为"4"，画了一匹像是三岁幼童画的马。画面上，一匹马平静地立在用好几道铅笔线表示的地面上，还添加了一个小棍状的大步行走的人物，其手臂欢快地伸向了右下角毕加索通常签自己名字的地方。

毕加索在发现了可以走出死路、又能随心所欲地画自己的画的途径后，接下来又简略地画了一幅强烈现实主义风格的正在痛苦地跌倒的马。这匹马后腿着地，但向侧面扭曲着，前腿绊跌，脖子伸展着，又向后扭动着，马嘴张开着，仿佛在痛苦地嘶叫。这幅动态草图，本身就有令人震惊的力量。在此前画了那幅欢快的像孩子画的马之后，毕加索用阿拉伯数字将这幅草图编号为"5"。

当天那个系列的最后一幅画，毕加索用铅笔和油彩画在了一

第九章　苦难与死亡的海洋

块长方形的画板上,总结了他迄今的构思:在前景中,一匹瘫倒在地的马肚子上有一道深深的伤口,里面有一匹带翅膀的小马正要逃走;在垂死的马后面,一个戴着罗马头盔的勇士俯卧在地,显然是死了,他的手中仍然紧握着长矛;勇士的后面是一头异常平静的牛面向着左边,还有一幢有着瓦屋顶的房子,持灯人像先前一样从上方的窗户中探出身子,举着一盏灯。

然而仿佛一天做了这一切还不够似的,毕加索以一张大幅的油画结束了他第一天的工作——《沙滩上的两个裸女》(*Two Nude Women on Beach*)。这又是他的户外怪物场景之一,是用墨水和水粉颜料画在一张长27英寸、宽22英寸的木画板上的。

第二天,5月2日星期日,毕加索又完善了一下马头。在第5号草图中,马伸长了脖子痛苦地嘶鸣,但它张开的嘴里既没有画出牙齿,也没有画出舌头。现在,在蓝色的纸上马头的侧面像有了两种不同的画法。毕加索在检验着这两种方案,一种是将上牙画进马嘴里,另一种现实主义的成分更少,将上牙画在马嘴外,从口套里伸出来。他还将马头简化和风格化,为使马的牙齿保持立体主义的错位,又将马的两只眼睛全都画在马头的近侧。在两幅草图中他都给马画上了很突出的舌头,伸出嘴外以体现牲畜的惊叫。舌头是尖头的三角状,像匕首一样,是从他愤怒地画他那长着刀子嘴的失和妻子、芭蕾舞演员奥尔加·柯克洛娃的画中顺手借来的。[①] 由于他已经给持灯人赋予了玛丽-泰蕾兹的容貌特征,他于是再次挖掘自己的私人感情意象,以加强他正评估的画中形象的复杂性、模糊性和力量。

星期日的第三幅草图画在一张不规则的棕色废纸上。毕加索画

---

① Daix(1993), p. 250.

出了马惊叫的原因,粗略画出的马头上嘴里满是牙,马的下方用立体主义的手法描绘了一头愤怒地在战斗的公牛,一条前腿抬起,仿佛要刨地,匕首般的舌头颤抖着,竖起的尾巴尖上有一条像是冒着烟的火焰的螺旋线。他将在《格尔尼卡》中保留这条尾巴,并将表示火焰的螺旋线一直延伸到画的底部。

最后,毕加索在一幅3英尺长、2英尺高的画布上,以黑色为背景,用灰色和白色画出了马在嘶吼的头。

接下去的三天,毕加索没有为《格尔尼卡》工作。他大概因巴塞罗那爆发的政治派别间的暴力冲突而心烦意乱。巴塞罗那比马德里更像是毕加索在西班牙的家。他在那里上了艺术学校,在那里度过了青春,在那里最早展示了他的艺术,在那里逐渐形成了他的"蓝色时期",也是在那里,他发现了《亚威农少女》(*Les Demoiselles d'Avignon*)中的娼妓。

接下来五幅为《格尔尼卡》所画的草图,日期全都写的是1937年5月8日,表明他正在探寻壁画的基本形式。第一幅草图中有牛;垂死的马;未戴头盔、手持一支折断的矛的已死的男性人物;画面右边有一位母亲高举双手,一个死去的婴儿垂在她的膝盖上,这是根据他从德拉普雷的报道中读到的情景衍化的;这些形象之后是一幢有窗户的房子,一条快速绘出的动态线指示了持灯人的位置;房子后面是另一条快速绘出的动态线和一条天际线,似乎在表示远处的火。

然后毕加索从先前的草图中探索了两个形象:那匹马和那个死去的孩子的母亲。他全神贯注于马牙的位置,画了一匹有前后颌的马,不知为何上牙既在上颌也在下颌。继而他又尝试母亲穿上传统的西班牙服装,包括戴着一件头纱,向后张开,像披肩一样,以突出由母亲的位置向前和向上推所形成的整体的直角三角形。母亲的一条腿从蹲坐中抬起,另一条腿向后蹬去。丰满、下垂的乳房强调母亲在哺乳期,她的孩子还没有断奶就死了。

毕加索整个周末都在继续工作。他先前也这样度过周末。5月9日星期日,他重新画了母亲和孩子的形象并最终完成,是用墨水画的一幅详细的图。他画出了光与影,以用三维表现出两种形式:孩子显然是死了,所以用更现实主义的手法画出,母亲则画得显然极度悲痛。

继而,在那同一个星期日,他进行了整幅画布上的大构图研究,用铅笔在一张4英尺长、2英尺宽的纸上画满了人和物。从观者的角度自右至左为:一张半开的门,上方是燃烧的屋顶;一只肌肉健壮的胳膊举着拳头,从相邻的房子一扇较低的窗户里伸出;母亲和她死去的孩子;垂死的马;马的下方是死去的战士;马的后面是一只马车车轮;马车车轮后面是有瓦屋顶的房屋,持灯人从这座房子的上窗口伸出了她的灯;房屋的左边是一头牛,它身体的左侧面对着观者,但它回头观望着死亡的景象,显得很是吃惊;牛身后还有其他房屋,另一只举起的拳头从上方的一扇窗户中伸出;一个女人坐在门口,抱着一个死去的男人和一个死去的女人的尸体,表情绝望——人物和事件的混杂。至此毕加索可能一直在考虑在燃烧的小城设置一个人、物众多的场面。许多他将最终用于壁画的形象已经出现了,但是构图仍未产生聚合效应。

5月10日星期一,毕加索打磨起个体的形象——母亲和她死去的婴儿在草图上正从楼梯上下楼;已死的马身子扭曲着,头抵在了地上;马的嘴上和头上有了两处变化,旁边还详细地画了一条单独的马腿;牛头呈人脸状。

5月11日星期二,出现了重大变化。毕加索这时已对自己要画一幅什么样的画胸有成竹,他在一张巨幅的木质画框上展开了画布。

画布高11.5英尺、长25.5英尺，在大奥古斯丁街7号宽敞的阁楼空间竖立了起来。这个画架实在是太巨大了，以至于不得不挤进坡状的阁楼椽子的翘起处，用长柄刷子来作画，有时还得站在一架折梯上画。画家用黑色颜料和一支狭长的画刷，在巨大的画布上画出了这幅画的第一个完整版本。毕加索的传记作者罗兰·彭罗斯写道："毕加索画得很快，几乎是画布刚布置好，第一版的轮廓就已经跃然其上。"① 他派人找来了多拉·玛尔。她带着她的禄来福来（Rolleiflex）相机和灯来了，拍下了《格尔尼卡》的创作过程——也就是毕加索1935年提出的"照片的变形"——的最早一系列照片。② 她使用的一盏灯映射在画布上，表明最终的画面上方中央将出现一只灯泡。③

　　大量的书籍和文章都描述过毕加索创作《格尔尼卡》的过程。④ 不大为人所知的是毕加索在这幅作品中分层植入的许多对其他画作的视觉参考。我想，他这样做是为了加深其暗示和隐喻的视觉效果，以使《格尔尼卡》笃定能名垂史册并流芳千古。这幅画中的几乎所有形象，在大量广为人知或鲜为人知的大师的作品中都有两三个原型，由此深化了其意味，就像给已有的词语增添了新意义一样。

　　对于这种分层植入过程记录最好的例子就是持灯人这一形象。她是女性——毕加索在窗户处添加了乳房，以确保这一点是清楚的——并且在最终的画面中肖似玛丽-泰蕾兹，尽管毕加索在此前的一些草图中，也曾给她画上过多拉·玛尔的头发和面貌特征。⑤ 这个形象的来源之一是私密的：在巴黎东北方布瓦热卢（Boisgeloup）毕加索的乡间别墅里，天黑后多拉·玛尔曾经从上层

---

① Penrose（1981），p. 302.
② 多拉·玛尔拍摄的毕加索创作《格尔尼卡》的照片，www.museoreinasofia.es 可在线观看。
③ Baldassari（2006），p. 172.
④ 描写毕加索创作《格尔尼卡》的书籍和文章，见其众多传记。
⑤ Daix（1993），p. 252.

的窗户中伸出过一盏灯,看看是哪位客人在敲门。①

由此,线索又引向了毕加索自己的作品,尤其是1935年的《挑战米诺陶》(*Minotauromachy*)——《格尔尼卡》的前身之一。画中一个纯洁无瑕的小姑娘举着一支蜡烛,拦住了刚刚用剑杀死了一名女斗牛士的巨头的牛首人身怪物。彼得·保罗·鲁本斯(Peter Paul Rubens)绘于1638年的《战争的恐怖》(*Horrors of War*)是毕加索此画的又一个明显的前身。如果你把鲁本斯的画翻转一下,其自右向左描绘的是:一扇部分敞开的门,一个恐惧地举起双臂的女人,一个将手伸向左边、越过一个士兵的裸女,那个披甲戴盔的士兵高举的拳头里还扣着个盾牌,另外还有几个各种各样的士兵形象,或站立或倒下,其中一人举着一支火把。

毕加索显然将这个士兵高举的拳头与他画在《巴黎晚报》头版上高举着锤子、镰刀的手臂联系在一起,并将其纳入《格尔尼卡》的早期版本中。随着画作构思的推进,他将这种对统一战线的团结过于直白的敬礼,逐渐替换为某种象征物,先是太阳,继而是像太阳一样的眼睛,瞳孔中有个灯泡。这些象征物似乎源自画布上映射的多拉·玛尔的照相机的灯光,但也暗指一些西班牙教堂上的"上帝之眼"(Ojo de Dios),绘于或嵌于教堂圆顶的内部,俯视着会众,表示在观察和审判所有人。

《格尔尼卡》所暗指的另一个持火把者,是皮埃尔-保罗·普吕东(Pierre-Paul Prudhon)大约绘于1805年的《正义和神圣的复仇追逐罪恶》(*Justice and Divine Vengeance Pursuing Crime*)中代表"正义"的带翼人物。这幅画中画了一个倒在地上的赤裸男人,胸部的作品正流着血,画面左边还有一个罪犯正在逃跑。还有一个不

---

① 根据胡安·拉雷亚的说法,MOMA(1947),p. 67。

太明显但很有可能成立的暗指,是雅各布·乔登斯(Jacob Jordaens)1642年所画的《第欧根尼寻找诚实的人》(*Diogenes Searching for an Honest Man*),在构图上与毕加索的画有相似之处——第欧根尼举着灯笼立于中央,左边有一人从上方的窗户探身向外张望,在抬头望的牛的地方毕加索画了一头公牛,画面也是横幅。乔登斯是一位佛兰芒画家,是与鲁本斯同时代的人,也是毕加索喜爱的艺术家之一。鲁本斯有时会雇用乔登斯为自己画复制品。第欧根尼大白天打着灯笼寻找诚实的人的故事,与《格尔尼卡》中持灯人的行为有共鸣之处——举起一盏灯,将格尔尼卡遭到轰炸的恐怖景象展现给世人。

最后,也许最令人惊讶的,是举着油灯、尖尖的手指搭在窗户上的持灯人,会令人联想到高举着火炬、头上有尖尖的光芒的美国自由女神像。这座雕像是在法国建造,于1886年捐赠给美国的。西班牙诗人和评论家胡安·拉雷亚(Juan Larrea)1947年在现代艺术博物馆(Museum of Modern Art)举行的一次《格尔尼卡》的讨论会上指出了这一联系。他认为与自由女神像的暗通,在毕加索是无意识的,但在巴黎,至少有三座规模较小却仍然意义重大的自由女神像的模型。一座在卢森堡公园(Jardin du Luxembourg);一座在塞纳河的格勒内勒桥(Pont de Grenelle)附近,立于一个石头基座上,非常引人注目;还有一座是最早的石膏模型像,在工艺美术博物馆(Musée des Arts et Métiers)。[①] 这三座像很可能毕加索全都看见过,他的视觉记忆是非常强大的。

整个5月,毕加索都在紧张地为《格尔尼卡》工作。在多拉·玛尔记录工作进展的系列照片上,阁楼的地板上丢满了烟蒂。多拉·玛尔也参与了绘画工作,在受伤的马的身体上添加了许多短竖记号。

---

① MOMA(1947),p. 66ff.

二人读过同样的报纸上关于格尔尼卡、马德里和其他共和军守卫的城市和小镇遭到轰炸的报道，那些记号会令他们想起其中的语句。皮埃尔·戴指出，毕加索在其早期的报纸拼贴画中，也使用过同样的标记技巧。①

塞特回忆道："当西班牙馆开馆的日子就要来临时，我们还不知道我们在举行开幕式时能否收到画布。有一天在咖啡馆，毕加索对我们说：'我不知道我什么时候能画完。也许永远画不完了。你们最好是什么时候需要就什么时候来取吧。'"②

5月当中，马克斯·奥布提议西班牙政府为这幅画向毕加索付酬。毕加索则提出捐献这幅画。奥布希望以付酬来换取政府对这幅画的法定所有权。毕加索同意了。5月28日，奥布向他的上司、西班牙驻法国大使路易斯·阿拉基斯塔因（Luis Araquistáin）提交了一份备忘录，报告了他与那位画家达成的协议：

> 今天上午我和毕加索达成了协议。尽管我们的朋友不愿因完成了《格尔尼卡》而接受大使馆的资助，他想将此画捐献给西班牙共和国，但我反复强调了西班牙政府希望至少要补偿他因这件作品而承担的开支。我最终说服了他，因而给他开出了一张15万法郎的支票，他签署了相应的收据。尽管鉴于这幅画不可估量的价值，这笔钱只不过是象征意义的，但就实际而言，这仍然代表着共和国一笔同样价值的采购。③

1937年的15万法郎，价值大约相当于今天的9.8万美元。这不

---

① Daix（1993），p. 251.
② MOMA（1947），p. 9.
③ 引自 Palau i Fabre（2011），p. 321。

是一笔小数目，但毕加索在内战期间向西班牙共和国的捐赠要数倍于此，此后他也曾私下里向其难民捐过款。因此，以这笔法郎确立了对此画的所有权，应当说是仰仗于奥布的影响力。

同样是在5月，毕加索首次发表了关于他的政治信仰的政治声明，对巴黎流传的他支持佛朗哥的谣言做出了回应：

> 西班牙的战争是反动派对抗人民、对抗自由的战斗。我作为一名画家的整个人生，无非是同反动派和艺术的死亡所进行的不懈的斗争。怎么会有人产生一丝的念头，认为我能与反动派和死亡达成妥协呢？当叛乱开始后，合法当选的西班牙共和国民主政府任命我为普拉多博物馆馆长，我立刻接受了这一职位。在我正在创作、我将称之为《格尔尼卡》的画作中，在我近期的所有艺术作品中，我都明确地表示了我对军人集团的痛恨，他们使西班牙陷入了苦难与死亡的海洋。[①]

皮埃尔·戴在评论毕加索的画，也就是对格尔尼卡轰炸时写道："实际事件的标志，在那匹马身上，是形成错视的报纸拼贴画；也在那巨大的画布上，像当时的画报杂志一样，几乎是没有颜色的。"[②] 这话说得很对，但不全面。画布像电影屏幕一样大，投射在其上的形象——在1937年，像当时的电影，当然也像当时的纪录片一样，是黑白的——并不是正常大小，而是大于实际尺寸，正如电影要映出移动物体的形象。毕加索很喜欢动画片。他认为动画片不仅仅是娱乐，而且是一种新技术、一种新的艺术形式。他借鉴动画

---

① 引自 O'Brian（1976），p. 321。
② Daix（1993），p. 251.

片，正如他借鉴他所遇到的所有工艺和技术一样。他想象中的捕捉《格尔尼卡》中的景象的相机是立在地上的，看不见天上穿梭来往的飞机。它记录的是地上的人们和动物的反应。

T. J. 克拉克写道，在《格尔尼卡》中，"女人的惊恐和好奇得到了充分的表现——她们甚至在毁灭的时刻都要扮演见证人的角色。她们仿佛是被固定和冻结在一种机制、一种框架上。炸弹是战争完美的抽象物——纸上的战争，作战室里想象的战争，作为'政治的其他手段'的战争。当战争真正来临时，就是这个样子"。①《格尔尼卡》中活下来的人全都是女人，毕加索曾在一次评论中说女人是"忍受痛苦的机器"，大多数人都认为他这话冷酷无情，然而尽管如此，这话也揭示了一个秘密，当这位西班牙画家步入晚年，放松了足够的戒心后，他解释道："我是个女人。"②

女人，是的，但他也是个男人，一个艺术家：《格尔尼卡》中的公牛以一头野牛的原始而令人难解的目光抬头凝望着。皮埃尔·戴说："在此一个高贵的对手，面对着令他感到羞辱的杀戮，厌恶地转过身去。"那头公牛有着一双毕加索的眼睛。③

"5月和6月，毕加索继续［画着］他的画，"塞特回忆道，"有一天他带着画来到了展馆。我想那是6月下旬。我记不清准确的日期了。他把画带来了。他非常喜欢这幅画，当真认为这是他非常重要的一幅作品，是他本身的一部分……他把《格尔尼卡》带到了展馆，把它在水泥地上展开，然后又放上了一个绷画布的框架，然后贴在了墙上。"④

---

① Clark（2013），p. 270.
② 引自 Clark（2013），p. 225。
③ Oppler（1988），p. 97.
④ 引自 Freedberg（1986），p. 661, n. 55。

1936年7月，一场由西班牙将军们蓄意发动的政变，导致了将在巴塞罗那举行的"人民奥运会"的流产。仓促组成的民兵奋起反击

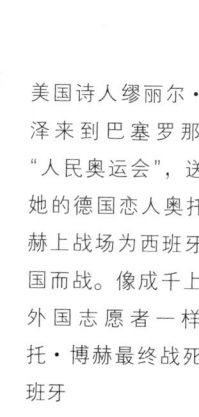

美国诗人缪丽尔·鲁凯泽来到巴塞罗那报道"人民奥运会"，送别了她的德国恋人奥托·博赫上战场为西班牙共和国而战。像成千上万名外国志愿者一样，奥托·博赫最终战死在西班牙

纳粹德国为叛乱的将军们提供了飞机,以世界上首次大规模空运行动,将北非雇佣军运到西班牙

年轻的民兵们"处决"基督雕像,象征对长期压迫他们的教会和贵族发动进攻

西班牙人民保卫城市的战斗口号:"此路不通!"(¡No Pasaran!)

指挥国民军进攻西班牙共和国的血腥将军佛朗哥

当佛朗哥的军队打到马德里大门口时,第一批3000名美国志愿者抵达,前来支援忠于共和国的民兵们

英国生物学家 J. B. S. 霍尔丹（左）前来调查国民军有可能使用毒气的问题。他认为燃烧弹和高爆炸药更为致命

加拿大医生诺尔曼·白求恩（左）和他的助手黑曾·赛斯正在装备救护车，准备为共和军前线运送血液

英国作家乔治·奥威尔志愿同民兵们一起战斗,他的经典回忆录《向加泰罗尼亚致敬》记述了这场内战

外科医生爱德华·巴斯基在美国通过公众集会筹款,在西班牙建起了医院,为数以百计的伤员做了手术

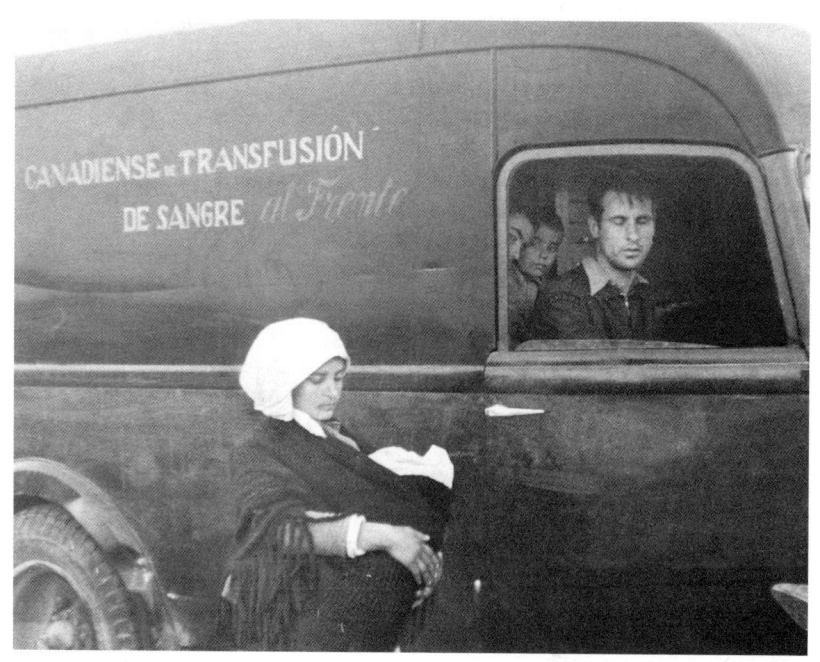

当佛朗哥的飞机扫射逃离被占城市马拉加的难民时,白求恩和赛斯拼命地将妇女和儿童抢运到安全地带

希特勒和墨索里尼为佛朗哥提供了空军,战争史上首次出现了对平民实施的大规模恐怖轰炸

毕尔巴鄂附近历史悠久的巴斯克小城格尔尼卡,成为第一个被燃烧弹蓄意摧毁的城市

巴勃罗·毕加索以其不朽杰作《格尔尼卡》对暴行做出了回应。他的情人、摄影家多拉·玛尔摄下了他创作的情景。1937年在巴黎世博会上,人们蜂拥而至,来观看这幅壁画

加泰罗尼亚画家胡安·米罗也为1937年的巴黎世博会创作了壁画《反抗中的加泰罗尼亚农民》,这是与《格尔尼卡》对应的作品,可惜后来这幅画在战乱中丢失了

当佛朗哥的军队逼近毕尔巴鄂时,巴斯克人用船将约10万名妇女和儿童疏散到法国和英国

玛莎·盖尔霍恩和欧内斯特·海明威为美国报刊报道这场战争,并开始了一段激情四射的爱情

英国护士佩兴丝·达顿(前排右)为共和国战地医院服务。她和国际纵队战士罗伯特·阿奎斯特(后排右)相爱并结婚

在马德里以西20英里的布鲁内特，成千上万人战死，才与佛朗哥的军队形成僵持局面，而德国和意大利仍在不断增援佛朗哥

到1938年夏天时，佛朗哥的军队已攻占西班牙一半国土。共和国保卫者跨过埃布罗河，试图发动一次奇袭

埃布罗河谷上方的一座山洞，洞内有自己的新鲜泉水，还能避开德国飞机的扫射，得天独厚地成为野战医院的地址

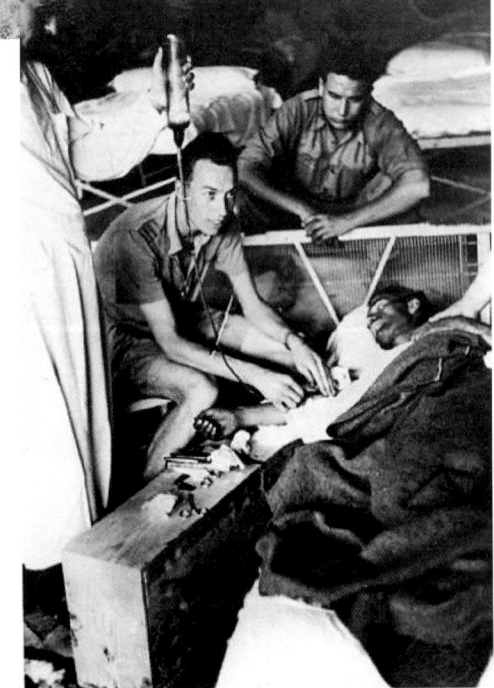

志愿者医生和护士在山洞中救治山下激战中负伤的战士们。佩兴丝·达顿也在这些志愿者中

佩兴丝·达顿在得知自己的丈夫战死后,来到前线做护理工作,以平息自己的悲痛

佛朗哥获胜后,德国和意大利的飞机在马德里的一次庆典中以队形拼出了他的名字。佛朗哥的独裁统治压迫这个国家一直到1975年他死后。西班牙在恢复国王制后,民主才随之而来

2013年,布鲁内特居民埃内斯托·比尼亚斯和作者一起考察昔日战场,那里仍然散布着这场西班牙"小世界大战"的遗物

第十章
理想主义的傻瓜

英国作家和记者乔治·奥威尔作为志愿者,在加泰罗尼亚阿拉贡前线一个冰冷的山腰上,度过了一个悲惨的冬天。终于,1937年4月下旬,他所在的部队获得了换防。他穿着破衣烂衫和磨破的靴子,几乎是光着脚,浑身爬满了虱子,返回巴塞罗那。奥威尔在《向加泰罗尼亚致敬》中写道:"我想洗个热水澡,想换身干净的衣服,在床单上睡一夜,比一直过着正常的文明生活的人的任何愿望都更强烈。"[①] 他于4月26日下午回到巴塞罗那。他的妻子艾琳(Eileen)一直在那里等着他,然而还没等他安顿下来,政治派别间零星的战斗就开始了,最终酿成了所谓的"五月事件"(May Days)。这场骚乱导致身在巴黎的毕加索于5月3日到8日停止了《格尔尼卡》的创作,也使可怜的奥威尔端着步枪在一个房顶上趴了好几天,守卫他所效力的组织"马克思主义统一工人党"(Partido Obrero de Unificación Marxista,以下简称"马统工党")的总部。

具有讽刺意味的是,奥威尔于1936年12月到达西班牙后,志愿

---

① Orwell(1952),p.107.

加入反斯大林的中间派马统工党一方，几乎完全是因为偶然。英国社会主义者下院议员珍妮·李（Jennie Lee）记得他出现在自己下榻的巴塞罗那宾馆时的前景。"一个又高又瘦、面色惨白的人"，问她"能否告诉他到哪里参战。他说他是个作家，从高兰兹（Gollancz）出版公司得到了一本书的预付稿费，来这里准备开车或者做任何其他事情，最好是能到前线去战斗"。李将信将疑，请他出示证件。他说他没有证件："他没联系过任何人，就是自己出路费来了。"李回忆道："他指了指自己肩上的靴子，说他知道在这里不容易找到对他足够大的靴子，因为他高6英尺以上。乔治·奥威尔就是这样背着他的靴子来西班牙参战了。"这一点缓解了李的疑虑。她打发这个为靴子而得意的政治上的无知者去找约翰·麦克奈尔（John McNair）。麦克奈尔是国际劳工党（International Labor Party）驻当地的代表，而国际劳工党在西班牙隶属于马统工党。①

"我常常坐在楼顶上，为发生的这一切蠢事而惊叹，"奥威尔这样写到"五月事件"，"……你能看见方圆好几英里的景色——一片又一片细长的高楼，玻璃的圆顶或者曲线优美的屋顶，上面覆盖着绚丽的绿色或铜色瓦片。向东望去，是波光粼粼的淡蓝色大海——这还是我到西班牙以来第一次瞥见大海。这座拥有上百万人口的巨大城市，整个陷入了一种暴力的惯性中，一种一成不变的喧嚣的噩梦中。"街上空空如也，有轨电车停在乘务人员将它们抛弃的地方，但是兰布拉大道两旁枪炮声却几乎从不停歇，并且在大楼间发出回响，"持续不断，仿佛热带暴雨一样"。②

奥威尔说，一开始甚至连"谁在打谁，谁打赢了"都不清楚。③

---

① Davison（2010），pp. 68–69.
② Orwell（1952），pp. 130–131.
③ Orwell（1952），p. 131.

像西班牙通常的情况一样，政治如同格子图案般五彩缤纷。最终发现巴塞罗那骚乱的原因与西班牙共和国其他地方一样：战争开始时为迟滞佛朗哥领导的国民军的攻势，各种临时组织蜂拥而起，现在政府要收回控制权了。这时加泰罗尼亚政府表面上披了一层统一战线的外衣，但实际上是由共产党人掌控的。事实证明，共产党人对马统工党的敌意是不可调和的。

奥威尔和马统工党的另外五名战士一起，在那个覆盖着铅的楼顶守卫了三天三夜。他们的阵地在一座电影院的圆顶观景台的外面，面对着宽广的街道对面楼顶同样位置的一个班的政府军突击卫兵。双方同意互不开火，但奥威尔明白双方的战斗命令都可能随时通过电话传来。当他没有受到打扰时，他就阅读他刚一到达巴塞罗那就很有先见之明地买下的那一堆书，以打发时间。他完全清楚有全副武装的士兵在注视着他。当街对面的一名士兵突然开火之后，麻烦似乎开始了：

> 我端起步枪瞄准了他，向对面喊道："喂！你在向我们开火吗？"
>
> "啥？"
>
> "你在向我们开火吗？我们要还击了！"
>
> "不，不！我没有向你们开枪。看那儿——下面！"
>
> 他用枪指了指从我们大楼底部旁边穿过的一条小街道。的确，一个穿着蓝色工装裤的年轻人，手里端着步枪，正转过街角躲起来。显然他刚刚朝楼顶的突击卫兵们打过枪。
>
> "我在打他呢。是他先开的枪。"（我相信这是真的。）"我们不想打你们。我们都不过是工人，像你们一样。"
>
> 他敬了个反法西斯的军礼，我也还了个礼，又向对面喊

第十章　理想主义的傻瓜

道:"你们那儿还有啤酒剩下吗?"

"没有了,全都喝光了。"①

那个星期晚些时候,6000名共和军突击队员从巴伦西亚赶来控制局面。奥威尔说,就像所有其他事情一样,日益严重的粮食短缺结束了骚乱。柑橘有很多,但没有更多的食品了。5月7日星期五,下午城市恢复了正常。兰布拉大道两旁的店铺挤满了人,有轨电车也重新运营了。②奥威尔愤懑地意识到,他浪费了自己的假期,他又该重返前线了。

返回前线后,他晋升为中尉,负责指挥一个大约有30人——既有英国人也有西班牙人——的一个排。甚至该排的阵地都没什么变化,在萨拉戈萨东北方的战壕里,面对的国民军的壕沟在大约三分之一英里外更高的地方。至少天气暖和了,战线间无人地带的樱桃树也开花了。但奥威尔是个大个子,高6英尺2英寸(约1.88米),国民军的阵地居高临下,为他们的狙击手提供了便利。返回前线大约十天后的一个清晨,他正站在战壕矮护墙的一个角落里,同排里唯一的美国志愿者哈利·米尔顿(Harry Milton)交谈时,一名狙击手的子弹打进了他的喉咙里。米尔顿回忆道:"我听见高速射击的一声脆响,奥威尔就倒下了。他是背部先着的地。"③至少在回顾时,奥威尔对这次受伤非常陶醉。他自嘲地写道,这段经历"非常有趣":

大致来说,那是一种处于爆炸中心的感觉。似乎有一声巨响,一道耀眼的闪光从我四周掠过,我感到巨大的震撼——没

---

① Orwell(1952),pp. 132-133.
② Orwell(1952),p. 141.
③ 引自Jacobs(2001),p. 1.

有疼痛，只是强烈的震撼，就仿佛触了电一样。我有一种完全无力的感觉，一种遭到了重击、彻底枯萎的感觉。面前的沙袋突然退向了离我无比遥远的地方。我想，如果你被闪电击中，一定会有同样的感觉。我当即就明白我中弹了……所有这一切都发生在远远不到一秒钟的时间内。紧接着我的膝盖就弯曲了，我倒下了，头部重重地撞在地上，所幸没有撞坏。我有一种麻木眩晕的感觉，意识到自己伤得很厉害，但没有普通意义上的疼痛感。①

米尔顿组织了急救，按压伤口为他止住了血。几个星期后奥威尔在给一位朋友的信中写道："我的伤现在问题不大了，但它没要了我的命，简直是个奇迹。子弹穿过了我的脖子，却什么也没有打中，只一条声道，或者说是一根支配神经。那根神经麻痹了。"② 他的右臂也麻痹了。他们把他扶了起来——血从他的嘴里奔涌而出，他觉得自己肯定活不成了——于是他们又把他放倒了。"我首先想到的，很俗，是我的妻子。其次想到的，是对我将不得不离开这个世界感到强烈愤恨，毕竟，这个世界很适合于我。我有时间真切地感受到这点。这场愚蠢的不幸激怒了我。这太没有意义了！就这么被干掉，甚至不是在战斗中，而是在壕沟中这么一个人们用来撒尿的角落里，因为片刻的不小心！"有人抬来了担架。奥威尔的胳膊有了知觉，"疼得很厉害"，他知道他活下来了。③ 四名同志用担架抬着他，沿着泥泞、湿滑的道路走了一英里半，来到后方的一座急救站。他被注射了吗啡，然后一辆救护车一路颠簸着最终把他送到

---

① Orwell（1952），p. 185.
② Davison（2010），p. 82.
③ Orwell（1952），p. 186.

了西班牙军队的一座大型地区医院。这座医院在列伊达（Lleida），在萨拉戈萨正东约80英里的塞格雷河（Segre River）河畔。没过几天奥威尔就能起床走动了。他在医院的庭院里发现了一个花园，里面还有一个金鱼池。他在那里一坐就是几小时，看着金鱼转着圈儿在池里游来游去，想找个出口逃走。

4月29日，欧内斯特·海明威和玛莎·盖尔霍恩从瓜达拉马山脉远足归来，带着记得满满的笔记本。《丧钟为谁而鸣》的故事将被定为1937年5月发生于瓜达拉马山脉。他们与《西班牙的土地》的导演尤里斯·伊文思在贫穷的小村丰特杜埃纳（Fuentedueña）会合。那里最穷的村民们居住在山腰上挖出的洞里，而山下却是大庄园主们大片撂荒的地。伊文思和他的拍摄组完成了影片的拍摄。所有人都出席了在马德里北方第12国际旅基地医院举行的告别宴会。他们早已思乡心切，痛饮狂舞到深夜，然后拔营前往巴黎。海明威在英美新闻界俱乐部（Anglo-American Press Club）发表了讲话，又在拉奥迪恩街12号的西尔维亚海滩莎士比亚书店（Silvia Beach's Shakespeare & Company）略显紧张地朗读了他的短篇小说《两代父子》（Fathers and Sons）。听众中有詹姆斯·乔伊斯（James Joyce）。在20世纪20年代时，两位作家曾是巴黎的酒友，当时乔伊斯的爱尔兰式侮辱开罪了韦洛德罗姆教区的神甫们，处于半盲状态的乔伊斯会怂恿他的大个子美国朋友同他们斗（"干掉他们，欧内斯特！"）。

那对情人分别乘船返回了美国。海明威于5月18日在码头上接受了《纽约时报》记者的采访，照片上显示他所乘坐的"诺曼底号"轮船的漆皮正在脱落。海明威认为共和军会最终取胜。"如果佛朗哥将军攻占了毕尔巴鄂的话，战争可能再持续两年，"他这样估计，"但如果他不能的话，战争可能在今年秋天或明年春天就结束。这场战争的面貌变化很大，已经不再是民兵之间的厮杀，而是训练有素的军队之间正经八百的较量了。马德里保卫者的力量每个星期都在增长，时间显然在他们一边。"他对双方胜负的判断建立在他认为佛朗哥不可能攻占马德里的基础上。佛朗哥转向北方去进攻巴斯克地区和毕尔巴鄂，无疑并不意味着他放弃了马德里，但是海明威太受意大利人在瓜达拉哈拉的惨败的鼓舞了，他对《纽约时报》记者说，墨索里尼损失的兵力比"整个［1935—1936年的］埃塞俄比亚战争"还要多。然而共和军在收复失地的战斗中损失的兵力更多。采访结束后，作家飞往基韦斯特岛（Key West）接上自己的家人，然后乘船前往巴哈马群岛的比米尼（Bimini）岛，去最终完成《有钱人与没钱人》并钓鱼。①

赫伯特·马修斯认为，墨索里尼对其令人尴尬的瓜达拉哈拉惨败的反应是不同的。这位《纽约时报》记者在那年夏天写道："这个国家经受不起这样的失败。"在马修斯看来，这意味着墨索里尼必须维持对佛朗哥的支援，按照要求重新装备派往西班牙的意大利军队。他认为，意大利人的声望在瓜达拉哈拉"遭到了沉重打击……对这一惨败的回答必然是力度更大的干涉"。对德国人来说也是如此，共和军无论在哪里似乎打了胜仗，意大利和德国都会加强对国民军的支持。马修斯总结道："这非常符合逻辑也非常明显，但早晚有一天必然是，援助或者停止，或者力度加大到绝对优势的程度，以确保佛朗哥迅速取胜，否则就是一场欧洲大战。"②

5月28日，盖尔霍恩在白宫和埃莉诺·罗斯福共进了午餐，借助这一场合搞定了当《西班牙的土地》制作完成后在这里上映的保

---

① "Hemingway Sees Defeat of Franco," *New York Times*, 19 May 1937（在线）.
② Matthews（1938），pp. 238–239.

证。① 6月4日，这位年轻记者出席了在纽约卡内基音乐厅（Carnegie Hall）举行的、由共产国际为西班牙的事业而资助的第二届美国作家大会（Congress of American Writers），坐在了专程为此从比米尼飞来的海明威的身旁。在夏日的炎热中，海明威显得既紧张又激动，但他讲演时表现得很好，收获了爆满的听众雷鸣般的掌声。

乔治·斯蒂尔对格尔尼卡遭到轰炸的最早的报道，同时发表在1937年4月28日的伦敦《泰晤士报》和《纽约时报》上，和其他报道一起，激起了国际上对这一恐怖轰炸的强烈抗议。巴斯克自治区主席何塞·阿吉雷当晚发表广播讲话，呼吁对"避难于毕尔巴鄂的超过30万妇女和儿童"予以疏散和救援。② 第二天，阿吉雷向日内瓦的国际红十字会主席发出了正式的救援请求。③ 这时，国民军的部队正在占领格尔尼卡的废墟，佛朗哥的手下也开始推销他们荒唐的谎言：巴斯克人自己炸了自己，他们炸毁建筑物，还四处放火，以制造暴行的假象。除了法西斯右派外，在英国和任何其他地方，没有人再相信他们的话。

毕尔巴鄂是一座沿内尔维翁河（Nervión River）河谷蜿蜒伸展直到比斯开湾的城市，这时三面被围。尽管有私人船只从海上为其提供供给，但该城仍陷入了饥荒。两位英国儿科医生，理查德·埃利斯（Richard W. B. Ellis）和他的妻子奥德丽·拉塞尔（Audrey E. Russell），访问了这座被围困的城市，以调查那里儿童的生存状况。他们发现毕尔巴鄂的大部分公共服务都仍在运行，但是学校关闭了，"因为不间断的空袭"。秃鹰军团的轰炸机还没有破坏供水系统，

---

① Kert（1983），p. 302.
② 引自 Rankin（2011），p. 12。
③ Pretus（n.d.），p. 344.

也没有爆发传染病。食品严格按定量供给："尽管有食品船突破了封锁，但这座城市只有十天的口粮了。"人们吃豆子、稻米、卷心菜，每人每天只有35克黑面包——大约一薄片。没有煤，并且"由于空袭，也没什么机会做饭"：

> 在很多情况下，显然是女人们在挨饿，把食品让给了孩子们。有一位怀孕的母亲，带着五个看上去还健康的孩子来接受检查。她本人虚弱得简直都站立不住了，却微笑着说，也许等她的孩子们在英国获得安全后，她就有"时间"吃东西了。①

埃利斯和拉塞尔惊奇地发现，大多数儿童健康状态都不错，如果说瘦了些的话——"显然即使是较穷的农民家庭，对他们的孩子也有较高的养育标准，封锁之前几乎所有的孩子都吃得不错，发育良好。"只有少数较小的孩子饿到了虚弱的地步——无精打采，虚弱憔悴，腹部出现了浮肿。两位观察者写道，对大多数孩子来说，"营养不良的时间并不长，还不至于造成永久性伤害或肌无力，并且……在适当的条件下能够迅速且完全地恢复"。② 如果能够组织救济的话，这是一个好消息。

英国政府对接受巴斯克难民一直持抵触态度。有一个救济西班牙全国联合委员会（National Joint Committee for Spanish Relief, NJCSR），以身材高大、作风强悍、意志坚定的教师和前下院议员利娅·曼宁为代表，自2月起一直在向英国当局施压，但没有多大效果。英国政府主管移民事务的机构——内政部（Home Office）——

---

① Ellis and Russell（1937），p. 1303.
② Ellis and Russell（1937），p. 1304.

强烈反对，甚至有一位左翼工党的上院议员提议将孩子们送往法国而不是"气候寒冷且信奉新教的英国"。① 斯蒂尔的报道引起了人们对这个问题更多的关注。

斯蒂尔写道："轰炸城市，对英国人来说总是有更多的意味。与任何其他民族相比，英国人都更需要保卫他们最大也最容易受到攻击的城市。"英国民众对格尔尼卡暴行的反应是直言不讳的愤慨。英国政府很不情愿地同意接收4000名巴斯克儿童作为难民，并保护从毕尔巴鄂撤出的妇女、儿童和超过服兵役年龄的男子的任何船只，哪怕是国民军的船只。② 斯蒂尔认为毕尔巴鄂的疏散将是"战争史上规模最大的人员疏散行动。法国愿意不加限制地接收妇女和儿童；英国表示接收私人捐助所能承担的最大限量的儿童，也就是4000人；苏联、荷兰、比利时、捷克斯洛伐克将接收其余的难民"。③

然而如果说英国内阁顺从了民意，官僚机构却仍然在抵制。利娅·曼宁写道："无论内政部还是外交部，都对巴斯克人毫无同情心。两部都认为整个这件事就是件令人讨厌的麻烦事，而我则是个吃饱了撑着的好事者。"④ NJCSR原本希望5月5日开始将孩子们运往英国。虽然委员会向英国官员们施加了压力，但运送巴斯克人家庭的船还是转向了法国。5月6日，两条装载着1000名妇女和2300名儿童的船离开毕尔巴鄂前往法国。斯蒂尔俏皮地写道："每个孩子发了一块半磅重的水果馅饼和一个装有12颗焦糖布丁的小包。"另有三条法国船于5月9日出发，载有4000名男人、女人和孩子。斯蒂尔说："其中半数的人是自己掏钱上的船，他们也能维持在国外的生

---

① 引自 Legarreta(1984)，p. 101。
② Steer(1938)，pp. 258-259.
③ Steer(1938)，p. 260.
④ 引自 Legarreta(1984)，p. 106。

活。"这些难民大多"属于右翼党派"。巴斯克政府曾经承诺对共和派人士和民族主义者一视同仁,并的确做到了。但尽管巴斯克人不偏不倚,佛朗哥却对疏散怀有敌意。斯蒂尔证实:"在[5月9日]人们开始登船前的那个晚上,有6架叛军的轰炸机曾试图袭击桑图尔塞(Santurce)的码头:人们是在夜间登的船。"[1]

英国内政部提出了一个过分的要求:NJCSR须保证每名儿童每星期获得10先令(半英镑,大约相当于今天的15英镑)的资助,并且这些孩子只能住私有机构的房子,上私立学校。5月15日,NJCSR匆忙组成了一个巴斯克儿童委员会(Basque Children's Committee),以筹集必需的资金。巴斯克儿童委员会谨慎地计划只疏散并救助2000名儿童,但曼宁设法将这个数字增加到斯蒂尔所说的4000人。尽管在大萧条期间,但是在几天之内,无党派且名人云集的向英国公众呼吁的活动还是募集了17000英镑(超过今天的100万英镑),来为救济行动买单。

英国内政部退到了其下一道防线,只批准转移5—12岁的儿童。这样又会将他们的数量从4000人减少到2000人,而这时已有不少于20000名巴斯克儿童登记要求转移到战区之外了。儿科医生埃利斯坚决要求将青少年也疏散到英国。他于5月19日在《曼彻斯特卫报》(*Manchester Guardian*)上撰文称:"我们希望年龄较大的孩子也能来,尤其是年龄较大的女孩,因为如果毕尔巴鄂陷落了并充满外国军队,恰好是这个年龄的孩子,是我们希望转移出去的。……就在没几年前,获胜的摩尔军团便是所有刺刀上都装饰着敌人的生殖器,列队走过那位将军(即佛朗哥)面前的。"[2]

---

[1] Steer(1938), pp. 262-263.
[2] 引自Legarreta(1984), pp. 105-106。

由于可能被指控要为柏柏尔部落人强奸和肢解少女负责，英国内政部让步了。最终，1937年5月20日星期四的下午，3889名巴斯克儿童在219名女老师和助手，以及15名牧师的陪同下，登上了船队的骄傲、巴斯克定期轮船"哈瓦那号"(*Habana*)和一艘捐献给巴斯克政府的私人游艇"戈伊泽科·伊萨拉号"(*Goizeko Izarra*)。① 孩子们又一次受到了丰盛的美食款待，依据其中一位的回忆，结果可想而知：

> 我和我的两个妹妹一起来到桑图尔塞港，其中一个才八岁。大约下午3点的时候，佛朗哥的飞机飞到了我们头顶上，不过只是观察了一番。上船后，他们给了我们快一年都没见到过的美食：口利左香肠（chorizo）和白面包。我们全都吃了好多，把肚子塞得满满的。还不到一小时，全船的人都因为晕船而吐得一塌糊涂。②

第二天早晨，"哈瓦那号"和"戈伊泽科·伊萨拉号"在一艘西班牙驱逐舰的带领下，加入了在数海里外的公海海域等待的一支英国护航舰队的行列，一起驶往南安普敦（Southampton）。比斯开湾像往常一样波涛汹涌。曼宁以英国人特有的直率回忆道："在那个可怕的一天一夜，理查德［·埃利斯］、奥德丽［·拉塞尔］和我在一摊又一摊腹泻物和呕吐物间艰难地行走着，［给孩子们］分发饮用水，并安慰他们并不是法西斯分子搅动起大海来让他们难受的。"③在那个星期六晚上驶向北方的拥挤的船上，孩子们睡在各种

---

① Legarreta（1984），pp. 106–107.
② Legarreta（1984），p. 107.
③ 引自 Rankin（2011），p. 19。

地方：1500人睡着卧铺，1000人睡在甲板的垫子上，其余的裹着毯子睡在公共舱室里，甚至睡在排干了水的游泳池里。①

曼宁写到星期日早晨接近英国海岸时：

> 我被甲板上上千只脚的声音惊醒，走出舱外，听见一片叫声，"金头发""男人"，然后被问了得有500遍我们什么时候能到，他们在英国会不会当真吃到白面包——还有牛奶——甚至还有肉。不久，男孩子们排成了队，伴着一支长笛跳起了舞。突然，整条船倾向了一边，将近4000名孩子都挤到了甲板上、栏杆边和索具旁，疯狂地向着地平线上的一道蓝条挥起手来。"英国！英国！"我唯一有把握的是，他们将在那里得到他们所期望的欢迎。②

港口的卫生官员描述了这"异乎寻常的奇观"："一艘正常只能载四五百名乘客的轮船，喷着蒸汽驶进了南安普敦水域，每一寸甲板上都覆盖着人。"③ 从孩子们的角度看，其中一位回忆道："我们觉得自己进入了一片仙境。"5月12日乔治六世国王加冕礼的装饰正好留给了他们。"所有东西都装饰着彩带，到处彩旗招展，码头上奏着音乐，人们向我们挥舞着手帕，以至于我们觉得仿佛是从一场噩梦中被唤醒，我们所离开的那个世界是不真实的……有好几千人前来欢迎我们，有拍新闻纪录片的摄像机在拍摄我们，有蛋糕和糖果，还有巴士来接我们……他们发给我们每个人一顶帽子，上面有他们

---

① Legarreta（1984），p. 107.
② 引自 Legarreta（1984），p. 107.
③ Williams（1937），p. 1209.

的新国王和王后的照片。简直太美妙了。"①

然而巴斯克儿童客居英国的处境并不总是那么美妙。斯蒂尔曾挖苦说:"一些更为高贵的人士会注意到,这些受到战争恐吓的孩子们有时会偷苹果,会用石头打破玻璃,会挑逗小女孩。"②但是当1937年6月19日毕尔巴鄂被攻占后,他们毕竟幸免于在佛朗哥的雇佣军手里遭到蹂躏。斯蒂尔总结道,这次疏散行动"最终将100000名巴斯克非战斗人员转移到了比利牛斯山脉以北"。③

乔治·奥威尔先是从列伊达被转移到塔拉戈纳(Tarragona),然后又在6月初被转移到巴塞罗那郊外马统工党的一座疗养院,就在据说是耶稣拒绝了撒旦将石头变成面包的诱惑的那座山下。拉尔戈·卡瓦列罗政府于5月15日倒台后,西班牙共产党掌握了政权。奥威尔写道:"没有人怀疑,他们哪怕得到四分之一的机会,都会把他们的政治对手打得粉碎。"④"五月事件"后,他发现加泰罗尼亚首府弥漫着一种"可怕的气氛","产生原因是恐惧、怀疑和仇恨,报纸受到新闻审查,监狱人满为患,领食品排起漫长的队伍,还有潜在的小军事团伙"。⑤被西班牙共产党视为主要敌人的,就有马统工党,因其拒绝苏联的掌控。奥威尔手臂无力,身材瘦弱,现在发声又受阻,已经不能再当兵了。他认为自己没有理由再留在西班牙分食已很匮乏的粮食了。他的钱也花光了,并且他厌倦了战争。

6月中旬,他在西班牙各地颠簸着从一个医院到另一个医院,为他的因病退伍证明盖章。他时常要在路边等上好几小时,等来一

---

① 引自 Legarreta(1984), pp. 107–108 and Rankin(2011), p. 19。
② Steer(1938), p. 263.
③ Steer(1938), pp. 260–261.
④ Orwell(1952), p. 195.
⑤ Orwell(1952), p. 147.

辆"没有装满男人、面包和弹药箱"的顺路的卡车,然后"在崎岖的道路上快要颠成浆状。还从来没有一匹马像那些卡车那样把我抛得那么高"①。在一座医院,当他等待检查时,"里面正在进行一个手术,是某种很可怕的手术,却没有打麻药——为什么没有打麻药,我不知道。手术在进行中,惨叫一阵阵传来。当我进去时,只见椅子东倒西歪,地上是一摊摊血和尿"。②不打麻药进行手术,是军令规定对于自残企图当逃兵者的惩罚。③

当奥威尔口袋里揣着退伍证明回到巴塞罗那他住宿的旅馆时,他的妻子一看见他走进大厅,就立刻迎到大门口。她连续的嘘声吓了奥威尔一跳。"到外面去!"④马统工党已被镇压,其成员遭到逮捕,甚至旅馆雇员都会告发他们。夫妻俩在兰布拉大道旁边找了一家咖啡馆,这才能交谈。马统工党的共同创始人之一安德烈·尼恩(Andrés Nin)已被逮捕。他们会把他投进巴塞罗那的一座监狱并审讯他,但从莫斯科传来一道命令后没多久,他就被处决了。由于奥威尔的妻子受到了监视——她的房间当着她的面受到了搜查,奥威尔的日记和文件都被没收了,奥威尔不能再回旅馆了。他的妻子回去了,他找到了一处被毁坏的教堂,在那里可以安然入眠。

奥威尔又办了件事,试图拯救他在马统工党的上司乔治斯·科普(Georges Kopp)。科普是位生于俄罗斯的工程师,也遭到了逮捕。为科普说话,意味着向军官和警察们暴露自己的马统工党身份,奥威尔的呼吁没有成功,但他肯尝试,就够勇敢的了。科普在西班牙的监狱里蹲了18个月后,的确活了下来。他后来逃到了英国,在

---

① Orwell(1952),p. 201.
② Orwell(1952),p. 202.
③ Jackson(2012),p. 51,引用佩兴丝·达顿的说法。
④ Orwell(1952),p. 204.

奥威尔身为外科医生的内兄照料下，恢复了健康。

奥威尔在谈及他们在巴塞罗那最后一星期的情形时写道："我们过的是一种非同寻常、疯狂且荒唐的生活。晚上我们是罪犯，而到了白天又成了富有的英国客人——不管怎么说，这就是我们的处境。在露天过上一夜后，甚至刮一次胡子、洗一个澡、擦一次皮鞋，都能让你容光焕发。目前最安全的事情就是尽可能看上去像个资产阶级。我们经常出入城里时尚的住宅小区，那里没有人认识我们；我们还去昂贵的餐馆，以非常英国的方式对待侍者。"对马统工党的镇压令奥威尔极其愤怒和沮丧，他在餐馆的走廊里潦草地写下了"马统工党万岁！"（Visca POUM!）的字样——用的是加泰罗尼亚语——"字尽可能地写得大"[①]。英国领事馆为他们准备好护照。他们搭上一趟早班火车前往博港，从那里跨过边境进入法国。

六个月后，写作《向加泰罗尼亚致敬》时，乔治·奥威尔对战争的阴郁感受已经被对西班牙人民的赞赏之情抵消了。几乎所有去过西班牙的外国人都会有这种感受。这种赞赏之情假如不是那么来之不易的话，简直会让人觉得是感情用事：

> 我在这场战争中扮演的是一个徒劳无益的角色，这场战争留给我的也是最为邪恶的印象，然而我仍然不后悔没有错过它。且不说屠杀和肉体上的痛苦，西班牙战争无论怎样结束，都将证明是一场令人惊骇的灾难。但是当你目睹了这样一场灾难后，结果却并不必然是理想幻灭和玩世不恭。非常奇怪的是，我在西班牙的全部经历使我对人性之善的信仰不仅没有减弱，

---

① Orwell（1952），p. 226.

反而增强了。①

几个月前,4月初时,斯蒂芬·斯彭德在致弗吉尼娅·伍尔夫的信中,也写了类似的话:

> 的确,政客们见解纷纭且喜好争吵,但真正的战争和真正的革命并不完全是恰好掌权的政客们的事情,更多的是时势……在西班牙真正令人鼓舞的,的确是西班牙人民,也只有西班牙人民……这一定是很多国家的人在一个国家齐心协力地作战的唯一一场战争。人们对当地居民产生了真正的爱,因为我从来没听到过一句针对西班牙人民的坏话。他们无论在哪里都令人惊奇地友善和慷慨。②

1937年6月剩下的日子,玛莎·盖尔霍恩在纽约忙着安排500名巴斯克儿童移民美国的事情,并开始写一本关于西班牙的书——她终于决定写了,太快了——同时她还与伊文思、阿奇博尔德·麦克利什、莉莉安·海尔曼和曾获奥斯卡奖的演员弗雷德里克·马奇(Frederic March)合作,进行纪录片的后期制作。盖尔霍恩在6月末致埃莉诺·罗斯福的信中对这两件事都进行了探讨。她描述了一天晚上在哥伦比亚广播电台制作音响效果的情况——奥森·威尔斯和他们一起录画外音——他们在制作炮弹飞来的呼啸声时,"用了一只足球球胆和一根空气软管,还把手指甲在屏幕上折断,所有声音都被放得巨大,听上去太像炮弹了,我们都被吓得魂飞魄散"。③

---

① Orwell(1952), p. 230.
② Cunningham(1986), pp. 307–308.
③ Moorehead(2006), p. 52.

第十章 理想主义的傻瓜

盖尔霍恩继续对第一夫人说道，孩子们——"那些我非常熟悉的悲惨的小黑孩儿们"——正在比斯开湾法国一侧的圣让－德吕兹（Saint-Jean-de-Luz）等待着。"其中100人有旅费，还有无数人提出收养他们。你知道，他们在英国和法国都受到了欢迎，实际上是政府做了他们的接待工作。"在美国却不是这样："咱们这里，似乎劳工部规定孩子们进来之前每个人要缴500美元的保证金，还要得到天主教慈善会的批准。我觉得这真是不可理解，毫无疑问有天主教议员游说团体在施压，但无论如何我仍然认为这不可理解。"这不可理解，是因为巴斯克人信奉罗马天主教，正像佛朗哥和他的民族主义者们一样。他们的罪过是居然和共和派站在了一起。"那一定是某些问题的根源，"盖尔霍恩力劝道，"但这样实在太糟糕了……在我看来令人惊讶的是，似乎只有美国不应为他们提供避难所。"①

罗斯福夫人责备盖尔霍恩"感情用事"，但是盖尔霍恩感谢她"花时间告诉我事情的另一面"——大概是指不可能在政治上帮助西班牙共和国，从而对抗凶悍的美国天主教反对势力。罗斯福夫人建议她年轻的门徒不要再为那些儿童移民美国而费力，而应当募集捐款来支援他们在法国的生活。盖尔霍恩很少约束自己，她承认说她"感情用事，不是个好消息"，但她坚持"我不知道怎么可能还会有别的感受"。她告诉第一夫人，她的感受就是"她个人对一切都万般无奈"。②

罗斯福夫妇同意于1937年7月8日接见盖尔霍恩一行。在飞往华盛顿之前，盖尔霍恩在纽瓦克机场（Newark Airport）吃了一大堆

---

① Moorehead（2006），p. 54.
② Moorehead（2006），pp. 54-55.

三明治,令海明威和伊文思都很惊奇。海明威在给他岳母的信中写道:"当时我们都以为她疯了,但她说[白宫的]食品一向没法吃。"这话对刚从战时的西班牙回来的人来说意味深长。海明威写道:"罗斯福夫人身材极高,非常有魅力,但几乎完全聋了。她实际上一点儿也听不见人们对她说的话,但她太有魅力了,大多数人都根本注意不到这一点。"他对总是坐着轮椅的总统倒有些不屑:"极具哈佛式的魅力,一点儿也不性感,甚至有些女里女气,比如说,看上去更像是一位出色的女性劳工部长。他自腰部以下完全麻痹了,他能坐着轮椅一间一间屋子地转,倒是挺了不起。"①

令电影摄制三人组感到惊讶的是,罗斯福直率地对他们说抨击时不要手下留情。当时盖尔霍恩正向他解释,他们会"措辞更强烈……会强调战争的起因"。② 海明威则语带嘲讽地概括了罗斯福的提议:"他俩都为《西班牙的土地》中的画面深为感动,但都说我们应该增添更多的宣传成分。"电影放映时,白宫只有一小股工作人员出席,放映结束后就开始了晚宴。海明威谈及餐食时说:"是我吃过的最难吃的食品……我们先喝了雨水汤,然后吃了橡皮鸽、蔫菜沙拉,还有一个大概是某位钦慕者寄来的蛋糕。这位钦慕者虽然热情,但手艺实在太差了。"③

盖尔霍恩在感谢信中,就奥森·威尔斯朗读的海明威撰写的解说词道了歉:"那个糟糕的声音毁了那些文字……欧内斯特借了些钱(他又要支付电影的费用,又要买救护车,现在简直一文不名了),打算找人把那部分重录一下。要找懂得如何谈话又有足够的

---

① Hemingway(1981), p. 460.
② Moorehead(2006), p. 56.
③ Hemingway(1981), p. 460.

想象力的人。"① 最后重录的人，不必奇怪，就是海明威本人。他那轻柔的中西部口音，与他那简朴——如果说多少有些生硬——的文字，倒是不错的搭配。一个带有西班牙口音的声音或许更好，比如说多斯·帕索斯的声音，但是海明威和多斯·帕索斯归途中在巴黎一个火车站的月台上大吵了一架后，永远地绝交了。

盖尔霍恩返回纽约继续募捐，海明威和伊文思则飞往好莱坞。7月12日在弗雷德里克·马奇家里放映过电影并经两人大力宣传后，好莱坞的众多导演、演员和编剧，其中包括斯科特·菲茨杰拉德（Scott Fitzgerald），总共捐献了17000美元（相当于今天的279000美元）——可以买17辆救护车还要多。第二天在洛杉矶爱乐大会堂再次募捐后，共筹到了20辆救护车。这些车的底盘和动力传动系统在底特律的福特厂家制造，其定制的车身在西班牙安装。② 盖尔霍恩在纽约的运气要差很多。她说，人们对待她的态度，就好像她是个"理想主义的傻瓜"。③

历史学家罗伯特·威利（Robert H. Whealey）认为西班牙北方被攻占，是"战争决定性的转折点之一"。威利写道，佛朗哥已经拥有了"能够自然而然地产生外汇的矿区和农业区：摩洛哥的矿产，西班牙西南部的橄榄、雪利酒和硫化铁矿，加那利群岛的土豆和早熟的农产品"。现在他又将控制"富有的北方铁矿区比斯开省……简而言之，共和国的经济一开始很强，但随着战事进展而不断削弱，而民族主义者尽管在战争初期经济上处于相对不利的境

---

① Moorehead（2006），p. 56.
② Schoots（2000），pp. 130–132.
③ 引自Moorehead（2006），p. 132.

地,却逐渐改善了形势"。①

与此同时,斯大林开始撤回他对西班牙共和国的支持。如果说他曾经赌博,试图在西南欧建立一个共产党国家的话,那么到1937年6月时,他已经认定这一赌博失败了。他在那个月召回了他派驻西班牙的最后一任大使。历史学家丹尼尔·科瓦尔斯基认为:"无论以任何理性的尺度来衡量,斯大林对西班牙的干涉都怀有巨大的野心,然而结果却是大致同样规模的操作失败。"新近的历史学家有不同看法,科瓦尔斯基反驳道:"大量的历史学著作在这个话题上所犯的基本错误,一贯是认为斯大林在西班牙的立场是建立在强大的实力基础上的,而并非力量赢弱。如果在失败的背景下构想,更多地以虚弱无力而不是富有影响力来解释,那么斯大林在西班牙内战中长期被视为反面角色的形象,也许要以截然不同的方式来看待了。"关于苏联对西班牙内战的参与,无论是否还有其他正确看法,总之,自1937年春天以后,其干预是越来越无效了。面对叛军不断增长的力量,共和军陷入了孤军奋战的境地——但至少国际纵队没有背弃他们。

---

① Whealey(1989),p. 139.

第十一章
挫折与希望

1937年4月,国际纵队军官汤姆·温特林哈姆仍在从伤寒中慢慢康复,佩兴丝·达顿却开始焦躁起来,她希望得到与她所受过的训练相称的工作。她是名技艺娴熟的护士和助产士,但西班牙医疗援助委员会能为她想到的最好的工作,就是再分给她两名伤寒病人。他们都是国际纵队成员,被安置在一座破败的前修道院中,那里的大多数医生都是支持佛朗哥的。多年来,西班牙职员一直在从这幢老旧建筑的后窗户向外丢弃脏衣服或更糟糕的东西。达顿回忆说:"因而打开窗户就成了一件非常鲁莽的事情,通常都是突然'嗡'的一声,飞起一大群苍蝇。"清理这个臭气冲天的垃圾堆,就成了达顿面临的至少是临时的挑战。当她召集在医院实习的医科学生们来做这件事时,医生们都很不满。她说:"我们花了很长时间,才用管子和水把这里冲洗干净,把垃圾清走。……感觉这真是一场大革命。"[①]

达顿很快就将她的革命扩大了。凯特·曼根写道:"她的改革

[①] 引自Jackson(2012),p. 33。

热情高涨,她觉得有很多地方需要改变。这座医院是座古老的、不卫生的建筑,充满了各种各样长年积累的细菌,自古就像个滋生传染病的地方。佩兴丝刚一到这里,就发现病人从来不脱衣服,而是穿着污秽的军服躺在肮脏的床单上。"修女和西班牙姑娘不给男人脱衣服,更不会为他们洗澡,即使他们是伤员或病人。曼根继续写道:"医院没有换洗的床单,也没有肥皂。[达顿]说她每天都以为他们会全都死去,但是只死了一个人……佩兴丝让我们用西班牙文写标语,还安排[一名健康的国际纵队战士]画宣传画,描绘恶魔般的病菌附着在来访者的衬衫上或者扫帚末端的尘土上的情景。"①

达顿出于善心的无微不至的照顾,拯救了一名身患重病且情绪沮丧的志愿者——牛津大学古典学家吉尔伯特·默里(Gilbert Murray)的儿子巴兹尔·默里(Basil Murray),感动了英国海军医院船的船长,给达顿送来了"成箱成箱"的补给品,"有黄油、香烟和饮品,还有很多可爱的医疗用品,都是极好的东西,像什么床上便盆、脚炉之类的——好多好多好东西"。达顿把这些礼品都上交给巴伦西亚的委员会,自己只留下了一些香烟。默里单恋上达顿,在乘医院船返回英国途中因肺炎去世前,写下了一份要施惠于达顿的遗嘱。达顿得知后,请求船长撕毁那份遗嘱并扔掉。可想而知,来自英国海军的补给品礼物使得医疗委员会里的共产党人对她产生了怀疑。②

突然,4月末,委员会将这名惹了麻烦的护士打发到不活跃的阿拉贡战线上的一家医院。这座医院位于波莱尼诺(Poleñino),在萨拉戈萨东北50英里处,埃布罗河上游的支流弗卢门河(Flumen

---

① 引自 Jackson(2012), pp. 33-34。
② 引自 Jackson(2012), pp. 35-36。

River）上。尽管英国医疗队的其他成员都在波莱尼诺工作，但达顿受到了误导，以为她被调到这里只是暂时的。她回忆说："又能和一些英国护士在一起挺不错，但我们无事可做，这让我非常担忧。"① 西班牙医疗援助委员会驻西班牙人事官员威妮弗雷德·贝茨（Winifred Bates）向委员会报告，当达顿"发现自己受骗后，脾气变得很坏，非常蛮横，同很多同志都吵过架"。② 她行为上也许表现得不好，但她仍一如既往地投入工作，以改善环境。医院占据了波莱尼诺市政厅的一半——这座小城由无政府主义者把持，村民委员会占据了另一半——她到来的第一天，就打开了这里存储的大量纱布，把医院变成了一个防苍蝇的地方。

总共有七名英国护士，却没多少事可做，达顿认为她们应当训练西班牙小姑娘。那些姑娘的职责仅限于做饭和保洁。达顿回忆说："我们在让她们干粗活，我非常不同意这样做。我想我们应该训练她们。我的意思是，这是我们的机会，训练她们做我们能做的事。"

> 在她们看来这是件天大的事情——我们是她们从来没见过的摩登女郎，你看。我们不介意同男人们交谈，我们不介意说话时颐指气使，我们经常那样做，因为你知道护士们都是什么样！我们这样做时不会想太多，你看，但西班牙女人却不能那样做，她不能护理陌生人——她不能触碰陌生男人，更不用说给他洗澡或照顾他。对她们来说，让她们做这样的事情，让她们接受这样的事情，简直比登天都难，你看。③

---

① 引自 Jackson（2012），p. 38。
② 引自 Jackson（2012），p. 38。
③ 引自 Jackson（2012），p. 46。

远在巴塞罗那，"五月事件"已经过去了。波莱尼诺的外科医生是位西班牙人——来自马略卡岛的阿吉洛（Aguiló）大夫，是位共和派人士，而非共产党人，医术很高明。一位护士回忆说："他的英语和法语都说得很好。如果我们谈论政治，而我们经常无知无畏地谈论，他就到一边去睡觉，直到我们谈论完毕。有一次我们问他，他怎么知道什么时候该醒来，他说：'那时候的噪声会不同。'"阿吉洛能够一连做两天手术而不睡觉。他们把药房开在了他的房间里，也把唯一的每分钟转数78下的低容量留声机放在了他的房间里。① 他们想听音乐时，只有一张唱片可放，唱片里也只有一首歌，但是聊胜于无。那首歌名叫《烟雾迷蒙了你的眼》。这位好医生最终和一名英国护士结了婚。她是在爱丁堡受过训的玛丽·斯莱特（Mary Slater）。

　　在西班牙炎热的夏天，护士们到弗卢门河里游泳以纳凉，河里流着来自比利牛斯山的清澈的山泉水。村子的领导却对此不满。达顿说："我们是在一个无政府主义者的村子，不管怎么说，他们根本不关心我们……他们也不喜欢外国女护士，他们认为我们太'盛气凌人'了。"达顿认为无政府主义者尽管也有原则，但总体而言，对妇女的态度是落后的。"他们根本不认可女人应当学习读和写。"西班牙人口中有大约60%是文盲。"不管怎么说，这里没有学校，他们也不认为应该有——他们觉得人学会读和写并不是好事情，而是非常危险。是的，这就是事实！"即使医院是服务于社会的，村民委员会还是介入了，要约束约束这些外国"亚马孙女战士"：

> 我仍然对他们很生气，因为我们已经习惯去河里洗澡了，

---

① 引自Jackson（2012），pp. 39-40。

穿着非常得体的游泳衣，很注意上身的衣服要组合好，等等，并且远离村庄——那是非常炎热的夏天——但他们不喜欢这样，因为他们不赞成——于是他们不准我们再去游泳了。他们说我们把骡子吓坏了——我到现在还没有原谅他们呢！①

这时已是7月初，战事正在逼近。他们在波莱尼诺，已经能听见远处大炮的轰隆声和炸弹爆炸时独特的碎裂声了。

爱德华·巴斯基领导下的美国医疗队情况要好一些，至少是有大量的工作可做。巴斯基的团队在罗梅拉尔建起了医院并顺利运行后，没过多久，1937年3月中旬就传来了命令，要他们转移到马德里东南50英里处的塔兰孔（Tarancón）。"没人告诉我们为什么，"巴斯基讥讽道，"于是我们收拾起行装，只留下极少数人照顾无法转移的病人，就此告别了无比耐心，满足了我们无数要求，帮了我们大忙的老镇长；挥别了把床贡献给美国医院，自己却睡稻草的乡亲们。"②

在塔兰孔，军队调走了他们的救护车，用于其他战线，还把他们的设备分出一部分给另外两家医院，因为一些手术室根本没有设备。当美国医疗队就位时，瓜达拉哈拉战役正在进行中。巴斯基写道："几乎还没等我们准备就绪，塔兰孔转运医院的400张病床就开始进人了。"3月17日，仅仅三小时内，医院的院子里就收容了200多名伤员。"救护车一辆接一辆地开来，每辆车上伤员都塞得满满的。收容室很快就满了，一些伤员无法立刻进入。走廊的地上都躺

---

① 引自 Jackson（2012），p. 48。
② Barsky and Waugh（n.d.），p. 75。

满了伤员。手术室处在不停的使用中,经常是三张手术台全都在忙碌中。"3月17日到23日,一连六天六夜,他们共接收了600多名伤员,"其中大部分都是重伤,并且全都无论如何需要紧急处置"。伤员一次就来上60名、70名、80名,其中的一些不得不在稍加处置后尽快送往后方,以便为下一批伤员腾地儿。①

但是瓜达拉哈拉的伤员们不像巴斯基先前在罗梅拉尔遇到的那些"冷漠的、受伤的小伙子":

> 这些人,即使是快要死的人,都是快乐的!他们甚至快乐到放荡的地步。他们热烈地谈论着他们击溃意大利人的故事,一边说还一边抽着缴获的意大利香烟(我也抽了一根,发现糟糕透了)。他们讲述着意大利炊事员还在做着饭就当了俘虏的故事,讲述着缴获满载着珍贵军火和各种物资的军车的故事。即使受了最可怕的重伤的人,都大声地开着玩笑,不管你信不信,整个医院充满了欢庆的气氛……塔兰孔的这些部队是胜利之师。我虽然不能证明,但我相信,和我一起工作的医生们也相信,胜利之师的伤员们康复的机会更大。②

最终,他们争取到时间挖出了很深的锯齿状防空壕沟,就像围绕着塔兰孔的三座医院的护城河一样。他们的救护车和机械师也都有了专门的房子。尽管缺少多余的轮胎和零部件,他们也能"利用自己的智慧"来维修车辆。"我们有了一座美国机械洗衣房,里面有完备的机械,还有两名在纽约接受过操作训练的技师。这个洗衣

---

① Barsky and Waugh(n.d.),pp. 76–77.
② Barsky and Waugh(n.d.),pp. 77–79.

房在西班牙是真正的奇迹。不过却是用中世纪的西班牙方法来清洗医院的被单"——跪在河岸上,用石头捣被单、衣物——"这是令我们感到最困难的事情之一"。①

有一天,他们甚至有时间举行了一次晚宴,为一位医生庆祝生日。"我们有一只鸡,有一些很淡的葡萄酒,有额外的沙丁鱼罐头,有面包,还有一些听装的丹麦黄油和咖啡粉。大家最终喧闹起来。"巴斯基是个有忧郁气质的人,提醒大家要控制情绪。国民军通常一天要轰炸塔兰孔两次,上午和晚上各一次,但到那天晚上,轰炸机已经一连三天没来了。②

巴斯基回忆说,和过生日的医生一起接受大家祝福的,还有"一位非常美丽的西班牙年轻护士,名叫卡门(Carmen)。她接受大家祝福,是因为第二天她就要举行婚礼了"。然而还没等巴斯基说完提醒大家的话,他就被打断了——先是被"飞机狂暴的轰鸣声",继而是炸弹落下的"令人厌烦的碎石般的声音"。他们已经演练过如何应对这样的紧急情况了:他们抬起那些无法走动或爬行的伤员,把他们转移到壕沟中。这新一轮轰炸一刻不停地持续了一整夜,直到天明。③

平民们惊叫着从山下的小镇涌进医院,就仿佛医院坐落在马上要被岩浆吞噬的庞贝(Pompeii)古城上方的山上。巴斯基忙碌了起来。"有很多孩子,惊叫的母亲,一位披着黑色大披巾的母亲抱着个婴儿跑到我面前。我从她的眼神里看出她还不明白那婴儿已经死了,而她从我的眼神里读出了真相,顿时尖叫起来——那充满人类

---

① Barsky and Waugh(n.d.), pp. 89–90.
② Barsky and Waugh(n.d.), p. 90.
③ Barsky and Waugh(n.d.), p. 90.

痛苦的哭声让你觉得这就是人间地狱。"①

到正午时，轰炸机发现了医院，开始了摧毁行动。治疗行动停止了，所有人都挤进了壕沟里。巴斯基写道："我们眼睁睁地看着医院建筑一点点地灰飞烟灭。"到下午3点钟左右，建筑已成了一片废墟。"看上去就像古罗马竞技场一样，"巴斯基说，"只是还冒着烟。"②

塔兰孔被摧毁了，但壕沟还是起了作用，至少对医院是如此。"我们没有损失一名伤员。我们的护士长一直在工作，指挥大家照顾伤兵和平民。她被弹片击中，受了点儿轻伤。但是可爱的卡门，我们的西班牙小新娘，一只胳膊却从肩膀以下被炸掉了。"③

他们在塔兰孔东南14英里、通往巴伦西亚的大路上的萨利塞斯（Saelices）的一处不寻常的地方，开始建设另一座医院。帕斯别墅（Villa Paz）是西班牙国王的女儿们的夏宫。这座乡下庄园的最后一位主人是尤拉莉亚公主（Infanta Eulalia），生于1864年，是一位聪明且摩登的女子。公主撰写的第四本书《西班牙公主回忆录》（*Memoirs of a Spanish Princess*），在战争开始的当月，1936年7月，恰好在英国出版。革命的来临使得这座屋顶铺着黄褐色瓦片的低矮的白色别墅，成了当地人牛羊出没的地方。农民们出于敬畏，倒是不敢自己住进去。

巴斯基回忆说，在所有战时医院中，"我想我们最喜爱的，就是帕斯别墅了"：

公主的别墅是个迷人的地方。有着最浪漫的花园，里面有

---

① Barsky and Waugh（n.d.），p. 91.
② Barsky and Waugh（n.d.），pp. 91–92.
③ Barsky and Waugh（n.d.），p. 92.

稀有的树种和芳香的花朵，林间还有夜莺在歌唱。花园里有很多碎纸片，是被撕碎了的用很多种语言写就的书信。很多信纸上还饰有非常有趣的盾形纹章。庄园四周游荡着一些体形巨大的狼狗。农民们说这些幽灵似的猎犬是不会离开庄园的……这里有非常宽敞的马厩和谷仓，被我们改造成病房。别墅里还有一张巨大的床，挂着王室锦缎的帘子，床上的毛毯上织着稀有的花卉图案，正中央还大大地覆盖着一个皇家盾形纹章。我们的三名护士通常一起睡在这张床上。①

他们很快就把帕斯别墅改造成一家一流的医院——美国第一医院，拥有250张病床、良好的手术室、一台X光机，以及医院运行所必要的一切。巴斯基回忆道："在4月初美丽而柔和的阳光下，当花园中的生机复苏时，我们的护士们又是洗涤，又是消毒，又是粉刷，这才完成了这一改造。她们还自己出钱，给手术室的地面上铺了地砖。"他们还出钱给房屋重装了电线，安装了一台发电机，给窗户安装了纱窗以防苍蝇和蚊子。他们将一座马厩改造成了一个附带厨房的长长的餐厅，将其他马厩和附属建筑改造成了医院的病房。有两名伤愈中的西班牙裔美国士兵志愿教来帮忙的西班牙姑娘们读书和写字。②

个体医院的故事，无论多么精彩，都可能使人对西班牙内战中医疗活动的规模产生错误印象。大约有200万名男人和女人在交战双方参加战斗，估计有20万人阵亡，更多的人负伤。到1937年5月时，单是国际纵队就设立了24座战地医院，提供了大约6000张床位。

---

① Barsky and Waugh (n.d.), pp.92, 93–94.
② Barsky and Waugh (n.d.), p.95.

其中六座医院在阿尔瓦塞特，四座在穆尔西亚，三座在阿利坎特，七座在昆卡（Cuenca），一座在哈恩（Jaén），还有一座拥有3000多张床位的大型综合医院在卡斯特利翁 – 德拉普拉纳（Castellon de la Plana）的贝尼卡西姆（Benicassim），此外贝拉尔卡萨（Belalcázar）和马德里还有一些小医院。一家瑞典 – 挪威医院开在阿尔科伊（Alcoy）。按照英国医学史学家尼古拉·科尼（Nicholas Coni）的说法，"国际纵队的医生中有将近18%是女性，与整个行业相比，这个数字高得不成比例"，这是西班牙战争志愿者们的自由理想主义精神的又一个体现。① 在国际纵队各种各样的医疗单位中，拥有117人的爱德华·巴斯基团队，是装备最好、规模最大的。②

1937年3月初，当雅拉玛前线的主要战线稳定下来之后，林肯营便担任了警戒哨的任务。赫伯特·马修斯于5月末访问了那里，"发现美国人在玩乒乓球、棒球和足球以打发时间。他们在一座小山顶部曾经是一片橄榄树林的地方挖了很坚固的工整壕沟，有些壕沟甚至很舒适。时不时会有人被不断飞来的流弹击中，伴随着流弹有时还会有一阵子弹爆射，更不用说不时还会飞来颗迫击炮炮弹。但是总体来说这是段平静的时间，我发现他们都很健康，也相当快乐，有足够的热情等待战斗"。马修斯又走过几个西班牙人的战壕，去看了看英国营的阵地，那里"来自威尔士举止粗野的老矿工和年轻的贵族们在并肩战斗"。③

4月和5月在马德里遭受了连续不断的炮击后，马修斯发现前线"有着田园诗般的平静"。葡萄藤沿着壕沟的胸墙开了花，军队中

---

① Coni（2008），p. 134.
② Palfreeman（2012），pp. 66–67.
③ Matthews（1938），pp. 225–226.

有个农民或者葡萄酒商人每隔20码就立了块小牌子，请求他的同志们："小心葡萄！如果你打它们，它们会感到疼的。"人类何尝不是如此？但是葡萄不会选边站。当马修斯赞扬一名战士壕沟挖得不错时，那位出生于爱尔兰的纽约小伙儿俏皮地说道："那当然，等这场战争结束了，我们回家后可不打算再交房租了。我们会去炮台公园接着挖壕沟。"① 马修斯是否从这个爱尔兰人的俏皮话里听出了阶级斗争的威胁，他没有说。

1937年6月3日下午，冷酷而强硬的国民军将领埃米利奥·莫拉死了。就在他50岁生日前的几天，他乘坐的双引擎"空速使者"（Airspeed Envoy）飞机在浓雾中坠毁于布尔戈斯东北25英里处的一座山坡上。莫拉和他的两名副官被甩出飞机外很远。唯一的目击者是一名牧羊人，他赶紧跑到附近的村庄求助。军官们赶到现场时，只能从莫拉风雨衣下的将军饰带辨认出他来。②

共和派人士，尤其是巴斯克人，都痛恨莫拉。就是他，创造出了"第五纵队"一词，并指挥了北方军团。巴斯克人认为他应当为摧毁格尔尼卡和围困毕尔巴鄂所正在造成的饥饿负责。在巴伦西亚，有人以一场淫秽表演来庆祝他的死亡。英国《每日快报》记者塞夫顿·德尔默回忆了在他住宿的旅馆附近的一个脱衣舞夜总会和一群人大笑庆祝的场景："一个粗俗的老妇人表演了'莫拉将军的遗孀'。这位'艺人'什么也没穿，只披着一件黑色透明的寡妇面纱。她一边唱着下流的叙事歌谣，诉说着她的将军丈夫对她做了些什么，还有什么没做……一边伴着音乐摇晃和抚弄着她那又长又硕

---

① Matthews（1938），p. 227.
② "General Mola Killed in Crash," *New York Times*, 4 June 1937, pp. 1, 8.

大的乳房。"①

毕加索并不是那年6月为巴黎世博会西班牙馆绘制壁画的唯一画家。加泰罗尼亚超现实主义画家胡安·米罗也贡献了画作。米罗于5月29日完成了《静物与旧鞋》(*Still Life with an Old Shoe*)。他自1月下旬起就一直在创作这幅杰出的、令人心绪不宁的画作。他的传记作者让·迪潘（Jean Dupin）说这幅画就是他的《格尔尼卡》。迪潘写道："从1935年年初开始，一连几年，无论米罗想画什么，他的画笔最终画出的都是怪物……米罗并不想总是画这样的画，相反，他付出了艰苦的努力想摆脱这些幻象，想逃离它们。但它们却淹没了他：无论他往哪里看，恐怖都在向他袭来。"②

米罗意识到他不能在法国只工作几个月，而是整个战争期间他和他的家庭都必须流亡于此，于是他于1936年11月定居巴黎。他有强烈的"无家可归"之感，他于1937年1月给他在纽约的画作经销商——画家马蒂斯的儿子皮埃尔·马蒂斯（Pierre Matisse）写信称："西班牙正在发生的一切，都以一种你无法想象的方式令人感到恐怖。"他为创作由10—12幅巨幅画组成的一组系列画作，已经完成了全部准备性草图，他能"非常迅速地完成这些画作"，但是无法在巴黎完成。他解释道："我把所有的工作材料都留在了巴塞罗那，有大约一百件东西都在进展中……我在这里不可能即兴画出所有那些东西来。"但他也不是没有资源。他决定先不画那些巨幅画了，而是"做些完全不同的事情：我打算开始画些非常现实主义的静物"，以"尝试画出事物深刻而诗意的现实性来"。③

---

① Delmer（1961），p. 333.
② Dupin（1962），p. 265.
③ Rowell（1986），p. 146.

为了回归现实主义，米罗首先在蒙帕纳斯（Montparnasse）朴素的大茅舍艺术学院（Académie de la Grande Chaumière）回归了人体写生课堂。迪潘说，这给了他一个画画的地方，也许还"在一个当他独自面对一幅画布或一张画纸已变得无法忍受的时刻，使他在众多的年轻人当中，在喧嚣当中得到慰藉"。迪潘认为裸体写生课程是对"画家的专业技巧的定时测试"，迫使米罗面对自己的直觉平静下来。那年冬天，他一遍又一遍地画女性的裸体——那是人间的港湾和风景——正如毕加索交替地画他的两个情妇一样。尽管米罗笔下的线条是自信的，但他画出的人物却野蛮地变形了，仿佛他们都因西班牙本身遭受的打击而肿胀了。[①]

"我要看看我这样纵身投入事物的现实中，会发生什么情况，"米罗在他1月12日致皮埃尔·马蒂斯的信中总结道，他补充说，"这将带给我创作接下来的作品的新动力。"[②] 十天后，当他在巴黎报纸《今日报》（Le Jour）头版的报头上方简略地画出《静物与旧鞋》的基本元素时，这话变成了现实。[③] "让我告诉你这幅静物的起点。"他回忆道：

> 我非常沮丧和不安。我住在巴黎，住在圣叙尔皮斯广场（Place Saint Sulpice）上的雷卡米耶宾馆（Hotel Recamier）。那里离大圣奥古斯丁街不远，我经常在那条街上的一家叫作"青蛙餐厅"（La Grenouille）的小酒馆吃饭。有一天当我正要离开那个小酒馆时，我看见地上有一个包裹在纸中的破瓶子。我对自己说："我要据此画出一幅静物画来。"当我在画中画进旧鞋

---

① Dupin（1962），p. 292.
② Rowell（1986），p. 146.
③ Daniel and Gale（2011），p. 100, ill. 72.

时，我很可能正在思考凡·高的《静物与靴子》(*Still Life with Boots*)。我请求我的妻子去给我买一个苹果。我把叉子插进了苹果。我这么做时，并没有想到士兵把刺刀扎进敌人的躯体。我把叉子扎进苹果，是因为这是吃苹果的工具。我也没打算以面包皮来作为饥饿的象征。

内战中到处是轰炸、死亡、行刑队，我想描绘这个令人心潮澎湃又非常悲伤的时代……我完全明白我在画某种极其严肃的事物……构图是现实性的，因为我已被总体的恐怖感所麻痹，几乎根本不能动笔。①

那个破瓶子的某些方面引起了他的共鸣。2月12日，他在致信马蒂斯谈正在创作中的这幅画时，惊呼"表面看上去很自然，但主宰它的是巨大的吸引力和兴奋"：

我在创作时，不曾有哪怕一分钟丧失与模特的联系。我把所有的构图要素都放在一张桌子上。这些就是各种各样的要素：

一只空杜松子酒酒瓶，裹在一张纸里，外面还系着根细绳；

一只被丢弃的大个儿苹果；

一把叉子扎进苹果里；

一块黑面包皮；

一只旧鞋。

我要把这幅画画到极致，因为我想让它能抵得上委拉斯开兹那优秀的静物画。②

---

① Rowell(1986), pp. 293-294; *Ein Paar Schuhe*(F333 in Jacob Baart de la Faille's 1928 catalogue raisonnes *The Works of Vincent van Gogh*).

② Rowell(1986), pp. 146-147.

米罗在把他雄心勃勃的画作推向"极致"时,也许没有想到刺刀扎进敌人胸膛,但是他画的这把叉子,却与那年春天他为一张纪念邮票所画的加泰罗尼亚农民壮实的前臂的肌肉线条相似。同样不寻常的是,插进一只吃了一半的苹果的既大又宽的餐叉,其中一支粗厚的叉尖,像拇指一样与像其他手指一样的叉尖分开。米罗的"黑面包皮"也更像一只脚跟而不是面包皮,那头盔状的末端面向观者剖开,其上黑色的洞明显是定位于一只头骨的眼窝和鼻窝,而包裹着酒瓶的纸撕开的上缘,就像是一座燃烧的塔上的火焰。令人恶心的酸性的黄色和紫色从米罗特有的原色调色板上滤出,又打上黑色的阴影,更加重了这幅令人心绪难平的画作的不和谐感。至少,米罗在回顾这幅画时,承认了其象征意义:"我后来意识到,在我不知不觉的情况下,这幅画中包含了那段时期的一些悲惨象征。"①

"这幅画进展非常顺利,"米罗于3月21日向大画家亨利·马蒂斯(Henri Matisse)报告说,"静物很快将完成,这幅画让我全神贯注,它将和《农庄》(*The Farm*)一起,成为我全部作品的翘楚——不过我倒是希望以后还能超越。"[《农庄》是米罗1921年所绘的一幅杰作,是他"全部乡村生活的履历"。1925年,欧内斯特·海明威在巴黎以3500法郎——相当于今天的5000美元——买下了那幅画,作为他送给第一任妻子哈德丽·理查德森·海明威(Hadley Richardson Hemingway)的生日礼物。]米罗在致马蒂斯的信中继续写道:"与此同时,我也在画素描,下午有时候我会去学院画裸体写生。"②

---

① 引自 Daniel and Gale(2011),p. 100。
② Rowell(1986),p. 157.

一个月后，1937年4月25日，格尔尼卡遭到轰炸的前一天，米罗再度致信马蒂斯，宣布"西班牙政府刚刚委托我来装饰1937年［巴黎］世博会的西班牙馆。只有毕加索和我获得了请求。他将装饰一面长7米的墙，我的长6米。这是项大工程！世博会结束后，这幅画可以从墙上揭下来，将属于我。"① 米罗获得了壁画的佣金。

一个月前，他完成了邮票设计，将图案拍了张照片，于3月7日寄给了马蒂斯。② 这幅画描绘了一个红脸膛、红鼻子、戴着传统的红色巴雷蒂纳帽（barretina cap）的加泰罗尼亚工人。他的右臂被放得巨大，像躯干一样粗，举起来敬了个共和国的礼，紧握的拳头比他的头还要大。尽管这个工人的脸画的是侧面，但他被一个黑圈突出的右眼从画布的平面在向外望，不仅睁得很大，而且满含挑战意味，迎向观者的目光。

米罗回忆道："邮票面值1法郎。同一幅画也用来印了一种限量版的招贴画，人物被放大，并配上了下列文字：'在当前的斗争中，我们看到了法西斯主义所消耗的力量，另一方面，我们也看到了人民的力量。人民巨大的创造性资源，将赋予西班牙震惊世界的力量。'"③ 米罗意识到自己公开宣示立场所带来的风险，他补充道："我反对我所认为腐朽没落的一切，寄希望于在我看来更人道、更真切的东西。画完这幅画后，我真的害怕了。"④

米罗站在了共和国一边，便是将自己的生命置于危险境地，他打算在壁画中充分发泄其怒火。由于他没有大型画室，他决定将壁

---

① Rowell（1986），p. 157.
② 1937年3月7日：Rowell（1986），p. 148.
③ Rowell（1986），pp. 292-293，作者稍微修改了Rowell对米罗的话的译文，采用了语言更通俗的Freedberg的译法：Freedberg（1986），p. 596, n. 87.
④ Rowell（1986），p. 293.

画直接画在构成展馆内墙的材料上。① 他分配到的空间，足足有两层楼高，正对着从三层展厅到二层的露天楼梯。楼梯井的侧壁将以西班牙伟大的诗人和小说家塞万提斯（Miguel de Cervantes）作品中的名句来装饰。米罗的壁画可以在楼梯上观看。

  展馆的建设3月才开始。由于世博会计划于7月开幕，可用于设计和施工的时间都很短促，展馆设计师路易斯·拉卡萨和何塞普·路易斯·塞特选择了使用标准规格的标准建材：一种暴露的金属工字梁骨架，用碎石筑成、表面砌砖的底层地基，钢筋混凝土的进出口楼梯，木板或水泥的天花板，玻璃或波状石棉水泥板的墙面，内衬优质的压缩刨屑。

  米罗将要绘画的墙面是用压缩甘蔗纤维粗糙合成的甘蔗板，用防水胶贴在墙上，手感就像毡子并且像毡子一样具有吸收性。甘蔗板被制成长方形的大板，总共六块，接缝处用胶黏合，拼成了高18英尺、宽16英尺的壮观立面，覆盖了往楼梯井的墙。这就是米罗将要画的壁画的规模，不过是纵向的，与毕加索在底层横向的《格尔尼卡》形成了对照。

  米罗于6月初开始绘制这幅壁画。他在一个双层的木制脚手架上工作。脚手架由两架15英尺高的梯子靠在一起，形成一个"A"字形支架，再将两个长12英尺、宽2英尺的木板横向插入梯阶中，形成上下两个平台。如果说设计纪念邮票激发了他构图的灵感，正如他对塞特所说的，那么他显然决心不重复自己：在这幅题为《反抗中的加泰罗尼亚农民》(*Catalan Peasant in Revolt*)，又名《收割者》(*The Reaper*)的画作中，主角并非团结的劳工阶级中举起拳头的中

---

① "The Reaper was executed in situ, on the six sheets of Celotex already mounted on the Pavilion wall." Joan Punyet Miró, personal communication, 23 Dec. 2013.

坚分子,而是一个饥饿、细长的脖子上伸出的有一张巨大的喙状的嘴,正在尖叫的头。其左臂纤弱,呈爆发状,但其右臂挥舞着一把可怕的镰刀——这本不是政治符号,而是耕作工具,但却被改换用途成为一种致命的武器,竖立起来要剖开某人的肚子或者砍断某人的头颅。①

就恐怖而言,米罗的壁画与毕加索的不同。在《格尔尼卡》中,除了代表毕加索的公牛,以及持火者外——这两者都是旁观者而非参与者——所有的人物都是受害者。米罗则相反,他笔下的农民义愤填膺,武装起来准备战斗。《反抗中的加泰罗尼亚农民》暗指的是一次更早的斗争,而不是西班牙共和国正在进行的主要是防御性的战争。这幅画引用的加泰罗尼亚农民的暴动,是始于1640年5月的"收割者战争"(Reapers' War),数千武装农民组成的民兵挺进巴塞罗那,宣布成立了加泰罗尼亚共和国。接下去的20年,加泰罗尼亚人和法国人并肩战斗,反抗哈布斯堡王朝统治的西班牙,但最终不敌更强大的力量。他们被击败后,丧失了从安道尔到佩皮尼昂、面积相当于美国罗得岛的加泰罗尼亚的一角。该地区被法国人占领。历史学家艾略特(J. H. Elliott)写道:"和平最终来临了,但是作为其部分代价,加泰罗尼亚和法国之间新的边界,从此成为比利牛斯山脉的南缘,说加泰罗尼亚语的土地被永远分割开来。"② 米罗了解他的民族的历史。他将他的收割者那硕大的、愤怒的头颅画在如此细长的脖子上,是否在体现加泰罗尼亚人新暴动的危险?收割者瘦弱的双腿,像毕加索在宽阔的画布上所绘的受害者一样,则暗示着那令人不安的最终失败。

---

① Freedberg(1986), p. 587, n. 47.
② Elliott(1963), p. 541.

塞特没有描述公众对米罗的壁画的反应，但是他报道的观众们对《格尔尼卡》的反应，也许就等同于公众对米罗和毕加索两幅画的共同反响：

> 接下来的几个月里，我很好奇地观察着人们观看展览的情景，观察着人们的反应——我经常就住在展馆里。人们来了，看着这样的东西，都看不明白。大多数人都不明白画中的意味，但他们感觉到其中必有深意。他们没有嘲笑《格尔尼卡》，只是默默地看着它，而我注视着他们一拨拨地走过。①

林肯营在雅拉玛前线担任了四个月警戒哨后，终于在1937年6月中旬解除了这一任务。之所以在那里滞留了那么久，很大程度上是由于加尔将军——也就是第15国际旅的旅长、严格执行纪律的匈牙利人亚诺什·加利茨——的敌意。尽管战事不紧张了，但一连好几个星期令人浑身湿透的淫雨和苦不堪言的严寒，还是使生活异常艰苦，不过随着春天来临，天气暖和了起来。2月27日加尔将军的副手弗拉迪米尔·乔皮奇指挥的平加龙山之战使部队减员极大，但这时新兵已补充了进来。一名国际旅战士回忆道，6月13日，林肯营"撤退到马德里以东的一连串村庄"，在那里他们享受了"洗澡、理发和到马德里度假等奢侈生活"。休整了两个星期后，他们加入了一支全部由美国人组成的新部队——乔治·华盛顿营，并准备到即将在马德里以西15英里处开辟的一条新的主要战线作战。②

在瓜达拉马河以西，布鲁内特小城外广阔、空旷的大草原上进

---

① 引自 Freedberg（1986），p. 690, n. 154。
② 1937年6月13日：Eby（2007），p. 176; Landis（1967），p. 169。

行的这场战役,将是共和军在这场战争中首次发动攻势。一名参战者写道,其意图在于"将佛朗哥赶出在马德里西郊的阵地,或者切断其与后方的联系。他的大炮能够从那里破坏工业,并威吓平民"。①林肯营和华盛顿营参战时有1800多人,包括林肯营剩余的350人、林肯营新补充的150人、华盛顿营的525名官兵、来自加拿大马更些-帕皮诺营(Mackenzie-Papineau Battalion)的250名美国干部、120名医疗人员和由汽车司机及技师组成的小股特遣队。②

赫伯特·马修斯于1937年7月4日星期日,美国国庆日那天从马德里驱车来看望这些美国人。"对我来说,那是特别愉快的一个节日。"马修斯回忆道:

> 那天一开始,是在富恩卡拉尔(Fuencarral)镇外的美国运输部队的营地,吃火腿和鸡蛋早餐。在这个国家,单是火腿和鸡蛋本身,就足以使这一天成为一个喜庆的日子了。我们到达时,他们正在耍棒球,而比赛的结果应当载入史册。比分是4:2,第九局,二出局,满垒。被戏称为"露丝宝贝"的迈克·拉多克,穿着全套装备,挥舞着一根巨大的球棒,大步走上了本垒板,他的同志们激动地呼喊着、狂舞着。投手也在做着投球前的挥臂绕肩动作。突然,全场安静了下来——马上就要见分晓了!
>
> 但是,唉!就在这时,营地的警铃响了,招呼司机们马上集合外出执行任务,比赛中断了。
>
> "赶紧!赶紧!"一名军士大喊着。

---

① Gurney(1974), p. 180.
② Landis(1967), p. 175.

毕竟，正如西班牙人所说的，"estamos en guerra"（我们在打仗），纪律就是纪律。17名司机不得不带着他们的节日伙食离开了。我们剩下的人在树下欢快而喧闹地大吃了一顿——那是极其丰盛的一餐，最后每个人还喝了一瓶啤酒，吃了两份冰激凌，把前面吃的东西冲下肚去。①

林肯营和华盛顿营的战士们此前从未吃得这么好过。前一天晚上，他们行军16英里以挺进作战位置。马修斯驱车来看他们时，"悲伤地想着，不知有多少人能活着过下一个节日"。在接下来的24小时，他们还将前进六七英里。随着一支5万人的国际纵队部队前出瓜达拉马河，布鲁内特战役于7月6日拂晓打响。②

多少人能活下来，马修斯很快就能知道了。战役的第一天，美国人向布鲁内特以北三英里的卡尼亚达新镇（Villanueva de la Cañada）发起了进攻，占领了这座村庄，但损失了30人。来自格拉斯哥（Glasgow）的一名杂货店店员锡德·奎恩（Sid Quinn），回忆了在争夺这座村庄时与佛朗哥的雇佣军发生的残酷战斗。"战斗快结束时，一群平民被推出了村庄，大多是妇女和儿童。我们不知发生了什么情况，直到看明白，原来他们是被用作了人盾，他们在惨叫着。这样的情景真是令人惊骇。他们是老人、婴儿、蹒跚学步的幼童。他们都被我们射倒了，因为我们已经停不下来了。他们一个也没剩下。"③

7月7日星期三，美国人参加了夺取布鲁内特的战斗。两个营分头行动。马修斯写道："8日星期四，又发动了一次攻势。他们因为

---

① Matthews（1938），p. 230.
② Matthews（1938），p. 230.
③ Palfreeman（2012），p. 118.

身体虚弱而踉踉跄跄,自战役开始以来,他们就一直没吃也几乎没喝。当天下午,华盛顿营尽管疲惫不堪,还是将一队叛军赶回了瓜达拉马河对岸,并赶上了一座叫作蚊子岭的小山顶部。"①一名老兵回忆说,之所以给小山起这样一个名字,是因为在山上防御的国民军的机枪子弹,像蚊子一样嗡嗡地叫个不停。②

在蚊子岭前和整个广阔的战场上,秃鹰军团到处在打击共和军部队,包括美国人。梅塞施米特Bf-109B战斗机对亨克尔He-111轰炸机进行着高空掩护,而He-51双翼轰炸机则在500英尺以下的低空猛烈扫射着几乎毫无还手之力的共和军防线。历史学家瓦尔特·穆西亚诺(Walter Musciano)写道:"双翼飞机每9架排成一个十字阵形,像波浪一样不断涌来,但见天上一个又一个翼尖掠过。每架飞机载有6颗22磅重的碎裂弹,一齐投下。"穆西亚诺说"所造成的巨大破坏摧毁了存活下来的部队的士气",但是却没有摧毁华盛顿营的士气。③马修斯证实:"整个晚上他们都在自己的阵地上休息,积蓄着他们剩余的最后的力量。在战役的第二天就负了伤的杰克·韦斯(Jack Weiss)对我发誓说,没有一名士兵想后退,他们在进攻开始时所怀有的热情也没有丝毫损失。"④

7月9日星期五,美国人向蚊子岭发起了冲锋:

> 他们向上冲时,一挺机关枪密集的弹幕迎向了他们,很显然他们面临着最严重的困难。叛军夜间在他们上方挖了战壕,正居高临下地射击。他们有多个机关枪掩体。他们体力还很充

---

① Matthews(1938), pp. 231-232.
② Cook(1979), p. 91.
③ Musciano(2006)(在线).
④ Matthews(1938), p. 232.

沛并处于孤注一掷状态。然而美国人仍然冲锋了。他们或单独或结成小组，利用能够利用的一切遮挡物，一码一码地向上冲。他们尝试过迂回包抄，但是被阻断了，不过他们仍在不断尝试。这已是他们断粮的第四天了，他们得到的休息时间也很稀少。他们的兵力也很薄弱——200人中已阵亡20人，大约80人受伤。夜幕正在降临，到晚8点钟时，他们已经精疲力竭。他们距山顶还有四分之三的距离，而他们的防线人员稀疏，岌岌可危，这时一个西班牙营赶来接替了他们。①

对蚊子岭的进攻本应结束了，但这却只是开始。在接下来的几个星期里，随着共和军和国民军对阵地失而复得、得而复失，战线像拉锯一样来回移动，双方损失都很惨重。（例如，英国营331人中，只有42人没有受伤而在布鲁内特活了下来。②）佩内洛普·菲尔普斯（Penelope Phelps）是一名被西班牙人称为"英国便士"的护士，来自伦敦北部工人阶级聚居的托特纳姆区（Tottenham），在共和军设在布鲁内特附近的一个岔路口的野战医院，协助新西兰医生道格拉斯·乔利（Douglas Jolly）处理输血事宜。她回忆道：

> 我认为他是我合作过的最好的外科医生，无论遇到多么复杂的情况，他的手术都做得又快又巧妙……一连五天五夜，我们都只能在没有伤员占据但被血浸透的担架上睡一小会儿。我们靠一杯又一杯的黑咖啡、罐头牛肉三明治和香烟支撑着。我开始抽烟了，像无论男女所有其他同事一样。

---

① Matthews（1938），p. 232.
② Palfreeman（2012），p. 118.

我们现在要克服的不再是寒冷，而是炎热和苍蝇。手术室的空气令人窒息，地面上因为凝结的血块而变得湿滑。但是传来的仍然是好消息，我们的部队攻占了卡尼亚达新镇……接着法西斯分子发动了反攻，他们用大量的装甲车、飞机和大炮来对付我们。布鲁内特失守了，但我们的战士顽强抵抗着敌人此后发动的每一次进攻，坚持了一天又一天。手术室里伤亡人员不断流动，炎热和苍蝇也毫不间断。①

供给出现了短缺。他们的全身麻醉剂——乙醚和氯仿——都用完了，只好用局部麻醉剂、脊髓麻醉剂或镇静剂代替。当他们用完最后一套无菌手术服后，菲尔普斯用当地人捐献的床单把医生们包裹起来。一天晚上，当三台手术正在进行时，发电机却坏了。菲尔普斯回忆说，医生们不得不借助手电筒来继续手术。不远处卡尼亚达新镇房屋燃烧的大火，也给他们增添了光亮。②

最终，7月下旬时，德国和意大利的战斗机、轰炸机和大炮在战场上占据了上风。苏格兰救护车部队的一名来自格拉斯哥的铁路职员罗迪·麦克法夸尔（Roddy MacFarquhar）回忆道，在战役的最后一天，"一场可怕的大炮密集射击"一刻不停地持续了六小时，一码又一码地扫荡着战场。"我们所能做的一切，就是低下头，企盼能活下来。"炮火齐射结束后，麦克法夸尔和他的同志们在黑暗中发现，一大片杂乱的躯体，"有活的有死的"，堆积在无人地带一挺指向前方的机关枪周围。③

---

① 引自 Palfreeman（2012），pp. 118-119。这段文字的不同版本见 Fyvel（1992），pp. 28-29。
② Fyvel（1992），p. 29。
③ 引自 Palfreeman（2012），p. 124。

历史学家琳达·帕尔弗里曼（Linda Palfreeman）记载道："布鲁内特战役中大约有16000人伤亡，国民军6000人，共和军10000人。共和军部队中估计有1000人阵亡，超过7000人受伤，还有3500人患病。事实是，尽管共和军给国民军造成了数以千计的伤亡，但其自身的损失，无论是人员还是装备，都无可挽回地削弱了共和国的事业。"[1]

在西班牙内战第一个漫长的年头结束时，至少医疗服务还是欣欣向荣的。乔利曾对加泰罗尼亚外科医生莫伊塞斯·布罗吉（Moisès Broggi）说，有了像可移动的手术室"自动基尔"（autochir，爱德华·巴斯基解释道："自动基尔是一种带轮子的外科手术室。里面的外科医生如果能训练自己站定不动的话，即使在最不利的条件下也能舒适自如地做手术。他也可以把他的自动基尔移动到他敢去的离前线最近的地方。在完全现代化的手术台四周，有装器械的箱子，手术台的背后则安装着现代化的高压灭菌器。我们的自动基尔还有自己的电池为照明系统和消毒系统供电，有蓄水的容器，还有地方洗手。"）和输血这样鼓舞人心的发明，"外科正在发生极其巨大和非凡的进步"。[2]

但是像战争中一贯的情况一样，这样的进步是由非自愿的活体解剖——即在活人身体上进行的必要但却可怕的实验——推动的。幸运的是，战争中的医生和护士们即使在精疲力竭的情况下，仍然是以满腔的同情进行他们的工作的。随着德国和意大利持续不断地在人力和物力上支援叛乱的国民军，他们需要集中起能从他们疲惫的心灵中榨出的全部力量和同情。米罗写道："我们正在经历的骇

---

[1] Palfreeman（2012），p. 129.
[2] 引自 Palfreeman（2012），p. 130。

人听闻的悲惨事件,会刺激一些特立独行的天才,给他们带来更大的活力。但是,如果任由号称'法西斯主义'的反动势力滥施淫威,继续将我们赶向残酷和不理解的方向,那将意味着全人类尊严的终结。"①

---

① 引自 Dupin(1962),p. 290。

下 篇

试图毁灭世界的东西[①]

---

① 佩兴丝·达顿的话，引自 Jackson（2012），p. 116。

第十二章
鬼才知道

佩兴丝·达顿于1937年8月末掌掴了西班牙厨师,为她重返前线开辟了道路。当时达顿和另外八名被闲置的英国护士被转移到弗拉加(Fraga)的一所医院。弗拉加是萨拉戈萨到巴塞罗那中途的一座村庄。达顿在家书中写道:"一座美妙的小镇,非常古老,风景优美……恰好在一条河谷的陡坡的山上。"弗拉加也许很美,但她们的处境没变。达顿认为:"我们太多的人无所事事。"也许正是这种沮丧激发了她的暴怒。①

"佩兴丝是个不懂圆滑融通的人,"另一位护士、威尔士农民的女儿玛格丽特·鲍威尔(Margaret Powell)回忆道,"……她和一名年轻但懒惰的厨师……发生了争吵,或许是她对,不过她不应该扇人家耳光。安东尼奥说,这事不能算完,'不是她走就是我走'。20个安东尼奥加起来都不及佩兴丝,但无疑佩兴丝得走了。"② 幸运的是,附近有国际纵队,那里的医生正在寻找护士。

---

① Jackson(2012),p. 50.
② Jackson(2012),p. 52.

达顿自己讲述这件事情时，省略了其过激的高潮部分：

> 有一天来了几名国际纵队的医生，他们是来找人的——他们听说这里有护士，想从我们中带走两人。我们不在乎，我们全都准备被拐走呢……他们有更好的组织，他们需要护士，而我们是明显的人选，我的意思是我仍然对此很厌烦——我们有九个人，却没什么事。全都是英国人，全都受过训练，我觉得这太不像话了。所以我急切地想去，我就离开了。①

医生们招募的另一名护士是莉莲·厄姆斯顿（Lillian Urmston），也是英国志愿者，是曼彻斯特附近的小城斯泰利布里奇（Stalybridge）的一名钢铁工人的女儿。两名护士加入国际纵队时，正好赶上救治贝尔奇特（Belchite）的伤员的工作。贝尔奇特是萨拉戈萨以南大约30英里处的一个国民军驻防城镇，佛朗哥的军队在那里进行了一番凶狠的顽抗后，被击溃了。欧内斯特·海明威那年夏天在完成了电影制作和筹款之后，又返回了西班牙。他在9月13日给《纽约时报》所写的报道中，再现了9月初国民军被击败的情景。② 海明威从采访中得知，国际旅和三个西班牙旅一起，先是攻占了萨拉戈萨下游20英里处埃布罗河上的金托（Quinto）城，继而：

> 他们在乡间挺进了20英里，来到贝尔奇特。他们隐蔽在城外的树林里，以印第安人的战术前进。这仍然是所有步兵皆知的最有效的保命手段。他们在密集而精确的炮火掩护下，冲进

---

① Jackson（2012），pp. 51–52.
② "Americans in Spain Veteran Soldiers," 14 September 1937.

了城里。然后一连三天，他们一间房子一间房子、一座楼一座楼地争夺，用镐头砸墙，用炮弹开路，在街角内、窗户里、屋顶上和墙洞中，与撤退的叛军交火。

海明威认为，自他上一个春天看见过这些国际旅成员后，他们已经"成为真正的战士"。"浪漫退去了，不愿意留下的人也与重伤员一起回家了。死去的人们当然也不在了。"留下的人都有着"黝黑、刚毅且讲求实际的面容，并且经过了七个月后，他们都已成为行家里手"。他在其中发现了自己的老朋友罗伯特·梅里曼。梅里曼肩伤痊愈后，在进攻贝尔奇特的战斗中又受了轻伤，但他坚持战斗，直到国民军最后的据点大教堂被攻克。

金托和贝尔奇特两战，共有数千人或伤或死。设在贝尔奇特城外12英里处四个木棚里的共和军战地医院里，外科医生们在12天里做了160例手术。① 单是林肯营就有超过250人伤亡。共和军大炮的密集射击对贝尔奇特城的毁灭，就像4月时秃鹰军团的轰炸对格尔尼卡的毁灭一样彻底。但是对贝尔奇特的进攻不像对格尔尼卡，并非出人意料的对平民的攻击。不过，这座小镇被完全摧毁了，时至今日仍然是一片被抛弃的废墟。

一位身材高大、金发碧眼、出生于南非开普敦的英国内科医生和生理学家雷金纳德·萨克斯顿（Reginald Saxton），领导着佩兴丝·达顿被分配到的国际纵队医疗部队。该部在萨拉戈萨东北45英里处的韦斯卡（Huesca）附近临时建立了一个战地救护所，展开了救治工作。达顿回忆道："我们全都松散地住在乡下河边的三间临

---

① 12天做了160台手术：Coni（2008），p. 163。

时营房里。"① 那年秋天的伤寒疫情使得外国志愿者们的生命几乎无法承受。这是由于伤寒在西班牙是地方病,西班牙士兵大多有免疫力,而最早的抗菌药——磺胺类药物,刚刚在英国试用,西班牙还用不上。

"一连好多天雨下个不停。"萨克斯顿部一名年轻的英国医疗助理罗莎琳·斯迈思(Rosaleen Smythe),在其日记中逐日记录了这种传染病的流行过程。河水暴涨,泛滥到医院门口。房子漏水,而他们又缺少卫生设备——没有洁净水,没有火,没有取暖设备,也没有厕所。病房里充满流行性感冒病人。"存在就是痛苦。雨水漏了进来。老鼠在地上乱窜。"天气变冷了,出现了霜冻,刮起了刺骨的寒风。然而,斯迈思认为护士们——艾达·霍德森(Ada Hodson)、佩兴丝·达顿、莉莲·厄姆斯顿——"棒极了"。尽管条件很恶劣,她们却都精神抖擞。她们中有一位尝了尝被国际旅战士们当成兴奋剂的茶、咖啡和可可的一种混合饮料,做出了一连串鬼脸,她们都大笑了起来。②

疫情消退后,医疗队将还在恢复中的伤寒病人转移到巴利斯(Valls)的一座康复医院。巴利斯是塔拉戈纳内陆山中的一座小镇,而塔拉戈纳则是从巴塞罗那沿海岸下行52公里处的一座古罗马地中海港市。③

"Triage"(伤病员鉴别分类)一词源自法语"trier",尽管不是来自西班牙内战的发明,但在这场战争中得以完善并在此后被广泛运用。在达顿掌掴了厨师后招募她的医生中,有一位是出生于拉脱维亚的28岁的外科医生莱恩·克罗姆(Len Crome),是归化的英国

---

① 引自 Jackson(2012), p. 55。
② Jackson(2012), pp. 55–56; Coni(2008), p. 65。
③ Jackson(2012), p. 57。

公民。① 克罗姆是第15国际旅的医疗主管，部分负责在国际旅中实行伤病员鉴别分类制度，这是一种反直觉的将病人分类进行治疗的办法。在民用医疗实践中，鉴别分类法很早就意味着根据伤病情的严重程度将患者分类，首先治疗最严重的伤病。克罗姆和他的同事们根据战争的不同需求运用伤病员鉴别分类法：由于医务人员严重短缺，战场上人力很紧张，那些需要进行紧急救生处置的伤员——即那些供气系统受到损害，或者流血很严重的人——或许仍然会首先得到治疗，如果他们能够迅速稳定下来的话。但是伤员将基本上被分类为经简单处置后就能重返岗位的轻伤员，治疗可以延迟的重伤员和最可能死亡、也许只能进行缓解痛苦处置的伤员。

克罗姆向第35师师长瓦尔特将军报告了情况。瓦尔特对部下非常关心，但表面上却摆出一副严格的禁欲主义的样子。["瓦尔特"是苏联红军将领卡罗尔·希维尔切夫斯基（Karol Świerczewski）的化名，也是海明威的小说《丧钟为谁而鸣》中"戈尔茨"（Goltz）的原型。] 那位外科医生生动地记述了当他首次提议对布鲁内特的伤员们进行鉴别分类时瓦尔特尖刻的反应。"指挥部在距前线大约一公里的一片橄榄林里，"克罗姆写道，"地面上炸弹爆炸燃起的熊熊大火久久不熄，还频繁受到低飞的飞机的袭击。大多数军官都在狭窄的壕沟里工作，但是瓦尔特和他的副官阿列克（Alek）却坐在壕沟上方一个伪装的帐篷里，靠一部战地电话机指挥。"克罗姆向帐篷里报告，瓦尔特问他：

"喂，同志，前线的情况怎么样？"我告诉了他。"医院的情况又如何？"

---

① Preston（2006），pp. 6-7.

"我们有很多伤员,却没有足够的医生来救治他们。"

他的脸色严肃起来,重重地眨了眨眼,平静地说道:"是啊,这就是战争……大家的士气怎么样?他们在说些什么?"

我解释了一些医生想不明白的问题:首先帮助有更大机会康复的轻伤员,比把弥足珍贵的时间浪费在回天无望的伤员身上,比如头部重伤的伤员,是否更好?我本人也不知道怎么回答这个问题,想听听他的意见。

他没有丝毫的犹疑:"我从来没想到你们竟然这样凶残!去把我的话告诉你的医生们,如果我再听见他们这种议论,我就要把他们全都送上前线,并且不发给他们枪!你将第一个被送去。等你们受了伤,你们就能想明白你们的伤是否轻得有权获得救治了。"①

不论鉴别分类法是不是在瓦尔特不知道的情况下实施的,反正他最终还是默许了,总之到了秋天佩兴丝·达顿加入国际纵队时,这种办法已经成为标准常规了。

1937年10月,国际纵队在进攻萨拉戈萨附近的丰特斯·德埃布罗(Fuentes de Ebro)时,又有300人伤亡。到10月中旬时,希洪(Gijon)陷落,佛朗哥占领了西班牙北方全部。月底时,承认了领土萎缩的共和国政府,从巴伦西亚迁到了巴塞罗那。1937年11月1日,国际纵队正式并入西班牙共和军,此后国际旅的伤亡就开始由西班牙人填充了。到1938年年初时,国际旅的一些部队90%的人都已经是西班牙人了。

佛朗哥对西班牙政府迁往巴塞罗那的回应是,加强了对这个加

---

① Crome(1980), pp. 117-119.

泰罗尼亚首府的空袭。当时雷达尚在英国、德国和美国处于最早的研发阶段,没有雷达的共和军只能使用监听哨来预警飞机的到来。监听哨就是把麦克风置于大型集音喇叭的焦点上。国民军设计了一种规避战术。作为共和政府技术顾问的 J. B. S. 霍尔丹,仍然在大学假期不断访问西班牙,他在写于1938年的《空袭预警》(A. R. P.)一书中详细介绍了这种战术。这本书对空袭预防措施的研究,很大程度上是基于他本人在西班牙战争中的经验。

一系列夜间空袭始于1937年12月。轰炸机从马略卡岛上的国民军基地飞临巴塞罗那,通常轰炸港口附近的工人阶级聚居区。霍尔丹写道,为了躲避城防加强后设置的防空火力,飞机"飞到很高的高度,在海上数英里外关闭引擎,然后滑翔到目标上空,这样就不会被监听哨侦察到"。[①]在即将开始轰炸时,飞机才及时地打开引擎,并将在目标上空的时间限制在最低限度。雷达将使这种静默轰炸作废,但是在西班牙内战中对付共和军,这种技巧还是奏效的。

霍尔丹痛苦地记述了那年冬天对巴塞罗那的一次破坏性特别大的空袭,"尽管此番轰炸是由6架萨沃亚飞机分两次执行的,但显然有大约300人遇难,其中包括一座房子中的83名孤儿。虽然我很了解意大利空军的光荣战绩……但是他们不是每天都能用一颗炸弹炸死83名孤儿的。他们的平均纪录要低得多。"[②]

到1937年晚期时,加泰罗尼亚人已经在巴塞罗那的群山下构建了一个由上千条防空洞组成的网络——霍尔丹听说足以隐蔽24万多人。[③]那年12月他游览了一条正在建设中的防空洞,挖在了一个山坡下,长度超过1英里,深达地下大约55英尺处,通过一道蜿蜒的

---

① Haldane(1938), p. 51.
② Haldane(1938), p. 53.
③ Haldane(1938), p. 164.

斜坡进出。洞高7英尺，宽4英尺，挖进西班牙被太阳烤得干干的坚硬土壤中，不需要任何支撑。霍尔丹参观时，工人们正在里面铺砖瓦和安装电灯。①

巴塞罗那的防空洞里有厕所，有厨房，还有一排排的长椅，整个家庭都可以坐在洞中，耐心地等待国民军的反复轰炸结束，从而保住性命。霍尔丹写道，街道上的情况就完全不同了。"炸弹一触地就立刻爆开，危险巨大无比。一旦发生这种情况，许多弹片向四周飞去，在拥挤的街道上就会造成惊人的伤亡。……炸弹产生的炽热气体，以一种几乎令人难以置信的力量，不仅将其壳爆开，而且将周围的一切推开。炸弹前方的空气会以每小时4000英里的速度被推进，是最快的飓风速度的20倍以上。站在一颗大炸弹周围10码之内的人会被撕碎，而碎片会被抛到好几百码外。砖墙则不仅会被击倒，而且会粉碎成冰雹一样的抛射体，可能杀死很远距离外的人。"②霍尔丹报道称，尽管有隐蔽所，但截至1938年5月，在西班牙全国范围内，已知被炸弹炸死的儿童达到了10760名。这还是在一个孩子们被认为弥足珍贵，他们的父母们宁愿挨饿也要养育他们的国家。这位英国科学家又进一步估算道："被炸死的成年平民的数量，恐怕至少是这个数字的四倍。除此之外还有更大数量的人被炸伤，其中许多人被永久截肢。"佛朗哥的轰炸在西班牙全境造成的平民死亡人数总计54000人左右，包括男人、女人和儿童，单是空袭造成的负伤平民就超过10万人。③

"佛朗哥准备于1937年12月18日对瓜达拉哈拉发动新的攻势，"

---

① Haldane（1938），p. 164.
② Haldane（1938），pp. 30–31.
③ Haldane（1938），pp. 56–57.

赫伯特·马修斯写道,"以马德里为最终目标。共和军先发制人,于12月15日对特鲁埃尔(Teruel)发动了突然袭击。"特鲁埃尔在瓜达拉哈拉正东100英里处,是一座山城,也是一个省会城市,海拔3000英尺,夏季天气多变,冬季则寒冷刺骨。1937—1938年的冬天,又是西班牙20年来最冷的一个严冬。

共和军在特鲁埃尔进攻佛朗哥的国民军并将其驱离马德里的4万人部队,全部是西班牙人,国际纵队被留作了预备队。[1] 罗伯特·梅里曼明白面对佛朗哥占尽优势的飞机和大炮,此役的伤亡将非常大。他预料到医疗服务将供不应求,便把爱德华·巴斯基请到巴伦西亚,给他吹吹风。巴斯基说梅里曼告诉他:"大夫,他们马上就该需要你了,但是如果你去了那里,成败的机会是均等的。你肯定能在山里大干一场,但你也有可能冻成冰人,不过你必须到那里去——你们是那里唯一的医疗队。"巴斯基说,一名传令兵递给他一个信封:"里面是给我们的命令。上面写着:立刻赶到伊哈(Hija),加入第15旅。"[2] 巴斯基估计:"特鲁埃尔战役将是整个这场血腥的战争中最激烈也最关键的一仗。"[3]

巴斯基翻山越岭赶往特鲁埃尔附近的前线的旅程,就像是一场噩梦。他并非一个人在行军,然而他在描述这番艰难跋涉时所显示出的幽闭恐惧症,让人觉得他仿佛很孤单似的。不过他的司机詹姆斯·诺伊加斯(James Neugass),一名来自新奥尔良的富裕的年轻人,也是诗人和志愿者,罗列出浩浩荡荡地跟着巴斯基的指挥车后,护送有25张床位的战地医院的汽车有30多辆:

---

[1] Matthews(1973), pp. 14–15.
[2] Barsky and Waugh(n.d.), p. 118.
[3] Barsky and Waugh(n.d.), p. 124.

我们有装病床的卡车，也有补给车；有四辆向后方转运伤员的大型救护车（称为"ambs"），每辆车配备四副担架，车厢里有可容纳15名轻伤员的空间；有五辆轻型的六轮前线救护车，每辆配备两副担架，可容纳十名轻伤员；有可移动的外科和牙科手术室；有可用作食堂的轻型卡车；有消毒车和淋浴车厢；还有指挥车，那是我开的车。①

1937年12月下旬，巴斯基的车队滞留在特鲁埃尔东北70英里处的阿尔科里萨（Alcorisa）。全体人员在那里的临时医院展开了工作，等待继续前进的命令。军事转移总是这样，紧急出发，然后待命。圣诞节前夜，他们在当地一所学校的校舍里举行了一场舞会。护士们换下了蓝色滑雪裤，穿上了裙子。"舞池里挤满了来自各国的司机，"诺伊加斯记述道，"人们的身份总能通过他们佩带的手枪辨认出——有休假的西班牙士兵，有村里的小伙子和老大爷。乐队演奏着霍塔舞的音乐，偶尔也演奏巴伐利亚华尔兹。"他悲叹道，第二天并没有醉酒带来的不适，因为"医用酒精不够了"。②

自阿尔科里萨起，前面都是最凶险的山路了。

欧内斯特·海明威那个月在特鲁埃尔进行报道。这回是在激烈的战斗中，他从前线的战壕里向外观察。战壕挖在一条河流上方，而图里亚（Turia）小城就是沿河分布的：

> 星期五，当我们蹲在大石头后面，从俯瞰着小城的山顶向

---

① Neugass（2008），p. 69.
② Neugass（2008），p. 78.

外观望时，我们几乎举不起手中的望远镜。时速50英里的大风卷起山坡上的积雪，抽打着我们的脸。政府军占领了穆埃拉德特鲁埃尔山（Muela de Teruel Hill）。这座山呈奇怪的顶针形状，像一些停止喷发的间歇泉水一样护卫着小城。

小城防线中有坚实的混凝土构成的机枪阵地，还环绕着由铁轨的钢铸成的长钉构建的坦克陷阱，被认为固若金汤，然而四个连的攻击者却仿佛从来没听说过军事专家们所谓的固若金汤意味着什么似的。守军撤进了特鲁埃尔。我们看到，下午稍晚些时候，又有另外一个营突破了公墓处的混凝土阵地，特鲁埃尔城最后的防御部队或者被粉碎了，或者逃跑了。①

尽管佛朗哥的坦克、大炮和飞机占有明显优势，海明威却坚信共和军会赢得战争，他认为攻克特鲁埃尔是对共和军士气占优的进一步证明。海明威希望，此后在这个"全国冻得像钢凹板一样的国家"，特鲁埃尔战役"也许是这场战争决定性的一战"。②

爱德华·巴斯基的医院车队于1937年的最后一天离开了阿尔科里萨。由詹姆斯·诺伊加斯驾驶的巴斯基的指挥车领头，跟在第15旅的摩托化步兵营后。巴斯基写道："我们的车队，一条由最不均匀的链环组成的链条，又一次上路了。天气更加寒冷，道路更加崎岖坎坷，山势也更加陡峭，超出了所有人的想象。从山上高速冲下、去接新部队回前线的卡车，也给我们带来了危险。"他们的车挂着低挡爬山，水箱时常会沸腾。他们不得不将积雪融化，为水箱补水，

---

① Hemingway（1938a）.
② Hemingway（1938a）.

第十二章　鬼才知道

这无论如何也是项枯燥乏味的工作。他们杂七杂八的汽车、救护车能够坚持下来，全靠司机们的心灵手巧，而非备用的零部件。因为零部件非常稀少，"多余的轮胎比金子还宝贵"。①

狭窄的山路上，凶险的卡车东倒西歪地疾驶下来：

> 我的车子像人咬牙一样打了个滑，双方的车闸都发出了刺耳的尖叫，我才勉强没有跟一辆高速下山的空载卡车撞上。我下了车，想以老式美国人的传统大骂一番，但不知怎么的，我和那位司机的交谈变了调。
>
> 我问他："前面的情况怎么样？"
>
> "如果你说的是路的话，你会觉得那些坡永远也爬不完。如果你说的是前线的话，这是这场战争中最惨烈的战斗。"他爬回座位时向我敬了个礼，我也回了礼。"祝你好运。"我们同时说道。②

又往山上前进了一段后，他们停下车来，在一户农民家取暖。西班牙人的热情好客历来会使国际志愿者们感到惊讶，这一点是他们在信件和回忆录中反复提到的。他们围挤在拱形的壁炉旁刚刚坐定，就听见重型发动机刺耳的碾磨声和轰鸣声打破了山间的宁静。罗伯特·梅里曼大步走进屋来，打量了他们一番。"你们在这里等什么？"他问道。"等命令。"巴斯基回答。"前线迫切需要你们！"梅里曼对他们鼓舞道。国际纵队最终受到了召唤，去帮助共和军迎击国民军的反攻。梅里曼领导美国部队。他停留了不到十分钟。"此

---

① Barsky and Waugh(n.d.), p. 125.
② Barsky and Waugh(n.d.), p. 126.

时此刻在这间小屋里,我们没有多少话可谈,"巴斯基沉思道,"我想,我们只有一个没说出口的想法。部队在奔赴惨烈的战斗,无论是西班牙人还是美国人,无论是我们认识的人还是永远不会认识的人,但他们是在没有医疗救助的情况下投入战斗的。我们每个人只要想起一些自己想忘掉的事情,就完全明白那意味着什么。"①

当晚晚些时候,还在上山途中,他们发现路上就剩他们自己了。巴斯基怀疑他们迷路了。这时他们遇到了一辆抛锚的车,翻进了路旁的沟中,车子的一部分已经被大雪覆盖了。巴斯基刮开了一扇车窗上的雪,用手电筒照着往里面一看,发现莱恩·克罗姆"正冻得昏昏欲睡",他在等着司机搬救兵回来。克罗姆身上带着给巴斯基的命令。"正如我们所预料到的,上面写着,立刻出发赶到前线,为前线医院选址,'要在巴斯基医生认为适宜的离前线最近的地方'。"②

凌晨3点半时,他们翻越了山口,开始下山。诺伊加斯记述道:"车速平均为每小时三英里。"到凌晨4点时,他们的车速降到了每小时一英里。"小汽车只有一次脱离了路面,但我每每感到似乎末日就要来临了……路面的雪有六至八英寸厚,雪下还有冰。链条对我们毫无用处。运送部队返回前线的全部由崭新的戴蒙德-T卡车组成的车队,整个被卡在了山口下方的路上。"③指挥车的水箱漏了,不得不每小时加一次水,须费上很大力气融化雪水。

巴斯基接手开车。诺伊加斯步履蹒跚地在车前的雪中引路。行进情况似乎好了一些,但紧接着他们就打滑了,滑了两次,有一次几乎要了命。巴斯基回忆道,第三次打滑时,"车子倾斜成一个危

---

① Barsky and Waugh(n.d.), p. 129.
② Barsky and Waugh(n.d.), p. 130.
③ Neugass(2008), p. 95.

险的角度"，走在他们后面的哈佛救护车险些就撞上了他们。"我们不可能看到更糟糕的景象了。这意味着在这场风暴中，整个部队都将被困在山里。"① 哈佛大学的本科生们筹了一大笔款才买下了那辆救护车。在美国人民捐献给西班牙共和国战争事业的70多辆汽车——包括海明威定制的福特汽车——当中，哈佛救护车是最大最重的一辆。② 在山上漫天飞舞的大雪中，医护人员们将多辆小汽车从路旁的沟中抬出，徒手将它们颠倒过来，又重新把它们摆放回路上。尽管哈佛救护车很沉，他们也设法把它抬了起来，将它翻转过来，重新指引着它开下山去。

天越来越冷，气温降到了零摄氏度以下，又降到了零下18摄氏度以下。在漆黑的夜晚他们曾驶过一座小镇。现在在下午的光亮中，巴斯基认定他们宁肯返回那个小镇，也不能继续摸索着前进了。他预感到不祥，写道："甚至在罗梅拉尔，我都曾为冻伤的脚做过截肢手术。"他曾准许在手术前将伤员已生了坏疽的腿脚冷冻，利用冬天的寒冷作为自然的麻醉剂。

克罗姆这时和巴斯基同乘一辆车。先是他们坐的小汽车，继而是紧跟在他们后面的小型福特救护车，都滑进路旁深深的雪堆中，并且都被卡住了。幸好巴斯基和克罗姆都无大恙，他们将步行返回曾经经过的那个小镇，而其他人则把能搬得动的东西都挖出来并拖走。巴斯基写道："我们没有靴子，只穿着鞋。我们穿得也不多，而我们的衣服都又脏又冷还浸透了汗水。我们为了翻过那些山，已经奋斗了30多小时了。"他俩离开了其他人，步履蹒跚地向回路走去。

---

① Barsky and Waugh（n.d.），pp. 133–134.
② Valenstein（2005），p. 146.

时间在流逝。两个人轮流开路,另一人踩着前面的人的脚印前进。他们甚至都不确定走的是不是正确的道路。"我们都知道,一旦我们停下来,就再也无法前进了。我不知道那样的话我们该谁开枪打死谁?把伙伴扔下任由他冻僵,是不应该的。那些路上的小伙子在他们出了故障的车里,至少都还有一点遮身之地呢。"

巴斯基心里一直矛盾着要不要和克罗姆讨论"这个多少有些微妙的问题",最后他决定还是听天由命吧。"如果我放弃了,或者他放弃了,那才该是做决定的时候。我们的左轮手枪都还干着呢。"

雪被风吹动,形成了漂流:

我们中一个人倒下了,另一个人就会踢他,直到他站起来。
"不会太远了。"一个人说。
"见鬼去吧,你说得好听!"另一个说道。
这或许就是解决那个难解的社会问题的时候了吧?我一直跌跌撞撞地走着,也在彻底地思考着这个问题。
"你看见什么东西了吗?"
"是的,或者说,我想我看见了。"
"好吧,快点走吧,那比我们想象的还要远得多呢。"
我们看见的是一个大雪堆,但是雪堆里在向外冒烟。你可以说我们微笑了起来,但笑容也被冻僵了。那是可移动手术室。我们从玻璃窗的积雪上擦出一个斑点来向里窥望。后来护士们谈起我们胡子拉碴的脏脸上的焦虑,从不厌烦。她们说我们就像格列柯(El Greco)画的两个在十字架上被钉死的人的头。是的,可不是很像吗?移动手术室里的那些护士当时正在

第十二章 鬼才知道

煮茶呢!①

小镇阿利亚加(Aliaga)是一座隐蔽的峡谷中的天然堡垒,三面都有巨大的峭壁拱卫。巴斯基费了很大劲才找到镇长。"他听了我的讲述……在他的倡议下,周围城镇的市长们都出动了成群的人员和雪犁,有相当多的人整夜都在路上劳作。"第二天早晨他们动身前往前线,"内心里都被一个想法折磨着:我们的延误可能意味着什么?"②

夜幕降临时他们到达了梅斯基塔(Mesquita),在特鲁埃尔附近。足够近了。巴斯基最后写道:"敞开式卡车滚滚开进小镇的中心广场,都是在我们自己已非常了解的那种路上跋涉了40公里的敞开式卡车——在那样的天气下,敞开式卡车上挤满了伤员。伯恩斯(Byrnes)医生和我在一个匆匆设置好的手术室开始了工作。我想我们一定是创下了一个纪录。我们一连做了50小时的手术。"③

奇袭特鲁埃尔以牵制敌军,是不够的。在意大利和德国援助佛朗哥、西方国家袖手旁观、苏联全面撤退的情况下,共和军的一切努力都是无济于事的。在特鲁埃尔,一名苏格兰志愿者回忆道:"你开始意识到两军实力的巨大悬殊。随着时间的推移这一点越来越清楚,但在特鲁埃尔实在是引人注目,他们能投入越来越多的兵力。"④

他们的确如此,兵力、坦克、大炮,以及能够轰炸和扫射的飞机,都占巨大优势。1938年1月29日,赫伯特·马修斯从特鲁埃

---

① Barsky and Waugh(n.d.), pp. 135–136.
② Barsky and Waugh(n.d.), pp. 136–137.
③ Barsky and Waugh(n.d.), p. 137.
④ 引自 Cook(1979), p. 103。

尔报道称："堪比世界大战时期规模的密集炮击首次出现。在美国旅的指挥部，据估计，该旅各营阵地未落下炮弹的地面不超过5英尺……这是这场战争中最大规模的攻势。敌人发起了不少于十波冲锋，一旅又一旅的兵力，一批又一批新的和更新的部队，直到人类的耐力再也无法承受。"①

于是战役的势头扭转了。到2月下旬时，佛朗哥的国民军包围并重新攻占了特鲁埃尔，共和军被迫撤退。国民军方面阵亡14000人，患病或负伤33000人；共和军方面则还要多50%。总的伤亡数字可能达140000人。双方在冰天雪地的高原上交战——塞夫顿·德尔默想象——就仿佛在月球上的一个区域厮杀，结果一个中等城市的人全部死伤殆尽。

巴斯基和他的小医院与剩下的人一起撤退了，即使如他所写的，"道路实际上根本无法通行，挤满了坦克、部队、大炮、难民、羊和驴"。撤退的部队给他们让了路，然而一个障碍隐约浮现出来。"道路穿过了一个西班牙山中小镇狭窄的街道。灰泥房子就建在狭窄的路旁，有三四层高。所有的一切都要穿过这条'隧道'，军队和流动医院必须从这里通过。"巴斯基挤到了队列的前部，看到了他预料会看到的最后的障碍：街道被一群羊堵塞，羊群密集得就像坚固的石头。"羊毛和肉仿佛凝结成了固体，像熔岩一样不可逾越。"但他心想，人比羊重要，于是他行动了：

> 我开始鞭打咩咩叫的像凝固了一般的羊群的尾部。我一眼就看出我的去路是在这里被令人绝望地堵死了。敌人的炮声还在我们耳边回荡。在我的背后，我的所有伤员都在救护车里。

---

① 引自 Landis（1967），p. 383。

羊群造成的延误将很可能意味着我们全都被毁灭。我们的伤员,还有宝贵的坦克、大炮,全都将落入敌手。队伍开始停了下来。紧接着我想出了一个办法。我们大概有五个人打开了旁边房子所有的门,然后把那些羊啊狗啊之类的全都赶了进去。如果门打不开,我们就砸开。在军队和医院通过的同时,我们在每个门口留下了一个人,以把那些羊堵在门里。①

克罗姆来了,巴斯基回忆道:"看到他肯定是令人愉快的。"两位医生单独待了一会儿。但克罗姆却不得不告诉美国人一些不令人愉快的情况。"'情况不妙,巴斯基,'他说话时,眼里含着泪水,声音也有些颤抖,'非常糟糕。我很庆幸你没有解开包裹。我担心这就是末日了,所有的退路都被切断了。'"②

① Barsky and Waugh (n.d.), pp. 169–170.
② Barsky and Waugh (n.d.), p. 172.

第十三章
失败者的历史[①]

在战线后方的巴利斯,在疗养院做护理工作期间,佩兴丝·达顿恋爱了。[②]罗伯特·阿奎斯特是一名来自巴勒斯坦的德国籍犹太人,是国际旅战士,达顿认识他时,他正在从伤寒中康复——"非常年轻,"达顿在一封家信中这样描述他,"才23岁"(可是达顿也不过才25岁),"但他是人群中天然的领袖"。"所有的人都喜欢他。"达顿补充道。其他的国际旅战士选他为政治代表。阿奎斯特高大瘦削,长着高高的额头,热诚且有奉献精神。他们很早就在一起讨论政治哲学——阿奎斯特是一名坚定的共产主义者,而达顿却是名怀疑者——"我们变得习惯于相互依赖,却并没有意识到这一点"。[③]

那还是在1938年1月。到2月初时阿奎斯特就已经神魂颠倒了,不过达顿还不知道。年轻的国际旅战士给父母写信说:"我认识了佩兴丝,她是我所见到过的最美妙的女孩。我们每天都一起散步,

---

[①] W. H. Auden, "Spain."
[②] 佩兴丝·达顿的爱情尤其参见 Jackson(2012),这是这段故事的主要来源。
[③] Jackson(2012),p. 59.

所有的树都开了花。"① 随后战事进行了干扰。阿奎斯特前往特鲁埃尔参战，左肩中了一枪。子弹只是削掉了一小块骨头，但是也打碎了他的打火机。打火机的碎片加重了伤势。

达顿本人也被派到了特鲁埃尔，她在海滨小城贝尼卡西姆（Benicásim）的国际纵队大型医院里，在伤员中找到了阿奎斯特。"于是我冲了过去，我们都万分高兴彼此还能再见，我从来没意识到我会这么想见到他。"当阿奎斯特得知达顿还要继续前往特鲁埃尔后，他非常沮丧。达顿估计阿奎斯特还需要一个月才能痊愈，答应十天之内来接他，然后就爬上救护车离开了。她给家里写信说：

> 好奇怪呀，我发现自己坐在窗口凝望窗外，什么也没看见却放声歌唱，高兴死了，而我却不明白为什么。不管怎么说，我在西班牙都很高兴，只除了我总是忧心战局和国际形势……但是这次情况很不同。我就是没道理地高兴，我不知道为什么，直到我想起罗伯特说过除非我在那里，否则他不会再到疗养院来了。你们不知道他品德多么高尚，心胸多么宽广，办事多么认真负责，他这回居然把个人的考虑看得这么重，这简直太不像他了……当我意识到这对我意味着什么时，我大吃了一惊，狠狠地训斥了自己一番。我这才意识到，我已经无可救药地爱上他了。②

达顿把阿奎斯特当成偶像崇拜，觉得自己配不上他，因而不敢相信阿奎斯特会回报她的感情。当两人短暂分开，相互通信时，

---

① Jackson（2012），p. 58.

② Jackson（2012），pp. 62–63.

阿奎斯特在签名时笨拙地写了一个同志式的"红色阵线!",这并无好处。达顿确信是2月下旬一个夜晚的一段可怕经历,促成了他们的结合。当时达顿精疲力竭,患上了胸膜炎,一只胳膊还感染了,她困在了停在特鲁埃尔中心广场上的一辆救护车里,希望能从国民军的最后一次进攻中活下来。她回忆道:"很多机枪子弹在周围飞来飞去,还到处反弹,还有迫击炮弹——我从来没喜欢过迫击炮——我无处可逃。我是说,我无法摆脱那件该死的事情,我缩成一团坐在救护车里,感觉非常非常纤弱无力,无疑,我也实在很冷。"① 当司机办完了耽搁他们启程的差事终于回来后,达顿央求他在沿海岸上行100英里送她回巴利斯的途中,绕道去一趟贝尼卡西姆。在贝尼卡西姆掌管阿奎斯特康复的那家医院的,是来自维也纳的一名富于奉献精神的共产党人弗里茨·延森(Fritz Jensen)。达顿请求他将阿奎斯特转往巴利斯。延森同意了。达顿心想延森一定是以为她怀孕了,但她没有澄清。

"我到达罗伯特的医院时,是晚上,"达顿在家信中写道,"他不在病房里,所以我出去到文化沙龙找他,结果在黑暗中遇到了他。我看不见他,但我知道那就是他,于是我说你好罗伯特,他说你好佩兴丝。"② 与缪丽尔·鲁凯泽和他的奥托·博赫不同的是,达顿和阿奎斯特不用字典也能交谈。阿奎斯特懂一些英语,而达顿为了便利于国际纵队的护理工作,也一直在学德语,而且两人还都学了几句西班牙语。阿奎斯特是和数百名巴勒斯坦犹太人一起来到西班牙抗击法西斯的。他和他的家人是1934年离开德国汉堡,移民到英国托管的巴勒斯坦的。

---

① Jackson(2012), p. 66.
② Jackson(2012), p. 67.

阿奎斯特决心转到巴利斯达顿所在的医院去，像她一直安排的那样。两人一起到贝尼卡西姆的各部门去办理必要的许可手续。达顿写道："他请假过去，获得了批准，但他当晚还不能走，所以我坐救护车走。当我们说再见时，我们亲吻了，我说了声'天哪，罗伯特'，他说你这个小天使给我带来了双重惊喜，正说着，来接我的救护车就撞在了一堆东西上。"①

阿奎斯特一路搭便车，第二天晚上在巴利斯赶上了达顿。尽管他有伤，但最后10英里他是步行过去的，等不及下一辆路过的卡车。那天晚上在阿奎斯特拥挤的病房里，他们只是分食了一罐果酱，这是一种稀有且很受欢迎的甜品。第二天他俩一起疯狂地度过，到夜晚时才感到饿了，于是步行了三英里，来到小镇上的一个餐馆，"我吃了11个鸡蛋，他吃了16个，更不用说蔬菜沙拉，还有米斯特拉（mistela，一种加了酒精的葡萄汁），一种非常好喝的饮料"。达顿继续写道：

> 我们游来荡去，我记不得是怎样的了，只觉得像是在狂欢节中。狂欢节似乎也太寻常普通了，于是我们在黑暗中坐在户外，交谈、大笑和亲吻。到那个时候，我们都已确信，另一个人并不讨厌仅仅接吻。我想那一定是我们吃掉的鸡蛋起了作用。我想，没有天使能吃16个鸡蛋。你会惊讶我们第一次发现的事情有那么多——为什么诗人写诗，鸟儿歌唱，世界如此美丽，而上帝造出了男人和女人，却没再多造一点点同类的东西。我们就像是来到了世界之初，而且仍然处于世界之初。②

---

① Jackson（2012），p. 67.
② Jackson（2012），p. 68.

接下去的两个星期,他们交谈、散步、做爱,欢天喜地。有人控告他们有伤风化。"我们非常惊讶,"达顿说,"这真可笑,就像是有人在说另一种语言……我们天生就是一对,是一个整体的两个部分,所以,管他呢。"达顿还记得,在那个1938年的早春,桃树开花了,"那大片大片的空地上全都是粉红色的桃树,还有好多小小的鳞茎植物,那些可爱的小球茎、小水仙等等,还有小松鼠"。①

爱情使他们有了自己的小天地,但是爱情并没有征服一切。那年春天的形势是令人绝望的,国民军攻势咄咄逼人,共和军则节节败退。这对恋人分处于不同的战线,但坚持鸿雁传情,只要有可能就写信。达顿记得随医院乘卡车撤退时的混乱。"有一次我们遭到了机枪扫射,有好多难民挤在我们的卡车上。"他们跳下了车,躲避着低空扫射的飞机。飞机那一排排死神般的子弹击中并打死了一名两岁婴儿。孩子的母亲"难以置信,她无法相信,一瞬间前她还抱着个活蹦乱跳的孩子,刹那间她的臂弯里就成了一个死婴"。②医院在一条铁路隧道里找到了一个临时隐蔽所,在那里进行手术,直到共和军的阵线再次被打垮。多山的西班牙有许多这样的隧道被选为医院院址,尽管它们有着明显的缺点,如寒冷、隧道风和黑暗。作为对不断演进的空袭战略的回应,将医院和医院列车隐蔽在隧道里,是西班牙内战的又一项革新。

1938年3月中旬,国民军开始在阿拉贡发动重大攻势。阿拉贡是西班牙东北部的一个省,在加泰罗尼亚的内陆方向,从法国边界向南一直延伸到特鲁埃尔。佛朗哥正在向地中海沿岸推进。美国作

---

① Jackson(2012),p. 68.
② Jackson(2012),p. 71.

家阿尔瓦·贝西（Alvah Bessie）是最后一批加入国际纵队的志愿者之一。4月初，当他从法国来到这个地区时，他发现"地中海沿岸的每个城镇……空空如也，被丢弃了"。贝西写道："路上挤满了向北撤退的农民。他们的脸上冷漠而无表情，因为蒙上了路上和田野里的尘土而黑乎乎的，布满皱纹且疲倦憔悴。他们的眼睛单看是明亮的，但眼中无神。你一看他们就知道他们在想什么：'佛朗哥来了，佛朗哥来了。'"①

罗伯特·梅里曼就是在这时候失踪的。林肯营在撤退时担任后卫，仗打得不好。4月初时，他们丢失了甘德萨（Gandesa），耸立于埃布罗河一段狭长的河谷上方的一座集市小镇，在塔拉戈纳内陆方向50英里处。在甘德萨，国民军俘虏了林肯营大约140人，使得该营兵力减少到120人左右。②林肯营于夜间穿过了橄榄林，撤往河边，寄希望于沿着河逃往托尔托萨（Tortosa），结果这群组织混乱的残兵败将误打误撞地闯进了国民军的一个炮兵营地。卫兵大喊："赤匪！赤匪！"他们呆立在原地。"我们听见头顶上高高的阶地上传来了脚步声，"林肯营的战士约翰·格拉克（John Gerlach）回忆道，"几秒钟后我们就听见了喝令声：'举起手来！举起手来！'"他们没有投降，而是逃跑了。"很快我们就到了大路附近，确认四下无人之后，我们休息了片刻。我们侧耳倾听着。背后只是一片漆黑。没有脚步声，没有喊声也没有枪声。只有寂静！"但是梅里曼和他们的另一位长官戴维·多兰（David Doran）却跑向了另外的方向。关于他们的下落，"没有任何记载，"格拉克又带着祝福补充道，"他们和他们伟大的信念一起，消失在夜色中。"③

---

① Bessie（1939），p. 134.
② 140人被俘：Matthews（1973），p. 210。
③ Bessie and Prago（1987），pp. 242-243.

在旧金山，不知道丈夫是死还是被俘的玛丽昂·梅里曼，通过个人和记者们的关系以及美国国务院的帮助，一连几个月都在打听他的下落。直到1938年10月，外国志愿者撤出西班牙后，仍然没有关于罗伯特·梅里曼的只言片语，玛丽昂这才接受了他已死去的现实。

在回美国为共和国的事业筹款之后，爱德华·巴斯基于1938年3月返回西班牙，并被提升为国际卫生部队（International Sanitary Service）外科总监，掌管全部24个国际旅医院。他于3月中旬到巴塞罗那就任，刚好赶上秃鹰军团对该城发动的一连三天的野蛮轰炸。巴斯基写道："地道里挤满了男人、女人和孩子，整整48小时他们一直在里面吃和住。这些地道里的臭气实在可怕，人的汗臭和所有人的体臭，与令人作呕的橄榄油味和食物味混杂在一起，实际上又全都透射出一种担忧和恐怖的气味。"[1] J. B. S. 霍尔丹说他第一次看到被轰炸的巴塞罗那人中显现出恐慌——他注意到："大约四分之一的人口都跑到城外，散入乡间。"——但是巴斯基记住的却是持续的抵抗："所有这些情感似乎都锻造成一种果决的精神。听到加泰罗尼亚人民公开发出诅咒，并宣誓无论面临多大的恐怖都将战斗到底，实在是很不寻常。孩子们被送出了城，送进山里并将留在那里。"[2]

巴斯基面临的新问题，除了要在讲西班牙语、法语、德语和英语等多国语言的军官参加的会议上协调人事、补给和运输外，还有随着国民军向地中海沿岸推进，把国际纵队的众多医院向北撤入加泰罗尼亚地区。尽管他有几个星期的时间做准备，但是当命令传来

---

[1] Barsky and Waugh (n.d.), pp. 218–219.
[2] Haldane (1938), p. 55; Barsky and Waugh (n.d.), pp. 218–219.

第十三章　失败者的历史

时,还是令人大吃了一惊。他的一名助手从阿尔瓦塞特给他打电话,用德语大喊大叫,说巴斯基本该事先提醒他的,因为命令上写道,他只有96小时的时间,把全部24所医院转移"到巴斯基医生指定的地方"。①

巴斯基回忆道:"我像五雷轰顶一样,瘫倒在椅子上。我的脑海里反复回响着一句话:'到巴斯基医生指定的地方。'我知道我们有将近4000名伤员。我怎么安置得了4000名伤员呢?我能把4000名伤员安置到哪里呢?我到哪里去找毯子、垫子以及所有其他必不可少的东西呢?"②此外,他还有上千名医务人员也要转移到巴塞罗那,进入一座正在挨饿的城市,要冒着轰炸,还没有地方供他们吃饭和睡觉。他能怎么办?

巴斯基估计西班牙的火车较慢,将使运输分批进行,从而给他宽余出几天时间来。他和部下们立刻出动去寻找房子。他们在附近一座小镇征用了一个疗养医院,有200张床位,另外还有房间再容纳200人;在另一座小镇征用了一座大楼和一个骑兵兵营,可容纳1200人;又在另一座小镇上征用了一家女修道院,可容纳1500人;还在巴塞罗那东北部征用了一个"肮脏且老旧的男修道院",那里现在挤满了难民,必须把他们赶走。这所修道院的一些房屋的建筑时间可上溯到11世纪。房子很小,必须把墙凿穿,为病房开辟空间。被指派在修道院建立医院的医生表示,除非改造工作完成,否则拒绝接收伤员。巴斯基的权威是军方授予的,因而是绝对的。他命令那个人,当首批500名病人——于当晚——到达时,他必须做好准备。他生硬地威胁道:"如果有一个人不能入住,我就毙了你。"③

---

① Barsky and Waugh(n.d.),p. 226.
② Barsky and Waugh(n.d.),p. 226.
③ Barsky and Waugh(n.d.),pp. 227–230.

修道院医院开始运行后，来自斯坦福大学医院的胸外科医生利奥·埃莱塞（Leo Eloesser），就作为外科主治医生领导起这所医院。埃莱塞于1937年11月中旬来到西班牙，在帕斯别墅和特鲁埃尔都服务过。他发现这座古老的修道院的供水系统是引发伤寒的渊薮。由于这种传染病正在盛行，他用高锰酸钾处理了被污染的水槽，使水被染成了深紫色，还在水龙头上悬挂了"不可饮用"的标识。巴斯基安排了一辆卡车，每天为这里输送饮用水和洗涤用水。"那场传染病在破纪录的时间内被平息了，"巴斯基骄傲地写道，"在三个星期内没有发生新的病例。"此前总共有90人染病，其中12人死亡。①

在撤退的混乱中，阿尔瓦·贝西很难找到第15旅剩余的人。最后他在托尔托萨周围的群山中找到了他们，其中包括三名刚刚从甘德萨逃回的人。他们裹着毯子躺在地上，浑身赤裸，瑟瑟发抖。他们告诉贝西，他们是游过埃布罗河才逃脱的。埃布罗河是一条很宽、很冷且水流湍急的山间大河。"还有其他人跳水游泳，但是都淹死了。"②

贝西从山坡上向下望去，看到了这样的情景：

> 在我们下方有几百人，是英国营和加拿大营的人。一辆运食品的卡车来了，他们正在吃饭。又有一辆新的"美福"（Matford）敞篷车转过了山角，在我们附近停了下来。车上下来了两个人，我们认出了他们。一个又高又瘦，穿着棕色的灯芯绒衣服，戴着喇叭壳眼镜。他长着一张长长的苦行者般的脸，两片厚实的嘴唇，表情阴郁。另一个个头更高，身材笨重，一

---

① Shumaker（1982），p. 181; Barsky and Waugh（n.d.），p. 253.
② Bessie（1939），p. 135.

副红脸膛，恐怕是你会见到的体形最大的人。他戴着一副钢边眼镜，留着浓密的胡子。他俩一个是《纽约时报》的赫伯特·马修斯，一个是欧内斯特·海明威。他们看到我们，就像我们看到他们一样欣慰。①

两位记者递过欢迎包，里面装的是"好彩"（Lucky Strike）牌和"切斯特菲尔德"（Chesterfield）牌的香烟。贝西觉得马修斯似乎很痛苦，他"永远是这样"。相反的是，"海明威却热情得像个孩子……他就像个老顽童，所以你喜欢他。他也像孩子一样问问题：'怎么样？发生什么情况了？你们都干什么了？那么后来你们又干什么了？'"贝西认为，马修斯泄气了。海明威"似乎还没有……海明威说，[佛朗哥]肯定会打到海边的，但那没什么可担心的。那是预料中的事情，肯定能对付。加泰罗尼亚和西班牙其余部分联络的问题已经有办法了，可以通过船，通过飞机，一切都会好的"。贝西在其1939年的回忆录《战斗中的战士们》（Men in Battle）中，又用整整一页的篇幅，记载了海明威以同样的风格喋喋不休的一番话，刻画了一个一心希望他钦佩和热爱的人民结局圆满的男人的一幅残酷的漫画。那天在托尔托萨上方的山上，海明威以无可怀疑的慷慨，递给贝西又一包"好彩"烟，还说道："给你，我还有呢。"②

无论马修斯是否痛苦，他都泄气了。他写道："当一切都结束后，林肯营又集合了，人们一个接一个地挣扎着站起来，还剩40个美国人和35个西班牙人。有400多人都没了，有阵亡的，有负伤的，有患病的，有被俘的，还有逃跑的。"③

---

① Bessie（1939），p. 135.
② Bessie（1939），p. 136.
③ Matthews（1973），p. 210.

4月中旬时，佛朗哥的军队攻占了巴伦西亚以北、地中海沿岸的比纳罗斯（Vinaròs），将西班牙分割成两部分。

比纳罗斯在埃布罗河三角洲以南仅20英里处。埃布罗河发源于西班牙北方桑坦德附近的坎塔布里亚山脉中，沿着比利牛斯山脉南麓向东南奔流578英里，在巴塞罗那以南100英里处汇入地中海。途中，埃布罗河在萨拉戈萨东南、加泰罗尼亚地区的"靴跟"处，向东北拐了个大弯，然后穿过森林茂密的山中峡谷，才降临地中海海岸。这时国民军在埃布罗河南岸那个大弯的下方拉开了架势，共和军则在河的北岸，防卫着加泰罗尼亚地区。

1938年5月初，西班牙共和国总理、内科医生胡安·内格林（Juan Negrín）博士，为寻求以外交手段解决战争，尝试了新的努力。他发布了一个十三点计划，"向其同胞及全世界郑重宣告了其战争目标"。西班牙共和国的目标包括"实现西班牙绝对的独立和领土完整……从外国侵略军手中解放我们的领土……在［实行］普选制的纯粹民主原则上……建立一个人民共和国……实行彻底的土地改革……放弃以战争作为推行国内政策的手段……实行全面大赦"。[1] 佛朗哥当即拒绝了这些进步的原则。"元首"对德国大使威廉·福佩尔（Wilhelm Faupel）说："他和所有的西班牙民族主义者宁死也不会把西班牙的命运再度交到一个赤色或民主的政府手中。"[2]

于是内格林和他的将领们明白了，无论胜败概率多么悬殊，他们唯一的选择就是战斗了。佛朗哥挥师转攻巴伦西亚，又一次选择了在向北进犯加泰罗尼亚之前先稳固后方。为了牵制敌人对巴伦西

---

[1] Warwick Digital Library（在线）.
[2] 引自 Beevor（1982），p. 339。

亚的进攻,共和军开始策划跨越埃布罗河发动一次大规模反攻。为此集中了8万以上的兵力,以及西班牙共和国所能调集的全部飞机、坦克和大炮——但是并不多。3月中旬到4月中旬,在法国社会党人莱昂·布卢姆第二次出任总理的短暂期间,又有一批额外的军备从法国运来。

梅里曼和多兰死后,乔治·华盛顿营和亚伯拉罕·林肯营就合并了,一名身材魁梧、自学成才的布鲁克林知识分子米尔顿·沃尔夫(Milton Wolff),被任命为营长。他嗓门很大,可想而知西班牙人给他起了个外号"播放器"(El Lobo)。新的林肯-华盛顿营在那年春天重建时补充了新鲜血液,大约400名西班牙新兵于5月到达。他们都是天真无邪、未经过战火考验的青少年,年龄在16—20岁。已经久经沙场的老兵们称他们为"咬奶瓶的新兵蛋子"。[1]贝西怜惜地写道:"好多人还从未刮过胡子。大部分都是从农场、工厂和办公室里征募来的……似乎全都处于更像女孩而不是男子汉的青春阶段……他们很不自在,看上去都很不快活,无疑没几个人还对战争抱有信念,而这是他们有生以来第一次离开家,离开父母。"[2]他们都是炮灰。在六个星期的时间里,林肯营尽全力对他们进行了训练。

一些政要访问了共和军的营地以鼓舞士气,其中包括印度社会主义政党领袖贾瓦哈拉尔·尼赫鲁(Jawaharlal Nehru)和他时年20岁的女儿英迪拉·甘地(Indira Gandhi)。为了渡河,共和军在废弃的教堂里建造小船,并把它们藏在橄榄林的树下。渡河的目的是发动奇袭。沃尔夫估量了出奇制胜的可能性:"所有人都知道,法西斯分子也知道,但是无法相信。"[3]

---

[1] Jackson(2012),p. 59.
[2] Bessie(1939),pp. 151–152.
[3] 引自Rolfe(1939),p. 255。

罗伯特·阿奎斯特回到了岗位上,在第11旅进行横渡埃布罗河的训练,但是整个春天,他和佩兴丝·达顿设法每六个星期左右相会一次。当阿奎斯特看到达顿瘦了后,就称她为自己的"小薄饼",在写信时也那样称呼她。在每次相会之间的时间,他们几乎每天都写信。到5月中旬时他们结婚了,并未履行法律手续,而是非正式的,按照国际纵队的惯例。① 达顿同意沃尔夫对横渡埃布罗河准备行动的估计:"他们到处修路。为渡河反攻在做着极强有力的组织工作。我们知道这件事,这是公开的秘密。我们都做好了准备,盼望着那一天的到来。我们想打回去,想收复失地。"②

贝西写道,在渡河前24小时,部队各就各位。林肯营在后半夜的黑暗中从峡谷中出动,发现集结地一派生龙活虎的景象:

> 公路上挤满了汽车,全都在一片漆黑中行进。车上装载着拆散的大炮零部件、弹药、重机枪和准备组装在一起的浮桥的节段。我们有些明白这次行动的规模了,都感到很振奋。我们看到了更多的浮桥部件,巨大的浮筒摆放在路旁的树下,还有船。我们看见排成长列的骡子驮着较小的箱子,里面是机枪。骑着摩托车的通信员在行进的士兵和军用卡车间穿来穿去,奇迹般地没有撞上……我们离开了大路,插入一片宽阔的干河床上,河床下方就是埃布罗河。拂晓前两小时,我们在这片河床上扎下营来,彻底筋疲力尽的我们在尖利的小石头上倒头就睡。③

在那最后一天的休息之后,1938年7月25日星期一,午夜刚过

---

① Jackson(2012),p. 80.
② Jackson(2012),p. 101.
③ Bessie(1939),pp. 208-209.

15分钟，第一条小船离开了北岸，划进了宽广而湍急的河中。月亮是新月，天很黑。在炎热的夏季，河上应该会感觉很凉爽、很湿润。埃德温·罗尔夫记录道，每条船上都载有"18—20名全副武装的战士……由西班牙水手或渔夫划到对岸，他们都来自加利西亚和被占领的北方"。一些小船拖着装在软木浮子上的轻型人行桥的节段。在这些桥上，战士们可以排成单列步行渡河，每小时可渡3000人。然后工程师再把这些浮桥集中组装，就可以结实到能渡卡车和坦克了。罗尔夫继续写道："渡河完成后，战斗就开始了，然而奇袭是如此出乎敌人的意料，第一批登陆部队很快就在所有河防要地击溃了敌人的抵抗，开始向纵深推进。"①

林肯营在白天随第二批部队渡河。他们遭到了一架天蓝色的意大利轰炸机的轰炸和低空扫射。那是一架侦察机，他们大声诅咒它。那天上午他们没有遭遇其他国民军部队，但他们听见佛朗哥的飞机在轰炸背后的河岸，"轰炸正在搭建的桥梁。我们多少感受到它们制造的麻烦，但还能前进。只是我们不知道要前进多远才会遇到他们的第一波反击"。国民军显然就在前面，一辆救护车从他们旁边经过，驶向河边，"驾驶室里和车厢里都挤满了用新鲜绷带包扎的伤员。他们举起拳头向我们致意，我们也向他们欢呼"。②

在佛朗哥能够调遣他的部队来阻拦共和军的进攻前，他使用了德国和意大利的飞机和大炮，来延缓共和军的前进速度。到第一天结束时，所有用于跨越埃布罗河的船只都被击沉了。③国民军的飞机每天向埃布罗河上的桥梁投下高达一万磅炸弹，共和军的工兵部

---

① Rolfe（1939），p. 259.
② Bessie（1939），pp. 215-216.
③ Coni（2008），p. 167.

队又会匆忙重建。① 炮兵也发现了共和军部队，在贝西看来："他们清楚地知道我们在哪里——左边，右边，前边，后边，就像巨人投下巨大的垃圾桶一样轰炸我们。"② 一名英国战士罗伯特·库尼（Robert Cooney）回忆说："不少战友用细绳将一片木头系在脖子上，咬住木片"以在凶残的轰炸和炮击下缓解恐慌。"向我们俯冲过来的飞机飞得很低，你实际上都能看见炸弹从飞机里抛出。我们没有真正的防空设备，只有机枪。你也没有太多时间找地方躲藏。"③

国际纵队的医疗机构早就预料到会有重大伤亡，夏初的时候就在埃布罗河两岸确定了野战医院的选址。④ 其中最安全的是河东北八英里处，维斯瓦拉德福尔塞特（Bisbal de Falset）村外，俯瞰着一条狭窄的河谷的山坡上的洞穴。一名曾在那里工作的年轻的英国医院统计师南·格林（Nan Green），说这座"桑塔露琪亚"（Santa Lucia）山洞是"一个天然的奇观，坐落在一片陡峭的山坡上，上方悬垂着一块巨大的岩石"，洞的上面和下面还都长着松树。格林解释道："由于道路状况很可悲，人民军的医疗机构形成了一个规矩，把最严重的伤员送到离前线尽可能近的临时医院，以避免送往后方基地的颠簸和有时致命的运输。"⑤

在高悬的巨大"横梁"下，山洞掩蔽所像是张开了一张宽100英尺的黑洞洞的大嘴，里面的洞顶高10英尺。洞深深地延展进山的内部，直到一堵后墙，后墙处却流出了一股清泉。这个天然的洞穴从史前时代起，就成为动物和人类的栖身所。"横梁"和山洞嵌入的小山保护了山洞免遭头顶上的轰炸，而河谷的狭窄又阻止了飞机

---

① Cook（1979），p. 137.
② Bessie（1939），p. 253.
③ Cook（1979），p. 139.
④ Coni（2008），p. 90.
⑤ Green（2004），p. 90.

的俯冲扫射。这一次，佛朗哥的空军没有办法再把伤员屠杀在他们的病床上了。

达顿回忆道："一天，"——据她后来的推算，那是7月24日，渡河行动开始前一天——"我们突然奉命出发，全体人员分成不同的部分，前往通向维斯瓦拉德福尔塞特的公路上距那里大约一公里的地方，那儿有一座巨大的山洞，他们设置了营地。"① 医疗队在桑塔露琪亚山洞里塞进了120张病床，还有一个手术室和一个厨房。② 就是在这座山洞里，还有下方河谷的底部，西班牙和外国志愿者医生们所发明和试验的一切，汇聚到了一起：伤员鉴别分类制度、血液储存和输血、战地手术、为创伤和骨折打石膏夹板。达顿证实："在山下的河谷里，我们设置有不如山洞里安全、条件也没那么好的帐篷，但是救护车可以开到那里，在伤员们被分类为'严重''中度''稍等，可返回前线'后，担架手就不得不经过一段非常陡峭的地段，[把伤员]抬到手术室或山洞中。"③

坚强勇敢的英国国会前议员利娅·曼宁于7月26日参观了这座山洞医院，回去后在给伦敦的西班牙医疗援助委员会写的报告中，把这个医院理想化了。"我猜想在全部的现代战争史上，从来没有过这样一所医院，"曼宁写道，"那里是西班牙最安全的地方，非常巧妙地布设了电线，引入了电灯，还有各种各样的现代设备。"④ 但是现实并没有那么美妙，达顿回忆说：

> 洞里非常不舒服，很黑，很矮，还到处凹凸不平。金属床

---

① 引自 Jackson（2012），p. 103。她接到命令的日期：Jackson（2012），p. 105, photo 9.2。
② 120个床位是据 Lilian Urmston 在1938年10月接受采访时所述，Spartacus International 网站（在线）。也有其他资料称有100个或150个床位。
③ Jackson（2012），p. 104.
④ Fyrth（1991），p. 104.

全都乱七八糟地摆在地上，你几乎都看不见——我们没有灯。手术室里有灯，是从我们的一辆救护车上卸下来的，但是洞里［的病房］没有灯，我们不得不靠小油灯干活儿。就是普通的锡制［沙丁鱼］罐头盒，在里面放上灯芯和油。一点儿也不亮，就是一点点可怜的闪烁不定的光，你都看不见洞的对面，你还不停地会撞上那些铁床。①

比灯光问题和小腿被撞疼更糟糕的问题——要糟糕得多——是被从河边抬上山来的伤员们的伤情。他们先是在河谷底部的鉴别站被分类，然后被人抬着经过坡道进入洞中：

> 我们面对的敌人非常凶残。他们那边的大炮比我们的多得多，并且离我们很近——显然有很多精良的大炮离我们很近，因为我们的伤员很多都是被大炮击伤的，他们的伤口要大得多，里面也有很多粉碎的东西……而且即使他们能活下来，大炮也夺走了他们身上大块的组织，巨大的肉块会被卸走，粉碎的东西要比子弹穿过你体内所造成的多出许多……我们往往在晚上才接收到伤员，因为炮火太猛烈了，他们在白天无法转移。所以我们第一次在战斗结束后很久才接收到伤员，有时候我们接收到他们，是在他们已经受伤好几小时之后，无疑，其中的一些我们无法救活了——他们的伤势已经太重了。②

在国际纵队中，语言或许是一个障碍，但在五花八门的语言

---

① Fyrth（1991），p. 69.
② Jackson（2012），p. 107.

中，意第绪语却成为一种受欢迎的通用语——国际纵队中的大部分犹太人都懂意第绪语，而由于意第绪语源于中世纪德语，欧洲其他国家的很多人也至少认识其中的同源词。与之相反的是，达顿直到其生命将尽时，都还记得被担架手抬来的三名芬兰国际纵队伤员的困境，他们都受了重伤：

> 没人能同他们进行任何交谈。没人会说芬兰语。他们都负了非常严重的胸伤。那时候我们还不知道可以给胸伤做手术，我们通常是把他们包扎紧，让他们坐起来，但他们的情况很悲惨。他们无法呼吸……最后他们三个都死了。我们找不到任何会说芬兰语的人，而他们也都不是犹太人。噢！我永远忘不了他们，他们都是那么英俊的人，白肤金发碧眼的大帅哥，你知道，可是什么话都说不了。①

然而国际纵队的医生和护士在他们的山洞医院里也给敌人疗过伤，甚至还提供了输血服务，尽管西班牙士兵对于将他们的血与敌人，尤其是摩洛哥人相混合怀有成见。达顿记得有一个摩洛哥俘虏脖子受了伤，需要输血。"上帝知道他有多恨我们，"达顿说，"他通常都恶狠狠地瞪着我们，他根本不信任我们，他认为我们会杀了他，就像他们屠杀人民一样……[西班牙的] 小伙子们聚集起来，说他们不愿意把西班牙妇女的血输给摩尔人。"——他们指的是弗雷德里克·杜兰-霍尔达在巴塞罗那采集，然后运送到前线的储存血。但他们还是输了血。② 所以西班牙共和党人也遭到了抗议，因

---

① Jackson（2012），p. 110.
② Jackson（2012），p. 108.

为他们的军队在战争早期也实施过有限的恐怖轰炸。

从山洞医院前经过的公路通向前线。达顿在山洞的前厅，日日夜夜都能看到一卡车又一卡车共和军最后征召的士兵。"都是孩子们，"她回忆道，"最后连十五六岁的孩子，都被召集上前线了。"她认为，这是她无法忍受的，尽管战争中总有超出忍耐限度的事情，尤其是当你在正打败仗的一方时：

> 当他们走上前线时，我们看到正在发生什么情况——这些将成为炮灰的可怜的人不断地涌来。听着那些孩子唱着歌奔赴前线，我彻底地被恐怖压垮了——想到将要发生在他们身上的情况，感觉实在是太糟糕了。我们的工作非常辛苦，但感觉很不舒服，洞里很黑，而几乎所有进来的人都没有脉搏，伤病极重……我值夜班……看到这黑暗，这不舒服，还有人们的重伤——我想这都是不值得的，想想这样的悲惨，这样的恐怖，我认为所有战争都是不值得的。①

也许没有战争是值得的，甚至这第一次殊死搏斗的反法西斯战争也不值得。在这场战争中，西班牙人民既被西方民主国家抛弃，也被苏联抛弃，于是2400万名西班牙人中，整整50万人或直接死亡，或死于饥饿和疾病，或死于佛朗哥在获胜后立刻施行的成千上万起报复性处决。②

佩兴丝·达顿所能忍受的最后一点点限度很快就被超越了，在埃布罗河战役的第一个星期结束时。这位身材高大的英国年轻护士、

---

① Jackson（2012），p. 111.
② 见 www.necometrics.com（在线）上各种各样的估计数字。

罗伯特·阿奎斯特心爱的"小薄饼",收到了一封日期为1938年7月31日的信。信来自第41营机枪连的伯特·拉明(Bert Ramin)中士,抬头的称呼是"尊敬的同志"。"我首先请求你平静地接受下面这些话,"信这样开头,然后继续写道,"1938年7月27日,罗伯特牺牲了,他踩到了一颗地雷,当即死亡了。几天前,他曾委托我,万一他牺牲了,就通知你。与此同时我把他的所有信件也寄给你,有你写给他的信,也有他父母写给他的信,他请求你将他的死讯通知他们。"拉明中士接着赞扬了他的同志:"我们明白失去他意味着什么。"①

第二天,维也纳医生弗里茨·延森听说了佩兴丝的不幸,展现出战争中奇特的同情心,安排她转移到前线工作。"调到前线就像是一种治疗。"达顿感激地说道。② 桑塔露琪亚山洞的泉水据说能治愈眼疾,不过达顿在离开山洞医院前,给巴勒斯坦罗伯特·阿奎斯特的父母写了信,通报了他的死讯。达顿写下了她对罗伯特的爱以及罗伯特对她的爱。她告诉他们,罗伯特热爱他们,并一直珍藏着他们寄来的照片。她向他们保证:"这最后八个月中,他一直充满了欢乐。"佩兴丝·达顿作为四万名国际志愿者之一,从此改变了她对战争价值的看法,至少是对这场战争,这场她心爱的人和她本人都为之奋战过的战争的看法。"对我和对许多人来说,"达顿写到了这时已和他的同志们一起安葬在一座大公墓里的她的丈夫,"对于如何生活并同试图毁灭世界的势力作斗争,他是个启示。"③

---

① Jackson(2012),p. 114.
② Jackson(2012),p. 117.
③ Jackson(2012),p. 116.

终曲
大幕落下 [1]

埃布罗河战役在1938年的整个夏天和秋天,一直在激烈地进行,直到11月中旬,国民军才苦战得胜。国民军没有夺取多少地盘,共和军却耗尽了资源。这时,国际人士,即仍留在已很大程度上是西班牙人部队的少数外国人,离开了西班牙。1938年9月21日,西班牙共和国最后一任总理胡安·内格林在国联(League of Nations)大会上宣布将把他们遣送回国,以表示善意。10月,他们在马德里举行了游行后,不情愿地离开了。佩兴丝·达顿回忆道:"我透过泉涌的泪水看到了'热情之花'。她站在一个阳台上朝我们挥手。我们周围的西班牙人全都在放声大哭,拥抱和亲吻我们——那景象真是太凄惨了。面对我们被安排离开西班牙这一事实,我能做什么?我只能接受西班牙共和国政府的决定。"[2]

不用说,内格林的善意并没有刺激佛朗哥赶走他的德国和意大利雇佣军。相反,在挥霍无度的埃布罗河战役后,他出卖了西

---

[1] "Spain 1937," in Auden(1940), p. 93.
[2] 引自 Jackson(2012), p. 120。

班牙矿产的大量利益，以换取足以保证国民军完成征服的德国战争物资。①

佛朗哥的军队渡过埃布罗河后，长驱直入加泰罗尼亚。巴塞罗那于1939年1月26日陷落，巴伦西亚于1月30日陷落。1939年4月1日，西班牙内战以共和军的失败而告终。5月，国民军在马德里的格兰大道举行了庆祝佛朗哥胜利的阅兵式，西班牙、意大利和秃鹰军团的飞机以拼出元首名字的阵形飞过上空。紧接着是报复：行刑队配备的是机关枪，很多人长年被监禁，奴隶劳工被派去排干沼泽和兴建纪念碑。佛朗哥堂而皇之地宣称："我们的政权，是建立在刺刀和鲜血的基础上的，而不是在虚伪的选举基础上。"②

巴黎世博会于1937年11月闭幕后，毕加索的杰作《格尔尼卡》就开始了奥德赛般的巡回展出和流亡之旅。《格尔尼卡》先是在北欧和英国展出，然后又回到法国，继而又去了美国，在纽约的现代艺术博物馆一直展出到1981年，毕加索和佛朗哥都死后，才归还西班牙。今天，《格尔尼卡》高悬在马德里的索菲亚王妃美术馆（Reina Sofia），观众骤然看到其强烈的冲击力和巨大的规模，仍然会感到震惊。

米罗的《反抗中的加泰罗尼亚农民》的命运就要残酷得多。艺术史专家詹姆斯·索比（James Soby）写道："米罗的壁画被送到了巴伦西亚，其纤维画板很快就丢失了，很可能是被毁坏了。损失是巨大的，因为在世博会西班牙展馆现场看到过这幅壁画的人，都不可能忘记它作为反压迫象征的强烈而动人的效果。"③

奥托·博赫在前线给缪丽尔·鲁凯泽写过几封信，都是用德语

---

① Thomas（1986），p. 837.
② Matthews（1973），p. 255.
③ Soby（1959），p. 91.

"讲述他的士兵生活的"。据鲁凯泽的编辑罗威娜·肯尼迪-爱泼斯坦（Rowena Kennedy-Epstein）记载，鲁凯泽曾反复试图返回西班牙，"去描写战争的'结局'，正如她描写了其'开端'一样，去描写［共和军失败后］翻越比利牛斯山脉的难民和'缓冲区'——她称之为'所有边界的范例'——但是她始终未能获准返回"。① 似乎迟至1941年10月，她仍不能确定博赫是死是活。当时她发表了诗作《很久以前的蒙卡达》。她在诗中问道：

你是在缺少枪支的时期倒在了韦斯卡，
还是后来，在巴塞罗那陷落时，倒在了那里？②

终于在某一时刻，鲁凯泽了解到她的情人战死的详情。1972年慕尼黑奥运会期间，她在多家德国报纸上发表了一篇简短的纪念文章，向博赫的"所有家人和朋友"提供了一些"更多的信息"。③ 她于1974年在《时尚先生》（*Esquire*）杂志上发表了关于她1936年的西班牙之行的回忆文章，讲述了她所了解的情况。博赫被编入台尔曼营，在萨拉戈萨前线作战。鲁凯泽写道，他于1939年战争行将结束时，死于"塞格雷河河岸上的一个机枪掩体里，那一天900名战士中有600人阵亡。这是佛朗哥的历史中记载着的。他们的情报工作做得是不错。他们知道每一挺机枪的位置"。④

爱德华·巴斯基的人生可以写成好几本书。他于1939年1月离开西班牙后，返回纽约的贝思以色列医院，继续做外科医生。1941

---

① Rukeyser（2011），p. 5.
② Rukeyser（2005），p. 233.
③ 引自 Rukeyser（2013），p. xvii。
④ 引自 Rukeyser（2013），p. xxvi。

年，他帮助成立了反法西斯难民联合委员会（Joint Anti-Fascist Refugee Committee, JAFRC）并担任主席。作家多萝西·帕克（Dorothy Parker）领导过该委员会的一次募捐活动，其发起人名单中包括阿尔伯特·爱因斯坦（Albert Einstein）、列昂纳德·伯恩斯坦（Leonard Bernstein）、保罗·罗伯逊（Paul Robeson）和奥森·威尔斯。到1943年，反法西斯难民联合委员会已经为救济西班牙内战难民募集了将近40万美元（相当于今天的500万美元）。这一重大的人道主义行动触怒了反共急先锋、臭名昭著的美国众议院非美裔活动调查委员会（House Un-American Activities Committee），其在战后调查反法西斯难民联合委员会时，指控巴斯基和其他领导人1947年犯有藐视国会罪，因为他们当时拒绝交出委员会的财务记录和会员名单。巴斯基在联邦监狱里服刑六个月，然后纽约州评议委员会也落井下石，把他的行医执照暂停了六个月。美国最高法院于1954年支持了这一暂停令，这促使自由陪审法官威廉·道格拉斯（William O. Douglas）提出了异议："如果一名医生因为在西班牙反对过佛朗哥，就不能在美国挽救人命了，那就该是叫停并以批评的目光审视困扰我们的神经症的时候了。"① 耶鲁大学的古典学者伯纳德·诺克斯（Bernard Knox）也曾参加国际纵队作战，并于"二战"中在美国陆军服役，有出色的表现，他曾自嘲为"不成熟的反法西斯分子"——"这是美国联邦调查局对'共产主义者'的代名词。"诺克斯写道。② 巴斯基也是一个像他那样的人。

尽管受到了政府的干扰，巴斯基仍继续在贝思以色列医院行医，也继续从事其人权工作。20世纪60年代，作为人权医疗委员会

---

① 引自 "Guide to the Edward K. Barsky Papers ALBA. 125," Tamiment Library & Robert F. Wagner Labor Archives, Elmer Holmes Bobst Library, New York University, New York, N.Y.
② Bernard Knox, "Premature Anti-Fascist," Modern American Poetry（在线）.

（Medical Committee for Human Rights）的委员之一，他曾在美国南方为民权工作者提供紧急医疗服务，正如1936年他在纽约码头所做的一样。[①] 巴斯基于1975年80岁时去世。我在本书中大幅引用的他那出色的回忆录，迄今仍未出版。

欧内斯特·海明威、玛莎·盖尔霍恩、乔治·奥威尔、J. B. S. 霍尔丹、阿尔瓦·贝西此后的人生，都有丰富的记载。此处单是列出他们的名字，就能说明这些天才的男人和女人在历史的关键时刻对这场规模虽小却至关紧要的战争所赋予的重要性，他们不顾一切地期望这场小型战争能够获胜，因为他们坚信如果获胜，将能制止世界上前所未有的一场更为可怕的大灾难。

1938年12月，佩兴丝·达顿一文不名，穿着借来的鞋子回到了伦敦，她找到了一份护士的工作，直到1939年9月德国入侵波兰，第二次世界大战爆发。她的护理才能和组织才能这时开始得到承认。她开办战地救护讲座并献身于难民救济，很像巴斯基在美国开展的工作。1944年她开始为联合国善后救济总署（United Nations Relief and Rehabilitation Administration）做医疗采购工作。该组织负责在战后向饥饿的欧洲分发食品和救济物资。

达顿曾希望于1939年到中国，像诺尔曼·白求恩那样支援中国共产党进行的抗日游击战，但是伦敦的中国医疗援助委员会（China Medical Aid Committee）不外派护士。1949年共产党胜利，建立人民共和国后，她找到了机会。20世纪50年代她在北京做翻译工作，与一位也是国际纵队老兵的翻译同行，二人结了婚并产下一子，这是她唯一的孩子。1958年她回到了英国。后来她和丈夫离了婚。

那些年，尽管达顿一向畅谈她在西班牙的战争经历，却很少提

---

① "Guide to the Edward K. Barsky Papers ALBA. 125,"同上。

及罗伯特·阿奎斯特，也没有返回过西班牙。直到1996年11月，她才在她也叫阿奎斯特的儿子，还有她的传记作家安吉拉·杰克逊（Angela Jackson）的陪同下，重返了西班牙。这时她已身患狼疮，去日无多了。那个月数以百计的国际纵队老兵赶来出席典礼。西班牙政府授予他们荣誉公民称号。达顿和他们一起登台领奖，是其中唯一的女性。杰克逊描述了她最后的日子：

> 第二天早晨，她被送进了医院，更深地陷入了无意识状态，已不可能再从睡梦中惊起了。我和佩兴丝的儿子第二天在医院陪伴了她一整夜。她再也没能完全恢复意识，但她紧紧地握住我的手。也许这样会感到些安慰。即使她感觉不到，我也会。我不知道在西班牙那些漫漫的长夜中，她曾经多少次紧握过那些垂死的伤员的手。第二天，1996年11月6日，她去世了，享年85岁。①

杰克逊记得当时她读了一封达顿写给罗伯特·阿奎斯特的信。那封信的写作日期为1938年7月23日，几乎可以肯定是这位高大、自信的英国护士在她的战友丈夫触雷身亡前寄给他的最后一封信。她很遗憾他们在一起的时间是如此短暂：

> 当我们再在一起时，我们要做出补偿。我们要休息吃东西，吃东西休息。偶尔，我们也会交谈。但是大部分时间你将躺在我的怀抱里，我们就做爱和吵架。我们甚至还会时不时地掐死一两只虱子。我的手臂正渴望着抱你，我最亲爱的。我实在是

---

① Jackson（2012），p. 201.

太想你了。我在这里等得简直要发疯。①

这些都是老故事了。能够留存下来的,只有文件、绘画、方法、技术——还有墓穴里的骨头,散落在和平年代大地上的骨头。

2012 年 4 月—2014 年 3 月
于美国加州半月湾(Half Moon Bay)

---

① 引自 Jackson(2012),pp. 201-202。

致　谢

艾尔弗雷德·斯隆基金会（Alfred P. Sloan Foundation）慷慨地资助了我为写作此书所做的研究和旅行。特别感谢斯隆基金会理事长保罗·L. 约斯科（Paul L. Joskow）和基金会的官员们。基金会副理事长多伦·韦伯（Doron Weber）则自始至终指导了我的研究工作。

我的代理人、詹克洛和内斯比特联合公司（Janklow & Nesbit Associates）的安妮·西贝尔德（Anne Sibbald），一如既往地、精明地代表了我。凭借本书，我回归了乔纳森·卡普（Jonathan Karp）担任总裁和出版人的西蒙－舒斯特联合出版公司（Simon & Schuster），对我多有支持且眼光敏锐的责任编辑是本·勒嫩（Ben Loehnen）。

在西班牙，马德里的阿尔穆德纳·克罗斯（Almudena Cros）、布鲁内特的埃内斯托·比尼亚斯（Ernesto Vinas）和普里奥赖特（Priorat）的安吉拉·杰克逊（Angela Jackson）向我分享了他们的独特高见。马里亚·奥汉古伦·伊迪戈拉斯（Maria Oianguren Idigoras）和安德烈亚斯·沙夫特尔（Andreas Schäfter）在格尔尼卡为我做了向导。如果没有画家简·罗森（Jane Rosen）的赐教和帮助，我不可能写出毕加索作画的过程。

斯坦福大学图书馆馆长迈克尔·凯勒（Michael Keller）慷慨地安排我享用了该馆的资源。诺尔曼·白求恩的传记作家戴维·莱斯布里奇（David Lethbridge）在其出色的传记作品《诺尔曼·白求恩在西班牙》（*Norman Bethune in Spain*）出版之前，便与我分享。彼得·萨皮恩扎（Peter Sapienza）审阅了我关于外科手术和输血的论述。A. J. 鲍尔（A. J. Bauer）精巧地为我研究了纽约大学塔米蒙特图书馆（Tamiment Library）的资料。

我向上述所有人致谢。

金杰·罗兹（Ginger Rhodes）使我们的旅行非常顺利，并就创伤心理学提出了建议。我每写完一章，她都率先阅读。如果说真有两个人是一个完整的人的话，那肯定是我们了。

参考文献

Acier, Marcel, ed. 1937. *From Spanish Trenches: Recent Letters from Spain*. New York: Modern Age Books.

Alexi-Meskishvili, Vladimir, and Igor E. Konstantinov. 2006. "Sergei S. Yudin: An Untold Story." *Surgery* 139: 115–22.

Alfonso X. 2002. *Chronicle of Alfonso X*. Trans. Shelby Thacker and José Escobar. Lexington: University Press of Kentucky.

Allen, Ted, and Sydney Gordon. 2009. *The Scalpel, the Sword: The Story of Doctor Norman Bethune*. Toronto: Dundurn Press.

Alpert, Michael. 1984. "Humanitarianism and Politics in the British Response to the Spanish Civil War, 1936–9." *European History Quarterly* 14: 423–39.

———. 2004. *A New International History of the Spanish Civil War*. 2nd ed. New York: Palgrave Macmillan.

Alvarez del Vayo, J. 1971. *Freedom's Battle*. Trans. Eileen E. Brooke. New York: Hill & Wang.

Amsbury, Clifton. 1995. "Reflections on Anticlericalism and Power Relations in Spain." *American Ethnologist* 22 (3): 614–15.

Ashton, Dore, ed. 1972. *Picasso on Art: A Selection of Views*. New York: Da Capo Press.

Auden, W. H. 1940. *Another Time*. London: Faber & Faber.

Baker, Carlos. 1980. *Hemingway: The Writer as Artist*. Princeton: Princeton University Press.

Baker, David. 1996. *Adolf Galland: The Authorized Biography*. London: Windrow & Greene.

Baldassari, Anne. 2006. *Picasso: Life with Dora Maar: Love and War, 1935–1945*. Trans. Unity Woodman. Paris: Flammarion.

Balfour, Sebastian. 2002. *Deadly Embrace: Morocco and the Road to the Spanish Civil War*. Oxford: Oxford University Press.

Barea, Arturo. 2001. *The Forging of a Rebel*. Trans. Ilsa Barea. New York: Walker & Company.

Barsky, Edward W., with Elizabeth Waugh. (n.d.) The Surgeon Goes to War. Unpublished MS. Edward K. Barsky Papers, Series IV, Box 5, Folder 4. New York: Tamiment Library/Robert F. Wagner Labor Archives, New York University Libraries.

Bates, Ralph. 1935. *Lean Men: An Episode in a Life*. New York: Macmillan.

———. 1936. *The Olive Field*. New York: E. P. Dutton.

Bauer, Augustin Souchy. 1982. *With the Peasants of Aragon: Libertarian Communism in the Liberated Areas*. Trans. Abe Bluestein. Minneapolis: Soil of Liberty.

Baumeister, Martin, and Stefanie Schüler-Springorum, eds. 2008. *"If You Tolerate This . . .": The Spanish Civil War in the Age of Total War*. Frankfurt: Campus Verlag.

Baxell, Richard. 2004. *British Volunteers in the Spanish Civil War: The British Battalion in the International Brigades, 1936–1939*. London: Warren & Pell.

Beevor, Antony. 1982. *The Battle for Spain: The Spanish Civil War 1936–1939*. New York: Penguin.

Benson, Frederick R. 1967. *Writers in Arms: The Literary Impact of the Spanish Civil War*. New York: New York University Press.

Bessie, Alvah. 1939. *Men in Battle: A Story of Americans in Spain*. New York: Charles Scribner's Sons.

———. 1952. *The Heart of Spain: Anthology of Fiction, Nonfiction, and Poetry*. New York: Veterans of the Abraham Lincoln Brigade.

———. 1975. *Spain Again*. San Francisco: Chandler & Sharp.

Bessie, Alvah, and Albert Prago, eds. 1987. *Our Fight: Veterans of the Abraham Lincoln Brigade, Spain 1936–1939*. New York: Monthly Review Press.

Bessie, Dan, ed. 2002. *Alvah Bessie's Spanish Civil War Notebooks*. Lexington: University Press of Kentucky.

Bethune, Norman. 1998. *The Politics of Passion: Norman Bethune's Writing and Art*. Ed. Larry Hannant. Toronto: University of Toronto Press.

Bookchin, Murray. 1998. *The Spanish Anarchists: The Heroic Years 1868–1936*. Oakland: AK Press.

Bowers, Claude G. 1954. *My Mission to Spain: Watching the Rehearsal for World War II*. New York: Simon & Schuster.

Brassai, Gilberte. 1999. *Conversations with Picasso*. Trans. Jane Marie Todd. Chicago: University of Chicago Press.

Broer, Lawrence R. 1973. *Hemingway's Spanish Tragedy*. University: University of Alabama Press.

Brome, Vincent. 1966. *The International Brigades: Spain 1936–1939*. New York: William Morrow.

Brown, Jonathan, ed. 1996. *Picasso and the Spanish Tradition:* New Haven: Yale University Press.

Brugman, Jeb. 2009. *Welcome to the Urban Revolution: How Cities Are Changing the World*. New York: Bloomsbury Press.

Buck, Tim. 1975. *Thirty Years: The Story of the Communist Movement in Canada 1922–1952*. Toronto: Progress Books.

Bush, Clive. 2010. *The Century's Midnight: Dissenting European and American Writers in the Era of the Second World War*. Oxford: Peter Lang.

Caballero Jurado, Carlos. 2006. *The Condor Legion: German Troops in the Spanish Civil War*. Oxford: Osprey.

Camus, Albert. 1960. "Why Spain?" In *Resistance, Rebellion, and Death*. Trans. Justin O'Brien. New York: Vintage.

Capa, Robert. 1999. *Heart of Spain: Photographs of the Spanish Civil War*. New York: Aperture.

Capellán, Angel. 1985. *Hemingway and the Hispanic World*. Ann Arbor: UMI Research Press.

Carr, Virginia Spencer. 1984. *Dos Passos: A Life*. Evanston: Northwestern University Press.

Carroll, Peter N. 1994. *The Odyssey of the Abraham Lincoln Brigade: Americans in the Spanish Civil War*. Stanford: Stanford University Press.

Carroll, Peter N., and James D. Fernandez, ed. 2007. *Facing Fascism: New York and the Spanish Civil War*. New York: NYU Press.

Casanova, Julián. 2010. *The Spanish Republic and Civil War*. Cambridge: Cambridge University Press.

Cate, Curtis. 1995. *Andre Malraux: A Biography*. New York: Fromm International.

Caws, Mary Ann. 2000. *Picasso's Weeping Woman: The Life and Art of Dora Maar*. Boston: Little, Brown.

Chipp, Herschel B. 1988. "The First Step Towards Guernica." *Arts Magazine* 64, October, 62–67.

———. 1988. *Guernica: History, Transformations, Meanings*. With a chapter by Javier Tusell. Berkeley: University of California Press.

"The Chronicle of 754." In Kenneth Baxter Wolf, trans. 1990. *Conquerors and Chroniclers of Early Medieval Spain, Translated Texts for Historians*. 2nd ed., Vol. 9, 111–60. Liverpool: Liverpool University Press.

Churchill, Viscount. 1964. *Be All My Sins Remembered*. New York: Coward-McCann.

Churchill, Winston S. 1937. *Great Contemporaries*. New York: G. P. Putnam's Sons.

Clark, Ronald W. 1968. *JBS: The Life and Work of J. B. S. Haldane*. New York: Coward-McCann.

Clark, T. J. 2013. *Picasso and Truth*. Princeton: Princeton University Press.

Clarkson, Adrienne. 2009. *Norman Bethune*. Toronto: Penguin Canada.

Clode, George. 2011. "*The Command of the Air* by Giulio Douhet: A *Military Times* Classic." *Military History Monthly* 10, January (online).

Cochrane, Archibald L. 1989. *One Man's Medicine: An Autobiography of Professor Archie Cochrane*. With Max Blythe. Wales: Cardiff University.

Coggeshall, L. T. 1971. "Oswald Hope Robertson 1886–1966." *Biographical Memoirs of the National Academy of Sciences*. Washington: National Academy of Sciences.

Colodny, Robert G. 1958. *The Struggle for Madrid: The Central Epic of the Spanish Conflict 1936–1937*. New Brunswick: Transaction.

Coni, Nicholas. 2002. "Medicine and the Spanish Civil War." *Journal of the Royal Society of Medicine* 95 (3): 147–50.

———. 2008. *Medicine and Warfare: Spain, 1936–1939*. New York: Routledge.

Cook, Judith. 1979. *Apprentices of Freedom*. London: Quartet.

Cortada, James W. 1982. *Historical Dictionary of the Spanish Civil War, 1936–1939*. Westport: Greenwood Press.

———, ed. 2012. *Modern Warfare in Spain: American Military Observations on the Spanish Civil War, 1936–1939*. Washington: Potomac Books.

Corum, James. 1997. *The Luftwaffe: Creating the Operational Air War, 1918–1940*. Lawrence: University Press of Kansas.

———. 1998. *Inflated by Air: Common Perceptions of Civilian Casualties from Bombing*. Research Report, Air War College, Air University, Maxwell AFB, Alabama.

———. 2008. *Wolfram von Richthofen: Master of the German Air War*. Lawrence: University Press of Kansas.

Coverdale, John F. 1974. "The Battle of Guadalajara, 8–22 March 1937." *Journal of Contemporary History* 9 (1) (January): 53–75.

Cowans, Jon, ed. 2003. *Early Modern Spain: A Documentary History*. Philadelphia: University of Pennsylvania Press.

Cowles, Virginia. 1941. *Looking for Trouble*. London: Hamish Hamilton.

Cox, Geoffrey. 2006 [1937]. *Defence of Madrid: An Eyewitness Account from the Spanish Civil War*. Dunedin, New Zealand: Otago University Press.

Crome, Len. 1980. "Walter (1897–1947): A Soldier in Spain." *History Workshop* 9 (Spring): 116–28.

Crow, John A. 1985. *Spain: The Root and the Flower*. 3rd ed. Berkeley: University of California Press.

Crozier, Brian. 1967. *Franco*. Boston: Little, Brown.

Cueva, Julio de la. 1996. "The Stick and the Candle: Clericals and Anticlericals in Northern Spain, 1898–1913." *European History Quarterly* 26: 241–65.

———. 1998. "Religious Persecution, Anticlerical Tradition and Revolution: On Atrocities Against the Clergy During the Spanish Civil War." *Journal of Contemporary History* 33 (3): 355–69.

Cunningham, Valentine, ed. 1986. *Spanish Front: Writers on the Civil War*. Oxford: Oxford University Press.

Curtis, Norah, and Cyril Gilbey. 1944. *Malnutrition (Quaker Work in Austria 1919–24 and Spain 1936–39)*. London: Oxford University Press.

Daix, Pierre. 1993. *Picasso: Life and Art*. New York: HarperCollins.

Daniel, Marko, and Matthew Gale, eds. 2011. *Joan Miro: The Ladder of Escape*. London: Thames & Hudson.

Davenport, Diana. 2011. "The War Against Bacteria: How Were Sulfonamide Drugs Used by Britain During World War II?" *Medical Humanities* doi:10:1136/medhum-2011-010024.

Davies, Alan. 1999. "The First Radio War: broadcasting in the Spanish Civil War, 1936–1939." *Historical Journal of Film, Radio and Television* 19 (4): 473–513.

Davison, Peter, ed. 2010. *George Orwell: A Life in Letters*. New York: Liveright.

Dayton, Tim. 2003. *Muriel Rukeyser's* The Book of the Dead. Columbia: University of Missouri Press.

Defalque, R. J., and A. J. Wright. 2002. "Contributions of the Legion Condor to the Wehrmacht's Surgical Care During WW2." *International Congress Series* 1242: 255–60.

Delaprée, Louis. 1936. "Bombs over Madrid." Trans. Martin Minchom, rep. *The Volunteer*. http://www.albavolunteer.org.

———. 1937. *The Martyrdom of Madrid: Inedited Witnesses*. Madrid: N.p.

Delmer, Sefton. 1961. *Trail Sinister: An Autobiography*. London: Secker & Warburg.

Derby, Mark. 2009. *Kiwi Compañeros: New Zealand and the Spanish Civil War*. Christchurch: Canterbury University Press.

Devlin, John. 1966. *Spanish Anticlericalism: A Study in Modern Alienation*. New York: Las Americas.

Diz, José Carlos, Avelino Franco, et al. 2002. *The History of Anesthesia: Proceedings of the Fifth International Symposium on the History of Anesthesia, Santiago, Spain, 19–23 September 2001*. Amsterdam: Elsevier.

Dollard, John, and Donald Horton. 1944. *Fear in Battle*. Washington: Infantry Journal.

Dos Passos, John. 1938. *Journeys Between Wars*. New York: Harcourt, Brace.

———. 1967. *Adventures of a Young Man*. Boston: Houghton Mifflin.

———. 1973. *The Fourteenth Chronicle: Letters and Diaries of John Dos Passos*. Edited and with a Biographical Narrative by Townsend Ludington. Boston: Gambit.

Dupin, Jacques. 1962. *Joan Miró: Life and Work*. London: Thames & Hudson.

Duran-Jordà, Frederic. 1939. "The Barcelona Blood-Transfusion Service." *Lancet* 33 (6031): 773–75.

Ealham, Chris, and Michael Richards, eds. 2005. *The Splintering of Spain: Cultural History and the Spanish Civil War, 1936–1939*. Cambridge: Cambridge University Press.

Eaude, Michael. 2008. *Catalonia: A Cultural History*. Oxford: Oxford University Press.

Eby, Cecil D. 1969. *Between the Bullet and the Lie: American Volunteers in the Spanish Civil War*. New York: Holt, Rinehart & Winston.

———. 2007. *Comrades and Commissars: The Lincoln Battalion in the Spanish Civil War*. University Park: Pennsylvania State University Press.

Ehrenburg, Ilya. 1963. *Memoirs: 1921–1941*. Trans. Tatania Shebunina and Yvonne Kapp. New York: Grosset & Dunlap.

Elliot, J. H. 1963. *The Revolt of the Catalans: A Study in the Decline of Spain*. Cambridge: Cambridge University Press.

Ellis, R. W. B. 1938. "Blood Transfusion at the Front." *Proceedings of the Royal Society of Medicine* 31 (6): 684–86.

Ellis, R. W. B., and Audrey E. Russell. 1937. "Four Thousand Basque Children." *Lancet* 29 (May): 1303.

Escobal, Patricio P. 1968. *Death Row: Spain 1936*. Trans. Tana de Gamez. Indianapolis: Bobbs-Merrill.

Fehrenbach, Charles Wentz. 1970. "Moderados and Exaltados: The Liberal Opposition to Ferdinand VII, 1814–1823." *Hispanic American Historical Review* 50 (1) (February): 52–69.

Felsen, Milt. 1989. *The Anti-Warrior: A Memoir by Milt Felsen*. Iowa City: University of Iowa Press.

Fernsworth, Lawrence A. 1936. "Back of the Spanish Rebellion." *Foreign Affairs* 15 (1) (October): 87–101.

———. 1957. *Spain's Struggle for Freedom*. Boston: Beacon.

Fisch, Eberhard. 1988. *Guernica by Picasso: A Study of the Picture and Its Context*. Lewisburg: Bucknell University Press.

Fischer, Louis. 1941. *Men and Politics: An Autobiography*. New York: Duell, Sloan & Pearce.

Fisher, Harry. 1997. *Comrades: Tales of a Brigadista in the Spanish Civil War*. Lincoln: University of Nebraska Press.

Fletcher, Richard. 1992. *Moorish Spain*. Berkeley: University of California Press.

Ford, Hugh D. 1965. *A Poet's War: British Poets and the Spanish Civil War*. Philadelphia: University of Pennsylvania Press.

Fox, Soledad. 2011. *A Spanish Woman in Love and War: Constancia de la Mora*. Brighton: Sussex Academic Press.

Franco, A., J. Cortes, J. Alvarez, et al. 1996. "The Development of Blood Transfusion: The Contributions of Norman Bethune in the Spanish Civil War. 1936–1939." *Canadian Journal of Anesthesia* 43 (10): 1076–78.

Fraser, Ian. 1984. "Penicillin: Early Trials in War Casualties." *British Medical Journal* 289 (22–29 December): 1723.

Fraser, Ronald. 1979. *Blood of Spain: An Oral History of the Spanish Civil War*. New York: Pantheon.

Freedberg, Catherine Blanton. 1986. *The Spanish Pavilion at the Paris World's Fair*. 2 vols. New York: Garland.

Fussell, Paul, ed. 1991. *The Norton Book of Modern War*. New York: Norton.

Fyrth, Jim. 1986. *The Signal Was Spain: The Spanish Aid Movement in Britain, 1936–39*. London: Lawrence & Wishart.

Fyrth, Jim (with Sally Alexander), ed. 1991. *Women's Voices from the Spanish Civil War*. London: Lawrence & Wishart.

Fyvel, Penelope. 1992. *English Penny*. Ilfracombe, Devon: Arthur H. Stockwell.

Gajdusek, Robert E. 2002. *Hemingway in His Own Country*. Notre Dame, Ind.: University of Notre Dame Press.

Galland, Adolf. 1954. *The First and the Last: The Rise and Fall of the German Fighter Forces, 1938–1945*. Trans. Mervyn Savill. New York: Bantam.

Ganivet, Angel. 1946. *Spain: An Interpretation*. London: Eyre & Spottiswoode.

Garcia, Hugo. 2010. "Potemkin in Spain? British *Unofficial Missions of Investigation* to Spain During the Civil War." *European History Quarterly* 40 (2): 217–39.

Geiser, Carl. 1986. *Prisoners of the Good Fight: The Spanish Civil War, 1936–1939*. Westport: Lawrence Hill.

Gellhorn, Martha. 1937a. "High Explosive for Everyone." *Reporting America at War*. PBS (online).

———. 1937b. "Madrid to Morata." *New Yorker* (24 July), 31–39.

———. 1988. *The View from the Ground*. Boston: Atlantic Monthly Press.

Gerassi, John. 1986. *The Premature Antifascists: North American Volunteers in the Spanish Civil War 1936–39, an Oral History*. New York: Praeger.

Gibbons, Wes, and Teresa Moreno. 2002. *The Geology of Spain*. London: Geological Society.

Gibson, Ian. 1997. *The Shameful Life of Salvador Dalí*. New York: Norton.

Gilot, Françoise. 1964. *Life with Picasso*. New York: McGraw-Hill.

———. 1990. *Matisse and Picasso: A Friendship in Art*. New York: Anchor.

Girard, Rene. 1986. *The Scapegoat*. Baltimore: Johns Hopkins University Press.

Gironella, Jose Maria. 1963. *One Million Dead*. Trans. Joan MacLean. Garden City: Doubleday.

Gispert Cruz, Ignacio de. 1981. *Memoirs of a Neurologist: Survivor of the Spanish Civil War*. Trans. Nacha Gispert Pouring. New York: Vantage Press.

Goya, Francisco de. 1937. *The Disasters of War*. New York: Oxford University Press.

Goytisolo, Juan. 2003. *Forbidden Territory and Realms of Strife*. Trans. Peter Bush. London: Verso.

Greeley, Robin Adele. 2006. *Surrealism and the Spanish Civil War*. New Haven: Yale University Press.

Green, Nan. 2004. *A Chronicle of Small Beer: The Memoirs of Nan Green*. Ed. R. J. Ellis. Nottingham: Trent Editions.

Greenberg, Clement. 1948. *Joan Miró*. New York: Quadrangle Press.

Greenwalt, T. J. 1997. "A Short History of Transfusion Medicine." *Transfusion* 37 (May): 550–63.

Gretton, Peter. 1975. "The Nyon Conference: The Naval Aspect." *English Historical Review* 90 (354) (January): 103–12.

Guerra de la Vega, Ramon. 2005. *Madrid 1931–1939: Il Republica y Guerra Civil: Historia de la Fotografia*. Madrid: Biblioteca de Arte y Arquitectura.

Gurney, Jason. 1974. *Crusade in Spain*. London: Faber & Faber.

Guttman, Allen. 1960. "Mechanized Doom: Ernest Hemingway and the Spanish Civil War." *Massachusetts Review* 1 (3): 541–61.

———. 1962. *The Wound in the Heart: America and the Spanish Civil War*. New York: Free Press.

Haight, Mary Ellen Jordan, and James Jordan Haight. 1992. *Walks in Picasso's Barcelona*. Salt Lake City: Peregrine Smith Books.

Haldane, Charlotte. 1949. *Truth Will Out*. London: Weidenfeld & Nicolson.

Haldane, J.B.S. 1925. *Callinicus: A Defense of Chemical Warfare*. New York: E. P. Dutton.

———. 1937. "Civil War from Both Sides." *Listener* [London, England] (20 January): 126.

———. 1938. *A. R. P.* London: Victor Gollancz.

———. 1940. *Science and Everyday Life*. New York: Macmillan.

———. 1941. *Science and Everyday Life*. London: Penguin.

Hanighen, Frank, ed. 1939. *Nothing but Danger*. New York: Robert M. McBride.

Hannant, Larry. 1998. *The Politics of Passion: Norman Bethune's Writing and Art*. Toronto: University of Toronto Press.

Harrison, Mark. 2004. *Medicine and Victory: British Military Medicine in the Second World War.* Oxford: Oxford University Press.

Harvey, A. D. 1996. "The Spanish Civil War as Seen by British Officers." *RUSI Journal* 141: 4, 65–67.

Harvey, Charles E. 1978. "Politics and Pyrites During the Spanish Civil War." *Economic History Review* 31 (1): 89–104.

Heaton, Colin D., and Anne-Marie Lewis. 2011. *The German Aces Speak: World War II Through the Eyes of Four of the Luftwaffe's Most Important Commanders.* Minneapolis: Zenith Press.

Hemingway, Ernest. 1932. *Death in the Afternoon.* New York: Charles Scribner's Sons.

———. 1938a. "Hemingway Reports Spain." *New Republic*, 12 January 1938 (online).

———. 1938b. *The Fifth Column.* New York: Scribner.

———. 1940. *For Whom the Bell Tolls.* New York: Charles Scribner's Sons.

———. 1967. *By-Line: Ernest Hemingway: Selected Articles and Dispatches of Four Decades.* Ed. William White. New York: Scribner.

———. 1981. *Ernest Hemingway: Selected Letters 1917–1961.* Ed. Carlos Baker. New York: Charles Scribner's Sons.

———. 1987. *The Complete Short Stories of Ernest Hemingway.* New York: Scribner.

———. 2003. *Hemingway on War.* Ed. Sean Hemingway. New York: Scribner.

Henry, Chris. 1999. *The Ebro 1938: Death Knell of the Spanish Republic.* Oxford: Osprey.

Hensbergen, Gijs van. 2004. *Guernica: The Biography of a Twentieth-Century Icon.* New York: Bloomsbury.

Herbst, Josephine. 1991. *The Starched Blue Sky of Spain and Other Memoirs.* New York: HarperCollins.

Hernandez, Prisco R. 2001. "The German Kondor Legion: A Firepower Force Package in Combat." *Field Artillery* (July–August): 16–21.

Hervas, C., and Marie Carmen Unzueta. 2002. "Robert Macintosh and the Spanish Civil War: A New Perspective." *International Congress Series* 1242 (12): 411–20.

Hewitt, James Robert. 1978. *André Malraux.* New York: Frederick Ungar.

Hills, George. 1967. *Franco: The Man and His Nation.* New York: Macmillan.

Hodges, Gabrielle Ashford. 2000. *Franco: A Concise Biography.* New York: St. Martin's Press.

Höhne, Heinz. 1976. *Canaris: Hitler's Master Spy.* New York: Cooper Square Press.

Hogg, Ian V. 1970. *The Guns: 1939–1945.* New York: Ballantine Books.

Hooton, E. R. 2007. *Luftwaffe at War: Gathering Storm 1933–39*. Vol. 1. London: Chervron/Ian Allen.

Hopkins, James K. 1998. *Into the Heart of the Fire: The British in the Spanish Civil War*. Stanford: Stanford University Press.

Howson, Gerald. 1998. *Arms for Spain: The Untold Story of the Spanish Civil War*. New York: St. Martin's Press.

Hubbard, John R. 1953. "How Franco Financed His War." *Journal of Modern History* 25 (4) (December): 390–406.

Hughes, Ben. 2011. *They Shall Not Pass! The British Battalion at Jarama [in] The Spanish Civil War*. Oxford: Osprey.

Hughes, Robert. 2004. *Barcelona the Great Enchantress*. Washington: National Geographic.

Ibarruri, Dolores. 1938. *Speeches and Articles 1936–1938*. Moscow: Foreign Languages Publishing House.

———. 1966. *They Shall Not Pass: The Autobiography of La Pasionaria*. New York: International Publishers.

Iserson, Kenneth V., and John C. Moskop. 2007. "Triage in Medicine, Part I: Concept, History, and Types." *Annals of Emergency Medicine* 49 (3): 275-81.

Ishoven, Armand van. 1977. *The Fall of an Eagle: The Life of Fighter Ace Ernst Udet*. Trans. Chaz Bowyer. London: William Kimber.

Iturriarte Martinez, Alberto, Vicente Del Palacio Sanchez, et al. 2010. *The Bombing of Gernika*. Trans. Arantxa Basterretxea Agirre. Gernika-Lumo: Gernikazarra Historia Taldea.

Ivens, Joris, dir. 1937. *The Spanish Earth*. Written by John Dos Passos and Ernest Hemingway. Story by Lillian Hellman and Archibald MacLeish. Contemporary Historians.

Jackson, Angela. 2002. "Beyond the Battlefield: A Cave Hospital in the Spanish Civil War." Len Crome Memorial Lecture, Imperial War Museum, 2 March 2002.

———. 2005. *Beyond the Battlefield: Testimony, Memory and Remembrance of a Cave Hospital in the Spanish Civil War*. Aberschan, Wales: Warren & Pell.

———. 2007. *Warm Earth*. Cambridge: Pegasus.

———. 2008. *Prelude to the Last Battle: The International Brigades in the Priorat, 1938*. Valls, Spain: Cossetània Edicions.

———. 2012. *"For Us It Was Heaven": The Passion, Grief and Fortitude of Patience Darton from the Spanish Civil War to Mao's China*. Portland: Sussex Academic Press.

Jackson, Gabriel. 1974. *A Concise History of the Spanish Civil War*. London: Thames & Hudson.

Jacobs, David. 2001. "The Man Who Saved Orwell." *Hoover Digest* 4: 1–3 (online).

Jellinek, Frank. 1969. *The Civil War in Spain.* New York: Howard Fertig.

Jump, Jim, ed. 2010. *Looking Back at the Spanish Civil War.* London: Lawrence & Wishart.

Kaplan, Temma. 1992. *Red City, Blue Period: Social Movements in Picasso's Barcelona.* Berkeley: University of California Press.

Kempton, Murray. 1955. *Part of Our Time: Some Ruins and Monuments of the Thirties.* New York: New York Review of Books.

Kenwood, Alun, ed. 1993. *The Spanish Civil War: A Cultural and Historical Reader.* Providence: Berg.

Kert, Bernice. 1983. *The Hemingway Women.* New York: W. W. Norton.

Keynes, Geoffrey. 1922. *Blood Transfusion.* London: Henry Frowde and Hodder & Stoughton.

Knickerbocker, H. R. 1936. *The Siege of Alcazar: A Warlog of the Spanish Revolution.* Philadelphia: David McKay.

Knox, Bernard. 1980. "Remembering Madrid." *New York Review of Books*, 6 November.

Koch, Stephen. 2005. *The Breaking Point: Hemingway, Dos Passos, and the Murder of Jose Robles.* New York: Counterpoint.

Koestler, Arthur. 1937. *Spanish Testament.* London: Left Book Club.

Kowalsky, Daniel. 2004. *Stalin and the Spanish Civil War.* New York: Columbia University Press (online).

Krivitsky, W. G. 2000. *In Stalin's Secret Service.* New York: Enigma Books.

Landis, Arthur H. 1967. *The Abraham Lincoln Brigade.* New York: Citadel Press.

Langdon-Davies, John. 1938. *Air Raid: The Technique of Silent Approach High Explosive Panic.* London: George Routledge & Sons.

Larios, José. 1966. *Combat over Spain: Memoirs of a Nationalist Fighter Pilot.* New York: Macmillan.

Larrazabal, Jesus Salas. 1974. *Air War over Spain.* London: Ian Allan.

Lee, Laurie. 1969. *As I Walked Out One Midsummer Morning.* Boston: David R. Godine.

———. 1991. *A Moment of War: A Memoir of the Spanish Civil War.* New York: New Press.

Legarreta, Dorothy. 1984. *The Guernica Generation: Basque Refugee Children of the Spanish Civil War.* Reno: University of Nevada Press.

Leighten, Patricia. 1989. *Re-ordering the Universe: Picasso and Anarchism, 1897–1914.* Princeton: Princeton University Press.

Lesch, John E. 2007. *The First Miracle Drugs: How the Sulfa Drugs Transformed Medicine.* Oxford: Oxford University Press.

Lethbridge, David. 2013. *Norman Bethune in Spain: Commitment, Crisis, and Conspiracy*. Toronto: Sussex Academic Press.

Lindsley, Lorna. 1943. *War Is People*. Boston: Houghton Mifflin.

Low, Mary, and Juan Brea. 1979. *Red Spanish Notebook: The First Six Months of the Revolution and the Civil War*. San Francisco: City Lights.

Low, Robert. 1992. *La Pasionaria: The Spanish Firebrand*. London: Hutchinson.

MacDougall, Ian, ed. 1986. *Voices from the Spanish Civil War: Personal Recollections of Scottish Volunteers in Republican Spain, 1936–39*. Edinburgh: Polygon.

Machado, Antonio. 2004. *Border of a Dream: Selected Poems*. Trans. Willis Barnstone. Port Townsend: Copper Canyon Press.

Madariaga, Salvador de. 1958. *Spain: A Modern History*. New York: Frederick A. Praeger.

Maddox, Richard. 1995. "Revolutionary Anticlericalism and Hegemonic Processes in an Andalusian Town, August 1936." *American Ethnologist* 22: 125–43.

Madeline, Laurence, ed. 2005. *Pablo Picasso, Gertrude Stein: Correspondence*. Trans. Lorna Scott Fox. London: Seagull.

Malraux, André. 1938. *Man's Hope*. Trans. Stuart Gilbert and Alastair Macdonald. New York: Random House.

———. 1994. *Picasso's Mask*. Trans. June Guicharnaud with Jacques Guicharnaud. New York: Da Capo Press.

Mangini, Shirley. 1995. *Memories of Resistance: Women's Voices from the Spanish Civil War*. New Haven: Yale University Press.

Mariani, Gigliola Sacerdoti. 2004. "Those Men and Women / Brave, Setting Up Signals Across Vast Distances." In Marina Camboni, *Networking Women: Subjects, Places, Links: Europe-America, 1890–1939*. Rome: Storia e Letteratura (online).

Martin, Fredericka. n.d. *Proud Within Ourselves*. Unpublished MS. Fredericka Martin Papers, ALBA 001, Box 24, Tamiment Library/Robert F. Wagner Labor Archives, Elmer Holmes Bobst Library, New York University.

Martin, Russell. 2002. *Picasso's War: The Destruction of Guernica, and the Masterpiece That Changed the World*. New York: Dutton.

Martinez-Lopez, Ramon, ed. 1961. *Image of Spain*. Spec. issue of *Texas Quarterly* 4 (1) (Spring).

Matthews, Herbert. 1938. *Two Wars and More to Come*. New York: Carrick & Evans.

———. 1973. *Half of Spain Died: A Reappraisal of the Spanish Civil War*. New York: Charles Scribner's Sons.

McGovern, John. 1938. *Terror in Spain*. London: National Labor Press.

McGrath, Charles. 2008. "Hemingway, Your Letter Has Arrived." *New York Times,* 10 February (online).

McNeill-Moss, Geoffrey. 1937. *The Siege of Alcazar: A History of the Siege of the Toledo Alcazar, 1936.* New York: Knopf.

Meaker, Gerald H. 1974. *The Revolutionary Left in Spain, 1914–1923.* Stanford: Stanford University Press.

Mendelson, Jordana. 2009. *The Spanish Pavilion, Paris, 1937.* Madrid: Ediciones de la Central.

Merriman, Marion, and Warren Lerude. 1986. *American Commander in Spain: Robert Hale Merriman and the Abraham Lincoln Brigade.* Reno: University of Nevada Press.

Merriman, Robert. 1937. Unpublished diary. Robert Hale Merriman Papers, Box 6, Folder 19, Tamiment Library/Robert F. Wagner Labor Archives, Elmer Holmes Bobst Library, New York University.

Meyers, Jeffrey. 1985. *Hemingway: A Biography.* New York: Da Capo Press.

Mierow, Charles Christopher. 1915. *The Gothic History of Jordanes: An English Version with an Introduction and a Commentary.* Princeton: Princeton University Press.

Mikshe, F. O. 1942. *Attack: A Study of Blitzkrieg Tactics.* New York: Random House.

Miller, John, ed. 1986. *Voices Against Tyranny: Writing of the Spanish Civil War.* New York: Charles Scribner's Sons.

Minchom, Martin. 2010. "From Madrid to Guernica: Picasso, Louis Delaprée and the Bombing of Civilians, 1936–1937." *Volunteer,* www.albavolunteer.org (online).

———. 2011. "Picasso and Delaprée: New Discoveries." *The Volunteer.* 20 April. Online.

———. 2012. "The Truth About Guernica: Picasso and the Lying Press." *The Volunteer.* 9 March. Online.

Mira, Emilio. 1944. *Psychiatry in War.* London: Chapman & Hall.

Miró, Joan. 1987. *Selected Writings and Interviews.* Ed. Margit Rowell. Trans. Paul Auster and Patricia Mathews. London: Thames & Hudson.

Mitchell, Timothy. 1991. *Blood Sport: A Social History of Spanish Bullfighting.* Philadelphia: University of Pennsylvania Press.

Mitchiner, Philip H., and E. M. Cowell. 1939. *Medical Organisation and Surgical Practice in Air Raids.* London: J. & A. Churchill.

Monks, Joe. 1985. "With the Reds in Andalusia." Online at http://irelandscw.com/ibvol-Monks.htm.

Monks, Noel. 1955. *Eyewitness.* London: Frederick Muller.

Montaner, Carme, and Luis Urteaga. 2012. "Italian Mapmakers in the Spanish Civil War. 1937–1939." *Imago Mundi: The International Journal for the History of Cartography* 64 (1): 78–95.

Moorehead, Caroline. 2003. *Gellhorn: A Twentieth-Century Life.* New York: Henry Holt.

———. 2006. *Selected Letters of Martha Gellhorn.* New York: Henry Holt.

Musciano, Walter A. 2006. "Spanish Civil War: German Condor Legion's Tactical Air Power." Online at www.historynet.com.

Museum of Modern Art (MOMA). 1947. *Symposium on "Guernica."* Transcript. New York: Museum of Modern Art.

Muste, John M. 1966. *Say That We Saw Spain Die: Literary Consequences of the Spanish Civil War.* Seattle: University of Washington Press.

Nash, Mary. 1995. *Defying Male Civilization: Women in the Spanish Civil War.* Denver: Arden Press.

Nelson, Cary. 1997. *The Aura of the Cause: A Photo Album for North American Volunteers in the Spanish Civil War.* Waltham, Mass.: Abraham Lincoln Brigade Archives.

Nelson, Cary, and Jefferson Hendricks, eds. 1996. *Madrid 1937: Letters of the Abraham Lincoln Brigade from the Spanish Civil War.* New York: Routledge.

Neugass, James. 2008. *War Is Beautiful: An American Ambulance Driver in the Spanish Civil War.* Ed. Peter N. Carroll and Peter Glazer. New York: New Press.

O'Brian, Patrick. 1976. *Picasso: A Biography.* New York: Norton.

O'Connell, James R. 1971. "The Spanish Republic: Further Reflections on Its Anticlerical Policies." *Catholic Historical Review* 57 (2) (July): 275–89.

Oppler, Ellen C., ed. 1988. *Picasso's Guernica.* New York: Norton.

Orr, H. Winnett. 1921. *An Orthopedic Surgeon's Story of the Great War.* Norfolk, Neb.: Muse Publishing.

———. 1927. "The Treatment of Acute Osteomyelitis by Drainage and Rest." *Journal of Bone & Joint Surgery* 9 (4): 733–39.

Orr, Lois. 2009. *Letters from Barcelona: An American Woman in Revolution and Civil War.* With some materials by Charles Orr. Ed. Gerd-Rainer Horn. Houndsmills, Basingstoke, Hampshire: Palgrave Macmillan.

Ortega y Gasset, José. 1957. *Man and People.* Trans. Willard R. Trask. New York: Norton.

———. 1960. *The Revolt of the Masses.* New York: Norton.

Orwell, George. 1952. *Homage to Catalonia.* Orlando: Mariner.

———. 1980. *Homage to Catalonia.* Orlando: Harcourt.

Palfreeman, Linda. 2012. *¡Salud! British Volunteers in the Republican Medical Service During the Spanish Civil War, 1936–1939.* Brighton: Sussex Academic Press.

Patterson, Ian. 2007. *Guernica and Total War.* Cambridge: Harvard University Press.

Paul, Bart. 2009. *Double-Edged Sword: The Many Lives of Hemingway's Friend, the American Matador Sidney Franklin*. Lincoln: University of Nebraska Press.

Paul, Elliot. 1937. *The Life and Death of a Spanish Town*. New York: Random House.

Payne, Stanley G. 2006. *The Collapse of the Spanish Republic, 1933–1936*. New Haven: Yale University Press.

———. 2012. *The Spanish Civil War*. Cambridge: Cambridge University Press.

Paz, Abel. 2007. *Durruti in the Spanish Revolution*. Trans. Chuck Morse. Edinburgh: AK Press.

Peers, E. Allison. 1936. *The Spanish Tragedy 1930–1936: Dictatorship, Republic, Chaos*. New York: Oxford University Press.

———. 1943. *Spain in Eclipse 1937–1943*. London: Methuen.

Penrose, Roland. 1981. *Picasso: His Life and Work*. 3rd ed. Berkeley: University of California Press.

Perez, J., P. Otero, M. Rey, et al. 2002. "Immediate Consequences for the Spanish Anesthesia of the Visit of Sir Robert Macintosh to Spain in 1837." *International Congress Series* 1242 (December): 421–25.

Perez Ledesma, Manuel. 2001. "Survey: Studies on Anticlericalism in Contemporary Spain." *International Review of Social History* 46: 227–55.

Perez Lopez, Francisco. 1970. *Dark and Bloody Ground: A Guerrilla Diary of the Spanish Civil War*. Ed. Victor Guerrier. Trans. Joseph D. Harris. Boston: Little, Brown.

Permuy Lopez, Rafael A. 2009. *Air War over Spain: Aviators, Aircraft and Air Units of the Nationalist and Republican Air Forces 1936–1939*. Hersham, Surrey: Ian Allan.

———. 2012. *Spanish Republican Aces*. Oxford: Osprey.

Petrou, Michael. 2005. "Sex, Spies and Bethune's Secret." *Macleans* (19 October) (online).

Phillips, John Arthur. 1884. *A Treatise on Ore Deposits*. London: Macmillan. Reprint, Forgotten Books, 2012.

Pilau i Fabre, Josep. 2011. *Picasso: From the Minotaur to Guernica, 1927–1939*. Barcelona: Ediciones Poligrafa.

Pinkerton, Peter H. 2007. "Norman Bethune, Eccentric, Man of Principle, Man of Action, Surgeon, and His Contribution to Blood Transfusion in War." *Transfusion Medicine Reviews* 21 (3): 255–64.

Pennell, Hannah. 2008. "When the Bombs Fell." *Metropolitan Barcelona*. 1 March (online).

Pitt-Rivers, Julian A. 1954. *The People of the Sierra*. 2nd ed. Chicago: University of Chicago Press.

Plenn, Abel. 1946. *Wind in the Olive Trees: Spain from the Inside.* New York: Boni & Gaer.

Pottle, Frederick A. 1929. *Stretchers: The Story of a Hospital Unit on the Western Front.* New Haven: Yale University Press.

Preston, Paul. 2002. *Doves of War: Four Women of Spain.* Boston: Northeastern University Press.

———. 2004. "The Answer Lies in the Sewers: Captain Aguilera and the Mentality of the Francoist Officer Corps." *Science & Society* 68 (3) (Fall): 277–312.

———. 2006. "Two Doctors and One Cause: Len Crome and Reginald Saxton in the International Brigades." *International Journal of Iberian Studies* 19 (1): 5–24.

———. 2007. "The Bombing of Guernica." *History Today* 57 (5) (online).

———. 2009. *We Saw Spain Die: Foreign Correspondents in the Spanish Civil War.* New York: Skyhorse.

———. 2012. *The Spanish Holocaust: Inquisition and Extermination in Twentieth-Century Spain.* New York: Norton.

Pretus, Gabriel. n.d. "Humanitarian Relief in the Spanish Civil War (1936–39): The Independent and Non-partisan Agencies." M.Phil. thesis, Department of History, Royal Holloway University of London.

Prieto, Carlos. 1936. *Spanish Front.* London: Thomas Nelson & Sons.

Prime, L. Margueriete, ed. 1960. *A Catalogue of the H. Winnett Orr Historical Collection and Other Rare Books in the Library of the American College of Surgeons.* Chicago: American College of Surgeons.

Primo de Rivera, Jose Antonio. 1972. *Selected Writings.* Ed. Hugh Thomas. Trans. Gudie Lawaetz. London: Jonathan Cape.

Pritchett, V. S. 1954. *The Spanish Temper.* New York: Ecco Press.

Proctor, Raymond L. 1983. *Hitler's Luftwaffe in the Spanish Civil War.* Westport, Conn.: Greenwood Press.

Puente, Joaquin de la. 2002. *Guernica: The Making of a Painting.* Madrid: Silex.

Purcell, Hugh. 2004. *The Last English Revolutionary: Tom Wintringham 1898–1949.* Phoenix Mill, UK: Sutton.

Quiroga, Alejandro, and Miguel Angel del Arco, eds. 2012. *Right-Wing Spain in the Civil War Era: Soldiers of God and Apostles of the Fatherland, 1914–45.* New York: Continuum.

Rackley-Simon, Mildred. n.d. Unpublished Spanish Civil War Memoir. New York: Fredericka Martin Papers, ALBA 001, Box 11, Folder 14, Tamiment Library/Robert F. Wagner Labor Archives, Elmer Holmes Bobst Library, New York University.

Radosh, Ronald, Mary R. Habeck, et al., eds. 2001. *Spain Betrayed: The Soviet Union in the Spanish Civil War.* New Haven: Yale University Press.

Rankin, Nicholas. 2011. "G. L. Steer and the Basque Children in 1937." Basque Children of '37 Association Third Annual Lecture (online).

Rees, Richard. 1963. *A Theory of My Time: An Essay in Didactic Reminiscence.* London: Secker & Warburg.

Regler, Gustav. 1959. *The Owl of Minerva: The Autobiography of Gustav Regler.* Trans. Norman Denny. New York: Farrar, Straus & Cudahy.

Reid, John T. 1937. "Spain as Seen by Some Contemporary American Writers." *Hispania* 20 (May): 139–50.

Rhodes, Richard. 1999. *Why They Kill: The Discoveries of a Maverick Criminologist.* New York: Knopf.

Richardson, John. 1985. "Picasso and l'amour fou." *New York Review of Books,* 19 December (online).

———. 2007a. "Portraits of a Marriage." *Vanity Fair* (December) (online).

———. 2007b. *A Life of Picasso: The Triumphant Years 1917–1932.* New York: Knopf.

———. 2010. "How Political Was Picasso?" *New York Review of Books,* 25 November (online).

———. 2011. "Picasso's Erotic Code." *Vanity Fair* (May) (online).

Richthofen, Wolfram von. 1937. "Der Angriff auf Guernica." *Das Bundesarchiv, Historische Bilder und Dokumente* (online).

Robertson, L. Bruce. 1917. "Further Observations on the Results of Blood Transfusion in War Surgery, with Special Reference to the Results in Primary Hemorrhage." *British Medical Journal* 2: 679–83.

Robertson, Oswald H. 1918. "A Method of Citrated Blood Transfusion." *British Medical Journal* 1: 477–79.

Rodriguez-Solas, David. 2011. "Remembered and Recovered: Bethune and the Canadian Blood Transfusion Unit in Málaga, 1937." *Revista Canadiense de Estudios Hispánicos* 36.1.

Rolfe, Edwin. 1939. *The Lincoln Battalion: The Story of the Americans Who Fought in Spain in the International Brigades.* New York: Veterans of the Abraham Lincoln Brigade (Kessinger Rare Reprints.)

———. 1993. *Collected Poems.* Ed. Cary Nelson and Jefferson Hendricks. Urbana: University of Illinois Press.

Romilly, Esmond. 1937. *Boadilla.* London: Macdonald.

Roper, Robert. 2011. "A Hopkins Professor in the Spanish Civil War." *Johns Hopkins University Arts & Sciences Magazine* (Spring) (online)

Rous, Peyton, and J. R. Turner. 1916. "The Preservation of Living Red Blood Cells in Vitro." *Journal of Experimental Medicine* 23: 219–37.

Rowell, Margit. 1986. *Joan Miro: Selected Writings & Interviews.* New York: MacMillan.

Rubin, Hank. 1997. *Spain's Cause Was Mine: A Memoir of an American Medic in the Spanish Civil War*. Carbondale: Southern Illinois University Press.

Rubin, William. 1972. *Picasso in the Collection of the Museum of Modern Art*. New York: Museum of Modern Art.

Rukeyser, Muriel. 1936. "Barcelona, 1936." *Life and Letters Today* 15:5 (Autumn), 26–33.

———. 1937a. "Death in Spain: Barcelona on the Barricades." *New Masses*, 14 (November): 9–11.

———. 1937b. "Mediterranean." *New Masses*, 14 (November): 18–20.

———. 1974. "We Came for the Games." *Esquire* 82 (October): 192–94, 368–70.

———. 1996. *The Life of Poetry*. Ashfield, Mass.: Paris Press.

———. 2005. *The Collected Poems of Muriel Rukeyser*. Pittsburgh: University of Pittsburgh Press.

———. 2011. *"Barcelona, 1936" & Selections from the Spanish Civil War Archive*. Ed. Rowena Kennedy-Epstein. New York: Lost and Found, The CUNY Poetics Document Initiative, Series 3, No. 6, Spring.

———. 2013. *Savage Coast*. Ed. Rowena Kennedy-Epstein. New York: Feminist Press.

Sabartes, Jaime. 1948. *Picasso: An Intimate Portrait*. New York: Prentice-Hall.

S. A. H. 1937. "Spain: The British Compromise Plan." *Bulletin of International News* 14 (3) (7 August): 3–13.

Saint-Exupéry, Antoine de. 1967. *Wind, Sand and Stars*. Trans. Lewis Galantière. New York: Harbrace.

Sánchez, José M. 1987. *The Spanish Civil War as a Religious Tragedy*. Notre Dame, Ind.: University of Notre Dame Press.

Sánchez Cervello, Josep, and Pere Clua Micola. 2008. *La Batalla del Ebro: Un rio de sangre*. Gandesa: Consorcio Memorial de los Espacios de la Batalla del Ebro.

Saxton, R. S. 1937. "The Madrid Blood Transfusion Institute." *Lancet* 230 (5949): 606–8.

———. 1938. "Medicine in Republican Spain." *Lancet* 232 (6004): 751–53.

———. 1939. "Barcelona Blood-Transfusion Service." *Lancet* 233 (6033): 905.

Schiff, Stacy. 1994. *Saint-Exupéry: A Biography*. New York: Henry Holt.

Schneider, William H. 2003. "Blood Transfusion Between the Wars." *Journal of the History of Medicine* 58 (April): 187–224.

Schoots, Hans. 2000. *Living Dangerously: A Biography of Joris Ivens*. Trans. David Colmer. Amsterdam: Amsterdam University Press.

Schumacker, Harris B., Jr. 1982. *Leo Eloesser, M.D.: Eulogy for a Free Spirit*. New York: Philosophical Library.

Seidman, Michael. 2010. "Animals in the Nationalist Zone During the Spanish Civil War." *Seminario de Historia* 20 (May session) (online).

Sender, Ramón J. 1935. *Pro Patria. Imán.* Trans. James Cleugh. Boston: Houghton Mifflin.

———. 1937. *The War in Spain: A Personal Narrative.* London: Faber and Faber.

———. 1937. *Counter-Attack in Spain.* Trans. Peter Chalmers Mitchell. Boston: Houghton Mifflin.

Shapiro, Martin F. 1982. "Medical Aid to the Spanish Republic During the Civil War." *Annals of Internal Medicine* 97: 119.124.

Silverstein Blanc, Esther. 1992. *Wars I Have Seen: The Play, in Three Acts, with Selected Short Stories.* Volcano, Calif.: Volcano Press.

Simpson, Lesley B. 1937. "Spanish Utopia." *Hispania* 20 (December): 353–68.

Smith, Angel. 2007. *Anarchism, Revolution and Reaction: Catalan Labour and the Crisis of the Spanish State, 1898–1923.* New York: Berghahn Books.

Smith, Richard K., and R. Cargill Hall. 2011. *Five Down, No Glory: Frank G. Tinker, Mercenary Ace in the Spanish Civil War.* Annapolis: Naval Institute Press.

Soby, James Thrall. 1959. *Joan Miró.* New York: Museum of Modern Art.

Sommer, Robin Langley. 1994. *Picasso.* Wigston, Leicester: Magna Books.

Sontag, Susan. 2002. "Looking at War: Photography's View of Devastation and Death." *New Yorker* 78 (38): 82–98.

Southworth, Herbert Rutledge. 1977. *Guernica! Guernica! A Study of Journalism, Diplomacy, Propaganda, and History.* Berkeley: University of California Press.

———. 2002. *Conspiracy and the Spanish Civil War: The Brainwashing of Francisco Franco.* London: Routledge.

Spender, Stephen. 1951. *World Within World: The Autobiography of Stephen Spender.* New York: Modern Library.

———. 1978. *The Thirties and After: Poetry, Politics, People 1933–1970.* New York: Random House.

Sperber, Murray A., ed. 1974. *And I Remember Spain: A Spanish Civil War Anthology.* New York: Collier.

Stansky, Peter, and William Abrahams. 1966. *Journey to the Frontier: Two Roads to the Spanish Civil War.* Boston: Little, Brown.

———. 2012. *Julian Bell: From Bloomsbury to the Spanish Civil War.* Stanford: Stanford University Press.

Stansbury, Lynn G., and John R. Hess. 2009. "Blood Transfusion in World War I: The Roles of Lawrence Bruce Robertson and Oswald Hope Robertson in the 'Most Important Medical Advance of the War.'" *Transfusion Medicine Reviews* 23 (3): 232–36.

Starr, Douglas. 1998. *Blood: An Epic History of Medicine and Commerce.* New York: Knopf.

Steer, G. L. 1938. *The Tree of Gernika: A Field Study of Modern War.* London: Faber & Faber.

Stein, Gertrude. 1938. *Picasso.* New York: Dover.

Stewart, Roderick. 1977. *The Mind of Norman Bethune.* Toronto: Fitzhenry & Whiteside.

Stewart, Roderick, and Sharon Stewart. 2011. *Phoenix: The Life of Norman Bethune.* Montreal & Kingston: McGill–Queen's University Press.

Stoltzfus, Ben. 1999. "Hemingway, Malraux and Spain: *For Whom the Bell Tolls* and *L'espoir.*" *Comparative Literature Studies* 36 (3): 179–94.

Stone, Glyn. n.d. "Italo-German Collaboration and the Spanish Civil War, 1936–1939." eprints.uwe.ac.uk.

Sugarman, Martin. n.d. "Against Fascism—Jews Who Served in the International Brigade in the Spanish Civil War." Jewish Virtual Library (online).

Sullivan, Brian R. 1995. "Fascist Italy's Military Involvement in the Spanish Civil War." *Journal of Military History* 59 (4): 697–727.

Thomas, Fred. 1996. *To Tilt at Windmills: A Memoir of the Spanish Civil War.* East Lansing: Michigan State University Press.

Thomas, Hugh. 1986. *The Spanish Civil War: Revised Edition.* New York: Modern Library.

Thomas, Hugh Owen. 1878. *Diseases of the Hip, Knee, and Ankle Joints, with Their Deformities, Treated by a New and Efficient Method.* 3rd ed. London: H. K. Lewis.

Thomas, Maria. 2011a. "'We Have Come to Place You at Liberty and to Burn the Convent': Masculinity, Sexuality and Anticlerical Violence During the Spanish Civil War." Thesis extract, www.albavolunteer.org (online).

———. 2011b. "Disputing the Public Sphere: Anticlerical Violence, Conflict and the Sacred Heart of Jesus, April 1931–July 1936." *Cuadernos de Historia Contemporánea* 33: 49–69.

Tierney, Dominic. 2007. *FDR and the Spanish Civil War: Neutrality and Commitment in the Struggle That Divided America.* Durham: Duke University Press.

Tinker, F. G., Jr. 1938. *Some Still Live.* New York: Funk & Wagnalls.

Tisa, John. 1985. *Recalling the Good Fight: An Autobiography of the Spanish Civil War.* South Hadley, Mass.: Bergin & Garvey.

Toibin, Colm. 1990. *Homage to Barcelona.* London: Picador.

Tolliver, Raymond F., and Trevor J. Constable. 1999. *Fighter General: The Life of Adolf Galland.* Atglen, Pa.: Schiffer Military History.

Tremlett, Giles. 2006. *Ghosts of Spain: Travels Through Spain and Its Silent Past.* New York: Bloomsbury.

Trester, Delmer J. 1957. "Over-the-Shoulder Bombing." *Popular Mechanics* (October): 106.

Trueta, Josep. 1939a. *Treatment of War Wounds and Fractures with Special Reference to the Closed Method as Used in the War in Spain.* London: Hamish Hamilton Medical Books.

———. 1939b. "Treatment of War Fractures by the Closed Method." *British Medical Journal* 2 (4117) (December): 1073–77.

———. 1946. *The Spirit of Catalonia.* London: Oxford University Press.

———. 1980. *Trueta: Surgeon in War and Peace: The Memoirs of Josep Trueta.* Trans. Amelia Strubell and Michael Strubell. London: Victor Gollancz.

Udet, Ernst. 1970. *Ace of the Iron Cross.* Trans. Richard K. Riehn. Garden City: Doubleday.

Ullman, Joan Connelly. 1968. *The Tragic Week: A Study of Anticlericalism in Spain, 1875–1912.* Cambridge: Harvard University Press.

Valenstein, Elliot S. 2005. *The War of the Soups and the Sparks: The Discovery of Neurotransmitters and the Dispute Over How Nerves Communicate.* New York: Columbia University Press.

Vernon, Alex. 2011. *Hemingway's Second War: Bearing Witness to the Spanish Civil War.* Iowa City: University of Iowa Press.

Vicente Ortuño, José. 1978. *Bitter Roots.* Trans. Richard Pevear. New York: Pomerica Press.

Vidal, César. 1997. "Guernica, Demolished." Chapter 9 of *La Destrucción de Guernica.* Trans. Peter Miller (online)

Vilanova, Mercedes. 1992. "Anarchism, Political Participation, and Illiteracy in Barcelona Between 1934 and 1936." *American Historical Review* 97 (1): 97–120.

Voros, Sandor. 1961. *American Commissar.* Philadelphia: Chilton.

Vries, Lini de. 1979. *Up from the Cellar.* Minneapolis: Vanilla Press.

Warner, Sylvia Townsend. 2012. *With the Hunted: Selected Writings.* Ed. Peter Tolhurst. Norwich: Black Dog Books.

Watson, Keith Scott. 1937. *Single to Spain.* London: Arthur Barker.

Watson, William Braasch. 1988. "Hemingway's Spanish Civil War Dispatches." *Hemingway Review* 88 (7), 2: 4–92.

Weal, John. 2003. *Luftwaffe* Schlachtgruppen. Osceola, Wis.: Osprey.

Webster, Jason. 2006. *¡Guerra! Living in the Shadows of the Spanish Civil War.* London: Black Swan.

Weigel, Christy. 2004. "Picasso's *Guernica:* A Sum of Destructions." Christy L. Weigel website (online at free-doc-lib.com).

Whealey, Robert H. 1989. *Hitler and Spain: The Nazi Role in the Spanish Civil War 1936–1939.* Lexington: University Press of Kentucky.

Whitaker, John T. 1942. "Prelude to World War: A Witness from Spain." *Foreign Affairs* (October): 103–19.

White, Leigh. 1943. "Dr. Orr Packs Them in Plaster." *Harper's Magazine* (March) 186: 380–387.

White, William, ed. 1967. *By-Line: Ernest Hemingway: Selected Articles and Dispatches of Four Decades*. New York: Scribner.

Williams, H. C. Maurice. 1937. "The Arrival of the Basque Children at the Port of Southampton." *British Medical Journal* (12 June): 1209–10.

Willis, Elizabeth A. 2008. "Medical Responses to Civil War and Revolution in Spain, 1936–1939: International Aid and Local Self-Organization." *Medicine, Conflict and Survival* 24 (3) (July–September): 159–73.

Wilson, Ann, ed. 1986. *The Spanish Civil War: A History in Pictures*. New York: Norton.

Wilson, Francesca M. 1945. *In the Margins of Chaos: Recollections of Relief Work in and Between Three Wars*. New York: Macmillan.

Wolff, Milton. 2005. *Member of the Working Class*. New York: iUniverse.

Wolin, Richard. 2004. *The Seduction of Unreason: The Intellectual Romance with Fascism from Nietzsche to Postmodernism*. Princeton: Princeton University Press.

Woolf, Virginia. 1938, 1966. *Three Guineas*. Orlando: Harvest Harcourt.

———. 2001. *The Three Guineas Scrapbooks: A Digital Archive*. Ed. Vara Neverow and Merry M. Pawlowski. California State University (online at http://www.csub.edu/woolf).

Woolsey, Gamel. 1988. *Death's Other Kingdom: A Memoir*. London: Virago.

Worsley, T. C. 1971. *Fellow Travelers*. London: GMP.

Yates, James. 1989. *Mississippi to Madrid: Memoir of a Black American in the Abraham Lincoln Brigade*. Greensboro, N.C.: Open Hand.

Zaloga, Steven J. 1999. "Soviet Tank Operations in the Spanish Civil War." New York Military Affairs Symposium (online).

———. 2010. *Spanish Civil War Tanks: The Proving Ground for Blitzkrieg*. Oxford: Osprey.

Zuehlke, Mark. 2007. *The Gallant Cause: Canadians in the Spanish Civil War 1936–1939*. Mississauga, Ont.: John Wiley & Sons Canada.

新知文库

01 《证据：历史上最具争议的法医学案例》[美] 科林·埃文斯 著　毕小青 译
02 《香料传奇：一部由诱惑衍生的历史》[澳] 杰克·特纳 著　周子平 译
03 《查理曼大帝的桌布：一部开胃的宴会史》[英] 尼科拉·弗莱彻 著　李响 译
04 《改变西方世界的 26 个字母》[英] 约翰·曼 著　江正文 译
05 《破解古埃及：一场激烈的智力竞争》[英] 莱斯利·罗伊·亚京斯 著　黄中宪 译
06 《狗智慧：它们在想什么》[加] 斯坦利·科伦 著　江天帆、马云霏 译
07 《狗故事：人类历史上狗的爪印》[加] 斯坦利·科伦 著　江天帆 译
08 《血液的故事》[美] 比尔·海斯 著　郎可华 译　张铁梅 校
09 《君主制的历史》[美] 布伦达·拉尔夫·刘易斯 著　荣予、方力维 译
10 《人类基因的历史地图》[美] 史蒂夫·奥尔森 著　霍达文 译
11 《隐疾：名人与人格障碍》[德] 博尔温·班德洛 著　麦湛雄 译
12 《逼近的瘟疫》[美] 劳里·加勒特 著　杨岐鸣、杨宁 译
13 《颜色的故事》[英] 维多利亚·芬利 著　姚芸竹 译
14 《我不是杀人犯》[法] 弗雷德里克·肖索依 著　孟晖 译
15 《说谎：揭穿商业、政治与婚姻中的骗局》[美] 保罗·埃克曼 著　邓伯宸 译　徐国强 校
16 《蛛丝马迹：犯罪现场专家讲述的故事》[美] 康妮·弗莱彻 著　毕小青 译
17 《战争的果实：军事冲突如何加速科技创新》[美] 迈克尔·怀特 著　卢欣渝 译
18 《最早发现北美洲的中国移民》[加] 保罗·夏亚松 著　暴永宁 译
19 《私密的神话：梦之解析》[英] 安东尼·史蒂文斯 著　薛绚 译
20 《生物武器：从国家赞助的研制计划到当代生物恐怖活动》[美] 珍妮·吉耶曼 著　周子平 译
21 《疯狂实验史》[瑞士] 雷托·U. 施奈德 著　许阳 译
22 《智商测试：一段闪光的历史，一个失色的点子》[美] 斯蒂芬·默多克 著　卢欣渝 译
23 《第三帝国的艺术博物馆：希特勒与"林茨特别任务"》[德] 哈恩斯－克里斯蒂安·罗尔 著　孙书柱、刘英兰 译

24 《茶：嗜好、开拓与帝国》［英］罗伊·莫克塞姆 著　毕小青 译

25 《路西法效应：好人是如何变成恶魔的》［美］菲利普·津巴多 著　孙佩妏、陈雅馨 译

26 《阿司匹林传奇》［英］迪尔米德·杰弗里斯 著　暴永宁、王惠 译

27 《美味欺诈：食品造假与打假的历史》［英］比·威尔逊 著　周继岚 译

28 《英国人的言行潜规则》［英］凯特·福克斯 著　姚芸竹 译

29 《战争的文化》［以］马丁·范克勒韦尔德 著　李阳 译

30 《大背叛：科学中的欺诈》［美］霍勒斯·弗里兰·贾德森 著　张铁梅、徐国强 译

31 《多重宇宙：一个世界太少了？》［德］托比阿斯·胡阿特、马克斯·劳讷 著　车云 译

32 《现代医学的偶然发现》［美］默顿·迈耶斯 著　周子平 译

33 《咖啡机中的间谍：个人隐私的终结》［英］吉隆·奥哈拉、奈杰尔·沙德博尔特 著　毕小青 译

34 《洞穴奇案》［美］彼得·萨伯 著　陈福勇、张世泰 译

35 《权力的餐桌：从古希腊宴会到爱丽舍宫》［法］让－马克·阿尔贝 著　刘可有、刘惠杰 译

36 《致命元素：毒药的历史》［英］约翰·埃姆斯利 著　毕小青 译

37 《神祇、陵墓与学者：考古学传奇》［德］C. W. 策拉姆 著　张芸、孟薇 译

38 《谋杀手段：用刑侦科学破解致命罪案》［德］马克·贝内克 著　李响 译

39 《为什么不杀光？种族大屠杀的反思》［美］丹尼尔·希罗、克拉克·麦考利 著　薛绚 译

40 《伊索尔德的魔汤：春药的文化史》［德］克劳迪娅·米勒－埃贝林、克里斯蒂安·拉奇 著　王泰智、沈惠珠 译

41 《错引耶稣：〈圣经〉传抄、更改的内幕》［美］巴特·埃尔曼 著　黄恩邻 译

42 《百变小红帽：一则童话中的性、道德及演变》［美］凯瑟琳·奥兰丝汀 著　杨淑智 译

43 《穆斯林发现欧洲：天下大国的视野转换》［英］伯纳德·刘易斯 著　李中文 译

44 《烟火撩人：香烟的历史》［法］迪迪埃·努里松 著　陈睿、李欣 译

45 《菜单中的秘密：爱丽舍宫的飨宴》［日］西川惠 著　尤可欣 译

46 《气候创造历史》［瑞士］许靖华 著　甘锡安 译

47 《特权：哈佛与统治阶层的教育》［美］罗斯·格雷戈里·多塞特 著　珍栎 译

48 《死亡晚餐派对：真实医学探案故事集》［美］乔纳森·埃德罗 著　江孟蓉 译

49 《重返人类演化现场》［美］奇普·沃尔特 著　蔡承志 译

50 《破窗效应：失序世界的关键影响力》[美]乔治·凯林、凯瑟琳·科尔斯 著　陈智文 译

51 《违童之愿：冷战时期美国儿童医学实验秘史》[美]艾伦·M.霍恩布鲁姆、朱迪斯·L.纽曼、格雷戈里·J.多贝尔 著　丁立松 译

52 《活着有多久：关于死亡的科学和哲学》[加]理查德·贝利沃、丹尼斯·金格拉斯 著　白紫阳 译

53 《疯狂实验史Ⅱ》[瑞士]雷托·U.施奈德 著　郭鑫、姚敏多 译

54 《猿形毕露：从猩猩看人类的权力、暴力、爱与性》[美]弗朗斯·德瓦尔 著　陈信宏 译

55 《正常的另一面：美貌、信任与养育的生物学》[美]乔丹·斯莫勒 著　郑嬿 译

56 《奇妙的尘埃》[美]汉娜·霍姆斯 著　陈芝仪 译

57 《卡路里与束身衣：跨越两千年的节食史》[英]路易丝·福克斯克罗夫特 著　王以勤 译

58 《哈希的故事：世界上最具暴利的毒品业内幕》[英]温斯利·克拉克森 著　珍栎 译

59 《黑色盛宴：嗜血动物的奇异生活》[美]比尔·舒特 著　帕特里曼·J.温 绘图　赵越 译

60 《城市的故事》[美]约翰·里德 著　郝笑丛 译

61 《树荫的温柔：亘古人类激情之源》[法]阿兰·科尔班 著　苜蓿 译

62 《水果猎人：关于自然、冒险、商业与痴迷的故事》[加]亚当·李斯·格尔纳 著　于是 译

63 《囚徒、情人与间谍：古今隐形墨水的故事》[美]克里斯蒂·马克拉奇斯 著　张哲、师小涵 译

64 《欧洲王室另类史》[美]迈克尔·法夸尔 著　康怡 译

65 《致命药瘾：让人沉迷的食品和药物》[美]辛西娅·库恩等 著　林慧珍、关莹 译

66 《拉丁文帝国》[法]弗朗索瓦·瓦克 著　陈绮文 译

67 《欲望之石：权力、谎言与爱情交织的钻石梦》[美]汤姆·佐尔纳 著　麦慧芬 译

68 《女人的起源》[英]伊莲·摩根 著　刘筠 译

69 《蒙娜丽莎传奇：新发现破解终极谜团》[美]让-皮埃尔·伊斯鲍茨、克里斯托弗·希斯·布朗 著　陈薇薇 译

70 《无人读过的书：哥白尼〈天体运行论〉追寻记》[美]欧文·金格里奇 著　王今、徐国强 译

71 《人类时代：被我们改变的世界》[美]黛安娜·阿克曼 著　伍秋玉、澄影、王丹 译

72 《大气：万物的起源》[英]加布里埃尔·沃克 著　蔡承志 译

73 《碳时代：文明与毁灭》[美]埃里克·罗斯顿 著　吴妍仪 译

74 《一念之差：关于风险的故事与数字》［英］迈克尔·布拉斯兰德、戴维·施皮格哈尔特 著　威治 译

75 《脂肪：文化与物质性》［美］克里斯托弗·E. 福思、艾莉森·利奇 编著　李黎、丁立松 译

76 《笑的科学：解开笑与幽默感背后的大脑谜团》［美］斯科特·威姆斯 著　刘书维 译

77 《黑丝路：从里海到伦敦的石油溯源之旅》［英］詹姆斯·马里奥特、米卡·米尼奥－帕卢埃洛 著　黄煜文 译

78 《通向世界尽头：跨西伯利亚大铁路的故事》［英］克里斯蒂安·沃尔玛 著　李阳 译

79 《生命的关键决定：从医生做主到患者赋权》［美］彼得·于贝尔 著　张琼懿 译

80 《艺术侦探：找寻失踪艺术瑰宝的故事》［英］菲利普·莫尔德 著　李欣 译

81 《共病时代：动物疾病与人类健康的惊人联系》［美］芭芭拉·纳特森－霍洛威茨、凯瑟琳·鲍尔斯 著　陈筱婉 译

82 《巴黎浪漫吗？——关于法国人的传闻与真相》［英］皮乌·玛丽·伊特韦尔 著　李阳 译

83 《时尚与恋物主义：紧身褡、束腰术及其他体形塑造法》［美］戴维·孔兹 著　珍栎 译

84 《上穷碧落：热气球的故事》［英］理查德·霍姆斯 著　暴永宁 译

85 《贵族：历史与传承》［法］埃里克·芒雄－里高 著　彭禄娴 译

86 《纸影寻踪：旷世发明的传奇之旅》［英］亚历山大·门罗 著　史先涛 译

87 《吃的大冒险：烹饪猎人笔记》［美］罗布·沃乐什 著　薛绚 译

88 《南极洲：一片神秘的大陆》［英］加布里埃尔·沃克 著　蒋功艳、岳玉庆 译

89 《民间传说与日本人的心灵》［日］河合隼雄 著　范作申 译

90 《象牙维京人：刘易斯棋中的北欧历史与神话》［美］南希·玛丽·布朗 著　赵越 译

91 《食物的心机：过敏的历史》［英］马修·史密斯 著　伊玉岩 译

92 《当世界又老又穷：全球老龄化大冲击》［美］泰德·菲什曼 著　黄煜文 译

93 《神话与日本人的心灵》［日］河合隼雄 著　王华 译

94 《度量世界：探索绝对度量衡体系的历史》［美］罗伯特·P. 克里斯 著　卢欣渝 译

95 《绿色宝藏：英国皇家植物园史话》［英］凯茜·威利斯、卡罗琳·弗里 著　珍栎 译

96 《牛顿与伪币制造者：科学巨匠鲜为人知的侦探生涯》［美］托马斯·利文森 著　周子平 译

97 《音乐如何可能？》［法］弗朗西斯·沃尔夫 著　白紫阳 译

98 《改变世界的七种花》［英］詹妮弗·波特 著　赵丽洁、刘佳 译

99 《伦敦的崛起：五个人重塑一座城》[英]利奥·霍利斯 著　宋美莹 译

100 《来自中国的礼物：大熊猫与人类相遇的一百年》[英]亨利·尼科尔斯 著　黄建强 译

101 《筷子：饮食与文化》[美]王晴佳 著　汪精玲 译

102 《天生恶魔？：纽伦堡审判与罗夏墨迹测验》[美]乔尔·迪姆斯代尔 著　史先涛 译

103 《告别伊甸园：多偶制怎样改变了我们的生活》[美]戴维·巴拉什 著　吴宝沛 译

104 《第一口：饮食习惯的真相》[英]比·威尔逊 著　唐海娇 译

105 《蜂房：蜜蜂与人类的故事》[英]比·威尔逊 著　暴永宁 译

106 《过敏大流行：微生物的消失与免疫系统的永恒之战》[美]莫伊塞斯·贝拉斯克斯-曼诺夫 著
　　李黎、丁立松 译

107 《饭局的起源：我们为什么喜欢分享食物》[英]马丁·琼斯 著　陈雪香 译　方辉 审校

108 《金钱的智慧》[法]帕斯卡尔·布吕克内 著　张叶、陈雪乔 译　张新木 校

109 《杀人执照：情报机构的暗杀行动》[德]埃格蒙特·科赫 著　张芸、孔令逊 译

110 《圣安布罗焦的修女们：一个真实的故事》[德]胡贝特·沃尔夫 著　徐逸群 译

111 《细菌》[德]汉诺·夏里修斯 里夏德·弗里贝 著　许嫚红 译

112 《千丝万缕：头发的隐秘生活》[英]爱玛·塔罗 著　郑嬿 译

113 《香水史诗》[法]伊丽莎白·德·费多 著　彭禄娴 译

114 《微生物改变命运：人类超级有机体的健康革命》[美]罗德尼·迪塔特 著　李秦川 译

115 《离开荒野：狗猫牛马的驯养史》[美]加文·艾林格 著　赵越 译

116 《不生不熟：发酵食物的文明史》[法]玛丽-克莱尔·弗雷德里克 著　冷碧莹 译

117 《好奇年代：英国科学浪漫史》[英]理查德·霍姆斯 著　暴永宁 译

118 《极度深寒：地球最冷地域的极限冒险》[英]雷纳夫·法恩斯 著　蒋功艳、岳玉庆 译

119 《时尚的精髓：法国路易十四时代的优雅品位及奢侈生活》[美]琼·德让 著　杨冀 译

120 《地狱与良伴：西班牙内战及其造就的世界》[美]理查德·罗兹 著　李阳 译